# Lá an Phaoraigh

# Lá an Phaoraigh

## Seán Óg de Paor

### agus Aoife de Paor

Cló Iar-Chonnachta
Indreabhán
Conamara

An Chéad Chló 2007
© Cló Iar-Chonnachta 2007

ISBN 978-1-905560-22-6

**Dearadh clúdaigh:** Clifford Hayes
**Pictiúr clúdaigh:** Connacht Tribune
**Dearadh:** Deirdre Ní Thuathail

Grianghraif le caoinchead Joe Shaughnessy, *Connacht Tribune* agus Sportsfile.

Bord na
Leabhar
Gaeilge

Tugann Bord na Leabhar Gaeilge
tacaíocht airgid do Chló Iar-Chonnachta

<sub>the</sub>arts
council
schomhairle
ealaíon

Faigheann Cló Iar-Chonnachta cabhair airgid
ón gComhairle Ealaíon

**Clóchur:** Cló Iar-Chonnachta, Indreabhán, Conamara
**Teil:** 091-593307   **Facs:** 091-593362   **r-phost:** cic@iol.ie
**Priontáil:** Future Print, Baile Átha Cliath 13.
**Teil:** 01-8399800

*Do mo mhuintir, a thacaigh is a chabhraigh liom ar an aistear, go háirithe Aisling agus Niall, atá go domhain i mo chroí. Beidh siad liom sa ród atá romham.*

*Agus do Sarah, mo leathbhádóir dochloíte.*

# CLÁR

# BUÍOCHAS

Buíochas ó mo chroí istigh leo siúd go léir a chuidigh liom mo bhrionglóid a chur i gcrích – a bpaisean agus a n-ionchur a mhúnlaigh mo threo ó bhí mé i mo scorach ar an gCeathrú Rua agus i gcaitheamh mo chuid imeartha go dtí an lá atá inniu ann. Is mór é mo mheas ar gach duine a chomhairligh mé ó mo chéad lá ag imirt peile ar Pháirc an Chathánaigh ar an mbaile, as sin go Staid an Phiarsaigh agus Naomh Iarfhlatha i dTuaim, go Páirc an Chrócaigh agus páirceanna thar lear.

Go raibh míle maith ag Cló Iar-Chonnachta as ucht tabhairt faoin togra seo, go háirithe Micheál Ó Conghaile agus Lochlainn Ó Tuairisg, as an treoir a thug siad dom le linn na hoibre. Tá súil agam go bhfuil seirbhís bheag déanta agam agus an leabhar seo á fhoilsiú, ní hamháin do CLG, agus go háirithe do na hógánaigh a mbeadh suim acu an bóthar céanna a leanacht, ach freisin don teanga agus don chultúr Gaelach chomh maith.

Buíochas mór le Mártan Ó Ciardha a thug dea-chomhairle ó thús deireadh, mar aon leis an staraí Mícheál Mac Donnchadha, agus le mo dheirfiúr Aoife a chuir peann le pár chun mo scéal a inseacht.

Mar fhocal scoir ba mhaith liom buíochas a ghlacadh le muintir Sarah, Úna agus Michael John, nach maireann, a d'fháiltigh romham go flaithiúil nuair a phós mé a n-iníon agus a thug an-tacaíocht dom i gcónaí.

# 1

# ÓIGE

Rugadh in Ospidéal an Coombe i mBaile Átha Cliath mé ar an 24 Nollaig 1970. Ceiliúradh sórt neamhghnách a bhí ag mo mháthair an bhliain sin: mise an dara duine is sine sa gclann; rugadh mo dheirfiúr Aisling, atá ar shlí na fírinne anois, tús na bliana céanna ar an 5 Eanáir. Ba í Mam a bhí ag iarraidh Seán Óg a thabhairt orm. Ní raibh Daid róshásta is cosúil – ní duine é a bhí mór ann féin riamh – ach b'fhearr leis i bhfad an t-ainm sin ná an t-aon rogha eile a chuir sí os a chomhair, Nollaig, in onóir an tseasúir!

Phós mo thuismitheoirí in Aibreán na bliana 1969, in Ardeaglais na Gaillimhe. Mac léinn ollscoile ab ea m'athair nuair a bhuail siad le chéile an fómhar roimhe sin. Bhí mo mháthair ag obair i gcomhlacht árachais i mBaile Átha Cliath, ach tháinig sí go Gaillimh le freastal ar bhainis deirfíre léi, Mary, a bhí ag pósadh Frank Kerrane. Tharla sé go raibh seisean ag fanacht sa teach lóistín céanna le Daid ag an am i Seantalamh. Ar aon nós, thaithin an bheirt lena chéile, bhíodar geallta taobh istigh de thrí mhí, agus phósadar an bhliain dár gcionn.

Tar éis dó an tArd-Teastas san Oideachas a bhaint amach i gColáiste na hOllscoile i nGaillimh, fuair Daid post le Coiste Gairmoideachais Bhaile Átha Cliath, ag múineadh Gaeilge agus tíreolais i nDún Droma. D'fhan sé ansin ar feadh bliana, agus ansin bhog sé go dtí an Catholic University School (CUS) ar Shráid Líosain. Bhí clann de Paor ina gcónaí ar feadh an ama i dteach nua i mBaile an tSaoir, agus cé go rabhadar sásta go maith ansin bhí sé i gceist i gcónaí ag Daid filleadh ar an mbaile. Is as Bóthar an Chillín é, ar an gCeathrú Rua, agus i ndeireadh na bliana 1973 tosaíodh ar theach s'againne a thógáil, in aice lena áit dúchais i mBarr an Doire.

Blianta ina dhiaidh sin, nuair ba ghnách le Gaillimh a bheith buailte sa gcéad bhabhta den chraobh gach samhradh, agus mé in ísle brí dá bharr, bhagair mé i m'olcas go n-aistreoinn le n-imirt do Bhaile Átha Cliath, mar gur mó seans a bhí ann go mbeadh rath orm leosan mar pheileadóir, ach ní raibh ansin ach magadh, mar is Gaillimheach mé tríd is tríd – agus ar aon chuma ní mhaithfí go brách dom é dá ndéanfainn a leithéid!

Nuair a bhí Daid ag fás aníos d'imir sé peil le Naomh Mac Dara; meascán imreoirí ón gCeathrú Rua, Leitir Móir agus Ros an Mhíl a bhí ansin sular bunaíodh CLG, An Cheathrú Rua, i 1967. Cosantóir cróga, láidir a bhí ann, de réir dealraimh; d'imir sé sa líne lánchúil ar fhoireann na mionúr a shroich cluiche leathcheannais an chontae i dtús na seascaidí, agus ina dhiaidh sin d'imir sé le Sabhat agus Ó hAnluain i Londain nuair a bhíodh sé thall ag obair sa samhradh ar an mbildeáil. Bhí caint ar dhul chuig trialacha le haghaidh fhoireann mhionúr na Gaillimhe, ach ag an am ní ró-éasca a bhí sé bealach a fháil isteach sa gcathair as Conamara, ná amach, agus chaill sé an deis.

Bhí an-suim ag mo Dhaideo, Jimmy, athair m'athar, i gcúrsaí spóirt go ginearálta agus i gcúrsaí peile go háirithe.

B'fhéidir go raibh sé beagán eisceachtúil ag an am, níl a fhios agam, ach cinnte ba iontach go deo an tionchar a bhí aige ar spéis sa bpeil a chothú i m'athair. Gach Luan léadh sé an *Irish Press* ó chlúdach go clúdach, ag aithris os ard sleachta as altanna le Mick Dunne agus Peadar O'Brien, agus 'An Fear Ciúin', is é sin Éamonn Mongey, sárpheileadóir a d'imir le Maigh Eo, Connacht agus Éirinn. Chaitheadh athair is mac go leor ama ag cómhrá agus ag clabaireacht faoin bpeil. Agus is nós é nár chaill Daid riamh! Ó tharla gurbh é fear an phoist é, bhí mo Dhaideo ar dhuine de na chéad daoine ar an gCeathrú Rua a raibh carr aige, ach roimhe sin d'fhaigheadh sé bealach chuig cluichí idirchontae le comharsa eicínt ar nós Chóilín Bheartla Dan, Daid agus a chairde ina suí ar chúl na trucaile a bhí aigesean, triomach nó báisteach.

I 1956, nuair a d'éirigh le peileadóirí na Gaillimhe dul chomh fada le cluiche ceannais na hÉireann, ní raibh ach an t-aon raidió amháin ar an mbaile, tigh Mhicheal Johnny Tom, agus chruinnigh slua timpeall air chun éisteacht le glór suntasach Mhichíl Uí Eithir. Is cuimhneach le Daid go maith nuair a ceannaíodh an chéad raidió tigh de Paor agus na sceitimíní a bhíodh air agus na cluichí móra ar siúl, ach b'fhiú aon íobairt le bheith ann chun na cluichí a fheiceáil beo beathach.

Is cinnte go raibh agus go bhfuil dúil mhór mhillteach ag Daid i gcúrsaí spóirt agus go raibh tionchar aige sin ní hamháin ormsa ach ar mo chuid deirfiúracha agus deartháireacha freisin. B'fhéidir gur eascair an grá agus an dúil sin as rud beag den fhrustrachas, ó tharla nach bhfuair seisean an deis cibé cén cumas a bhí ann a léiriú. D'admhódh sé féin go bhfuil rud beag den aiféala air i gcónaí nár éirigh leis é féin a thástáil ar aon leibhéal suntasach agus gur rud coinsiasach a bhí ann go raibh sé ag iarraidh go mbeadh tionchar mór ag an bpeil ar mo shaolsa, agus níos deireanaí ar shaol Chiaráin agus Chillín, mo chuid deartháireacha óga.

Théinn go minic le Daid go Páirc an Chrócaigh, cluichí craoibhe, cluichí sraithe agus Corn na Cásca – comórtas bliantúil idir Gaillimh agus Baile Átha Cliath – nuair a bhí mé i mo ghasúr. Agus cé nach bhfuil mórán cuimhne agam ar a bheith ag imirt peile mé féin sular bhog muid ar ais go dtí an t-iarthar, nuair a fuair Daid post i Móinín na gCiseach i nGaillimh i Meán Fómhair 1973, maireann íomhá fós i m'intinn den slua, den torann, den ghlóir-réim uilig a bhí ina chuid lárnach de na cluichí sin. Ní raibh ionam ach gasúr ach ba chuma sin; chuaigh na turais i bhfeidhm go mór orm agus spreag siad spéis agus saint ionam. Cuireadh idéal ós mo chomhair: barrshamhail aclaíochta agus fearúlachta a d'fhan liom i bhfad ina dhiaidh sin tar éis chomh hóg liom.

Is dóigh, mar sin, gur thosaigh mise ag imirt peile mar go raibh súil ag Daid go ndéanfainn amhlaidh, agus tugadh gach ugach dom dá bharr, ach ní leanfainn leis murach gur thaithin sé liom agus go raibh mé go maith aige. Bhí sásamh le baint as a bheith ag imirt peile agus a bheith aclaí ón gcéad lá riamh, agus bhí an t-ádh dearg orm gur éirigh liom tógáil air sin agus ionadaíocht a dhéanamh in imeacht na mblianta do chlub, contae, cúige, agus d'Éirinn.

Nuair atá leaid óg ag fás aníos, dia beag é a athair aige. Labhair Daid an oiread faoin spórt agus bhí an oiread paisin aige don pheil gur ghlac mé leis gur saineolaí a bhí ann ar gach bealach. Bhí mé seacht mbliana déag d'aois, is dóigh, sular thuig mé go mb'fhéidir nach raibh Daid chomh maith sin ag imirt ar chor ar bith agus gur fearr i bhfad é ag caint. Nó b'fhéidir gur cirte a rá gur léir go raibh a lá caite. Má bhí scil aige uair amháin, bhí sé tráite faoi sin. Is cuimhneach liom an lá go maith. Bhíodh sé de nós ar feadh roinnt blianta ag an gclub sa mbaile cluiche, na fir phósta i gcoinne na bhfear singil, a eagrú Lá 'le Stiofáin, agus bhí mé féin agus Seán de Paor ag imirt in aghaidh a chéile. B'fhéidir go bhféadfaí an milleán a chur ar an gceiliúradh a bhí déanta aige le cúpla lá roimhe sin, ach ní fhaca mé mórán den diongbháilteacht ar bhéas le Daid a bheith á chraobhscaoileadh roimh chluichí tábhachtacha. Ba chuma sin; bhí áit lárnach ag an spórt inár dteachna riamh, idir bhuachaillí agus chailíní, a bhuíochas sin dósan agus do mo mháthair, agus bhain muid ar fad tairbhe as an tacaíocht agus spreagadh a thug siad dúinn i gcaitheamh na mblianta.

Thosaigh mé sna naonáin bheaga ar Scoil Mhic Dara ar an gCeathrú Rua i mí Mheán Fómhair 1975, ach mí ina dhiaidh sin bhí an chlann ar fad, ceathrar gasúr anois – Aisling, Seán Óg, Aoife agus Aideen – ar ais i mBaile Átha Cliath ar feadh bliana mar go raibh Daid ag déanamh cúrsa oiliúna mar mhúinteoir gairmthreorach sa gColáiste Ollscoile, Baile Átha Cliath.

D'fhreastail mé ar Scoil Naithí, scoil lán-Ghaelach i mBaile an tSaoir, ar feadh sé mhí, agus fad is a bhí mé ann is cuimhneach liom gur thug Uachtarán na hÉireann, Cearbhall Ó Dálaigh, cuairt ar an scoil. Chroith mé féin agus Aisling lámh leis. Tá mé ag ceapadh go raibh sceitimíní ar na tuismitheoirí faoin eachtra; ar ndóigh níor thuig mé féin cén fáth an corraí uilig. D'fhreastail Coman Goggins, a bheadh ina dhiaidh sin ina chaptaen ar fhoireann peile Bhaile Átha Cliath, ar an scoil chéanna, mar a tharla. Tá mé cuid mhaith níos sine ná é, ach nach aisteach gur bhuaigh beirt iarscoláirí de chuid Scoil Naithí gradam *All-Star* an bhliain chéanna, i 2001.

Níor tógadh le Gaeilge Mam agus is Béarla den chuid is mó a labhraíodh sí linn an uair sin. Ach bhí suim aici sa nGaeilge, agus fios aici gur ar an gCeathrú Rua a bheadh muid ag cur fúinn sa deireadh, agus mar sin d'fhreastail sí ar ranganna Gaeilge i mBaile Átha Cliath. Rinne sí dul chun cinn mór in achar gairid, ach bheadh sé roinnt mhaith blianta sula mbeadh sí muiníneach a dóthain as an gcaighdeán labhartha a bhí aici.

Is as Contae an Chabháin mo mháthair, áit bheag tuaithe ar a dtugtar Cill na Leice. Oifigeach bainc a bhí ina hathair agus bhogadh clann Uí Dhomhnaill ó áit go háit sách minic: go Cluainín Uí Ruairc i gContae Liatroma nuair nach raibh Mam ach cúpla mí d'aois, agus uaidh sin go Gleann na Madadh i gContae na Gaillimhe nuair a bhí sí ina déagóir. D'fhreastail sí ar scoil chónaithe sa Lios Breac sa Longfort, agus tar éis di an Ardteist a dhéanamh suas léi go dtí an phríomhchathair ar thóir an scleondair.

Ar ndóigh, Gaeilge a labhair Daid linn ach ó tharla go raibh muid inár gcónaí sa nGalltacht agus gur i dteannta Mham a bhí muid formhór an ama, ní fhéadfá rá gur Gaeilgeoir amach is amach a bhí ionam. Fós féin bhí mé i bhfad chun cinn ar na gasúir eile ó thaobh tuiscint a bheith agam ar an teanga. An múinteoir a bhí againn sna naonáin bheaga i Scoil Naithí, ní ligfeadh sí cead duit dul chuig an leithreas mura mbeifeá in ann cead a iarraidh i nGaeilge. Bhíodh an-deacracht ag daoine eile sa rang é seo a dhéanamh ach ní raibh stró ar bith ormsa!

Samhradh na bliana 1975, sular bhog muid ar ais go Baile Átha Cliath ar feadh tréimhse, bhí mo sheanmháthair, Nancy O'Donnell, máthair mo mháthar, ina cónaí sa Rinn Mhór i nGaillimh. Bhí Grandad básaithe le cúpla bliain – go gairid tar éis dó éirí as an obair – agus chaith Mam an-chuid ama lena máthair. Bhíodar an-mhór lena chéile riamh. Bean chríonna a bhí i mo sheanmháthair, a raibh suim mhór i gcúrsaí spóirt aici, agus thug sí an-tacaíocht agus misneach domsa ó thosaigh mé ag imirt peile. Bhásaigh sí i mbliain an dá mhíle. Ceann de na pictiúir is fearr liom, ise agus mise ina teach sa Rinn Mhór roimh Nollaig na bliana 1998 agus muid beirt ag ardú Chorn Sam Mhig Uidhir. Bhí muid beirt bródúil an lá sin!

Sa Rinn Mhór is túisce is cuimhneach liom a bheith ag imirt peile den chéad uair. Bhí an bóthar taobh amuigh den teach an-chiúin – ní bhíodh mórán carranna ann an uair sin – agus bhí mise sona sásta ag imirt leis an máilín gaoithe i gcaitheamh an lae go dtitfeadh an oíche. Is cuimhneach liom a bheith ag ciceáil na liathróide in aghaidh chiumhais an chosáin arís agus arís eile – ní raibh aon chairde agam san áit – ach dá mbuailfinn ar bhealach áirithe an liathróid, thiocfadh sí ar ais chugam agus ba leor sin!

Bhí comharsana ag mo sheanmháthair, muintir Anglim, agus scata gasúr acu, agus blianta ina dhiaidh sin bhuail mé le Colm Anglim, atá cúig nó sé de bhlianta níos sine ná mé féin. Mheabhraigh sé dom go mbínn á chrá, ag iarraidh air dul amach ag imirt peile an t-am ar fad. Go deimhin, deir Mam gur mhinic an t-am sin go ndúisínn i rith na hoíche ag caoineadh leis an bpian a bhíodh i mo chosa, bhíodh an oiread sin ciceála déanta agam i rith an lae!

Ceannaíodh péire bróg peile dom an samhradh céanna agus chaith mé seasta iad, ní hamháin nuair a bhí mé ag imirt peile ach chuile nóiméad den lá. Faoin am ar thosaigh mé ag freastal ar Scoil Mhic Dara i mí Mheán Fómhair bhí na stodaí caite síos go dúid, ach fós féin bhí na bróga peile sin orm agus mé ag siúl isteach an geata, i ngreim láimhe i Daid! Thart ar an am sin freisin tháinig beart mór sa bposta agus m'ainm air. Liathróid peile O'Neill's a bhí ann, ceann ceart leathair. Bhí sé ceannaithe ag Daid dom. Dochreidte! Ní raibh cead agam í a úsáid ach amháin ar an bhféar, agus ag aois a ceithre nó cúig bliana, d'fhoghlaim mé ceacht tábhachtach maidir le féinsmacht. Is cuimhneach liom fós an boladh ón leathar agus an cathú a bhí orm. Ach b'fhiú cloí leis na rialacha. Ní bhínn ag imirt roimhe sin ach le liathróidí beaga éadroma, plaisteacha, agus mhothaigh mé an-fhásta suas ar fad leis an rud gleoite seo i mo lámha.

Nuair a d'fhill muid ar an gCeathrú Rua i 1976 bhí Daid ag múineadh i gCarna. Bunaíodh CLG, An Cheathrú Rua, naoi mbliana roimhe sin, i 1967, agus mar gheall go raibh an oiread suime aige sa bpeil, rud nádúrtha a bhí ann go mbeadh an Paorach páirteach ar bhealach amháin nó bealach eile – mar oifigeach agus go deimhin mar roghnóir – le reachtáil an chumainn ó shin i leith.

Sa lá atá inniu ann bíonn leaids óga ag imirt don chlub faoi 8, faoi 10 agus ar aghaidh agus tá nasc cinnte buanaithe idir an bhunscoil agus an club. Ní mar sin a bhí nuair a bhí mise ag fás aníos, mar ní dóigh liom gur thuig CLG an uair sin gur chóir infheistíocht a dhéanamh san óige agus go mbeadh toradh dá bharr. Ba é an dá mhar a chéile é ag gach cumann ar fud na tíre: sna blianta sular bunaíodh Cumann na mBunscoil, diabhal mórán oibre a bhí á dhéanamh faoi aois ar chor ar bith ach ar bhonn an-fhánach ar fad, agus ba bheag béim a leagadh ar pheil sna bunscoileanna ná ar chomórtais idirscoileanna suas go dtí tús na n-ochtóidí. Ní cuimhneach liomsa aon sórt traenáil peile eagraithe ar aon leibhéal go dtí go raibh mé i rang a ceathair ar scoil, nuair a tháinig Stiofán Ó Flatharta (Stiofán an Táilliúra, nach maireann) ag múineadh sa mbunscoil ar an gCeathrú Rua.

Bhí teach tábhairne ag muintir Uí Fhlatharta ar shráidbhaile na Ceathrún Rua. Bhí seisear deartháireacha ag Stiofán agus an-suim ag gach duine acu i gcúrsaí peile, go mór mór eisean agus a dheartháir Pádraig, a sheas le m'athair nuair a phós sé. Oileadh Stiofán mar mhúinteoir i gColáiste Phádraig i mBaile Átha Cliath agus chaith sé seal ag múineadh sna hOileáin agus ar an Spidéal sular fostaíodh i Scoil Mhic Dara é. Ba chinniúnach an beart é sin: ar a cheapadh mar mhúinteoir sa scoil náisiúnta dó tháinig borradh agus béim faoin bpeil do ghasúir óga an cheantair den chéad uair.

Thug an príomhoide, Cóilín Ó Domhnaill, a raibh an-suim aige féin sa bpeil, gach tacaíocht don mhúinteoir nua, a d'eagraigh traenáil ar bhonn an-phroifisiúnta ar fad, i gcomhthéacs an ama. Aithním anois go raibh sé i bhfad chun cinn maidir le teicnící agus tuairimíochta agus gur fear nua-aimseartha a bhí ann ina chuid modhanna traenála, le hais an ghnáith ag an am. Bhí teoiricí daingne aige maidir leis an bpeil agus rinne se an-mhachnamh orthu. I bhfad sula bhfaca muid é á chur i bhfeidhm ag na foirne ón tuaisceart, mar shampla, chraobhscaoil an Máistir Ó Flatharta an nóisean go mbeadh gach duine ar an bpáirc imeartha ag obair dá chéile, tosaithe ag cosaint, cosantóirí ag tacú le hionsaithe, agus mar sin de. Chreid sé go láidir go gcothaíonn an chluichíocht fearúlacht, féinmhuinín agus féinmheas chomh maith le meas ar dhaoine eile sna gasúir a ghlacann páirt ann, agus thug sé an-spreagadh do leaids óga na háite.

Roimhe sin, peil amháin a d'imir mé féin is mo chairde, Caoimhín Ó hEaghra, Pádraig Mac Donncha, Seán Barra Ó Gríofa agus Jonathan O'Neill, sa gclós ar scoil agus nuair a théadh muid ar cuairt ag a chéile, ach cluichí gan ord gan eagar a bhí iontu. Ar scoil, ba le liathróid leadóige a d'imríodh muid, mar nár ceadaíodh imirt le liathróid peile ar fhaitíos na bhfuinneog.  B'fhéidir gur eascair beagán scile as an traenáil sin, mar cinnte bhíodh coimhlint ghéar ann seilbh a choinneáil agus bhíodh ort imirt timpeall ar gach duine eile a bhí amuigh sa gclós chomh maith!

Ach thiocfadh athrú ar chúrsaí.  Ceann de na chéad laethanta a raibh an Máistir Ó Flatharta ag múineadh sa scoil, tháinig sé amach ag am sosa le liathróid cheart agus chaith sé eadrainn é, agus b'in tús le tréimhse an-tábhachtach maidir le m'fhorbairt féin mar pheileadóir.  Chuir an Máistir Ó Flatharta, le cabhair ó Chóilín Ó Domhnaill, struchtúr i bhfeidhm áit nach raibh mórán struchtúr ar bith roimhe sin. Thugadh sé chuig Páirc an Chathánaigh ag traenáil muid. Bhíodh na bróga peile againn i málaí plaisteacha – ní raibh aon seomraí feistis ann ag an am – shuíodh muid ar charraig, d'athraíodh muid na bróga, agus amach linn ar an bhféar. Thugadh sé na leaids amach ag traenáil i rith am lóin chomh maith agus, amanta, dá mbeadh cluiche tábhachtach ar na bacáin, i rith ranganna freisin.  Ar ndóigh, thaithin sé seo go mór linn.  Bhíodh muid ag cleachtadh druileanna éagsúla agus bhíodh sé seasta ag éileamh orainn a bheith ag obair ar an gcos ba laige againn.  Más cluiche a bhíodh i gceist, bhíodh gach duine ag iarraidh dul i bhfeidhm ar an Máistir.  Ní hé go mbíodh sé ag casaoid ach bhí údarás aige agus dá gcuirfeadh sé comhairle ort ghlacfá leis.

Ní dóigh liom gur sheas mise amach mórán ó na leaids eile ag an am; cinnte ní raibh mé níos láidre ná níos mó ná iad, ach bhí mé muiníneach ar an liathróid agus ag iarraidh foghlaim, agus d'éist mé go cúramach le chuile shórt a dúradh, agus dhéanainn mo dhícheall an ceacht a chur i bhfeidhm san imirt. Dá mbeadh orm a mhiniú cén fath ar éirigh liomsa i mo chuid imeartha agus nár éirigh chomh maith céanna le leaids eile a bhí ar comhchéim liom ag aois a haon déag nó a dó dhéag, sin é a déarfainn: gur chrom mé ar mo chuid oibre ón tús, agus nach ndearna leaids eile, b'fhéidir. Sna tosaithe a d'imrínn i gcónaí an t-am seo – is dóigh má tá scil ar bith ag leaid óg agus é ina ghasúr, is i lár na páirce nó sna tosaithe a bheas sé.

Má bhí mé ag déanamh beagán dul chun cinn mar pheileadóir faoi chúram an Mháistir Ó Flatharta, chabhraigh an pheil liom maidir le m'fhorbairt phearsanta freisin. Bhí mé sách cúthail mar pháiste ach is teanga uilíoch é an spórt. Ag an am sin bhíodh Daid ag múineadh i gcoláiste Gaeilge i Ros an Mhíl i rith an tsamhraidh, agus théinn leis ó am go chéile. Bhí mé ag obair sa gcoláiste mar chúntóir, ag glanadh agus ag déanamh tae, agus bhínn faoi bhrú beag, caithfidh mé a admháil, ag déileáil leis na scoláirí: bhíodh leaids ansin as Baile Átha Cliath agus bailte eile ar fud na tíre, iad níos sine ná mé féin agus, dar liom, féinmhuinín an diabhail acu. Bhínn faiteach ag iarraidh labhairt leo, ach nuair a chaití an liathróid isteach eadrainn ag am cluichí, bhínn ar mo chompord.

Murab ionann agus inniu, ní raibh aon choimhlint mhór idir chineálacha éagsúla spóirt le haghaidh dílseacht leaids óga Chonamara. Bhí tús áite ag an bpeil; diabhal rogha eile a bhí ann. Ar feadh coicíse chuile shamhradh bhíodh muid ar fad ag féachaint ar Wimbledon agus raicéad faoina ascaill ag chuile dhuine; agus nuair a bhuaigh iománaithe na Gaillimhe Corn Liam Mhic Cárthaigh i 1980, is cuimhneach liom go raibh roinnt buachaillí óga ar an bpáirc go gairid ina dhiaidh sin agus iad ag pocadh sliotair le camán. Ach níor sheas sé sin i bhfad agus taobh istigh de chúpla seachtain bhí na camáin caite in aer agus an pheil i mbarr réime arís. Is cuimhneach liom, ceart go leor, gur thug an t-iománaí Seosamh Mac Donncha (a bheadh ina uachtarán cumasach ar CLG ina dhiaidh sin) cuairt ar an scoil náisiúnta cúpla mí tar éis an bhua stairiúil sin ar Luimneach i 1980, ach bhí an deis ar an earcaíocht caillte. Bhí, agus is doigh go bhfuil fós, tús áite ag an bpeil i gConamara, tar éis go raibh sé in ísle brí ag an leibhéal idirchontae ar feadh roinnt mhaith blianta sna hochtóidí agus sna naochaidí.

Ag an am sin freisin bhí mé cairdiúil le Garry Mac Donncha, a bhí tar éis teacht abhaile as Sasana lena mhuintir, agus bhí seisean craiceáilte i ndiaidh Manchester United. Thaithin an sacar liomsa chomh maith, agus chaitheadh muid uaireanta fada taobh amuigh de mo theachsa nó a theachsan, sona sásta ag ciceáil anonn is anall. Ach i mo chroí istigh, ní raibh ann ach an t-aon spórt amháin – an pheil Ghaelach. Is minic a thiomáin mé thar theach Gharry in aice thrá an Dóilín ó shin agus chaith mé súil ar an bpáirc bheag ina mbíodh muid ag imirt. Déanaim iontas inniu chomh coibhrithe is atá an spás, chomh garbh agus chomh contúirteach, mar gheall ar an méid clocha atá ann!

Chuaigh mé le Daid chuig cluichí chraobh Chonnacht go rialta ó thús na n-ochtóidí agus roimhe sin freisin. Chonaic mé Pat Comer ag imirt sa gcúl do Ghaillimh den chéad uair riamh i 1984. Deacair a shamhlú go mbeinn féin ar an bhfoireann chéanna leis blianta fada ina dhiaidh sin agus go mbuafadh muid craobh an chontae mar chomrádaithe. Cúpla bliain roimhe sin bhí mé ag cluiche ceannais an chúige nuair a d'imir Kevin McStay i ngeansaí Mhaigh Eo den chéad uair. Bhí an lámh in uachtar ag Gaillimh ar an lá agus d'imir siad in aghaidh Uíbh Fhailí i gcluiche leathcheannais na hÉireann. Buaileadh iad – sa mbliain 1982, sílim – agus fiú ag an aois sin thuig mé nach raibh Gaillimh baileach sách maith céim chun cinn a thógáil. Ainneoin sin, bhíodh an-chraic ar fad againn ar na turais sin. Mé fein agus Aisling ba ghnách a bhíodh le Daid – bhí na gasúir eile ró-óg – agus thugtaí isteach go McDonald's muid, áit ar cuimhneach liom fós blaiseadh de *gerkin* den chéad uair. Ina dhiaidh sin théadh muid isteach sna tithe tábhairne, agus bhíodh an chaint ar fad faoin gcluiche, an toradh, an réiteoir, na himreoirí – gach gné á plé go teasaí. Oideachas a bhí ann do bhuachaill óg a raibh sé mar sprioc aige féin geansaí na Gaillimhe a chaitheamh lá eicínt.

Is fíor a rá go raibh an pheil sa bhfuil. D'imir m'uncail, Jimmy O'Donnell, deartháir mo mháthar, do Chontae Liatroma mar mhionúr: d'imir sé i gcluiche ceannais na hÉireann in aghaidh Bhaile Átha Cliath i lár na gcaogaidí, agus ina dhiaidh sin do Chontae an Chabháin i ngrád na sinsear. Le linn a chuid imeartha d'imir sé le Cúige Uladh agus, go deimhin, Cúige Chonnacht i gCorn an Bhóthair Iarainn. Fear mór a bhí agus atá ann; d'imir sé i lár na páirce agus mar leath-thosaí den chuid is mó. D'éirigh sé as mar pheileadóir idirchontae agus é réasúnta óg, ach bhuaigh sé cúpla craobh le Gránard i Longfort, áit a raibh sé ina oifigeach bainc, sular chaith sé in aer uilig é. Idir an dá rud – éachtaí m'uncail agus an tionchar a bhí ag m'athair orm – cén t-iontas gur dúisíodh spéis sa bpeil ionam agus mé óg. Ina theannta sin, an cineál duine atá ionam, thaithin dúshlán liom, ach murach an chabhair agus an tacaíocht agus an spreagadh a fuair mé ó dhaoine thart orm in imeacht na mblianta, drochsheans go dtitfeadh rudaí amach mar a thit, ná go mbeadh an oiread sin dea-chuimhní agam mar imreoir.

An chéad teagmháil a bhí agam leis an gclub ar an gCeathrú Rua, d'eascair sé as an tsuim sa bpeil a bhí ag an sagart paróiste, an tAthair Ó Mainnín, peileadóir cumasach é féin nuair a bhí sé níos óige, agus uncail le Tomás Mannion, a bhuaigh bonn Uile Éireann le Gaillimh i 1998. Ba é an tAthair Ó Mainnín a thug le chéile na leaids óga faoi 12 le haghaidh roinnt seachtainí traenála i rith an tsamhraidh nuair a bhí mise sa ngrád sin. Tá mé an-bhuíoch dá leithéidí féin agus an Máistir Ó Flatharta, a mhúscail suim leaids óga na háite sa bpeil agus a chabhraigh leo forbairt ní hamháin mar pheileadóirí ach ar bhonn pearsanta freisin. Obair dheonach a bhí i gceist agus níl a fhios agam ar mhinic a bhfuair siad mórán buíochais as an díograis a léirigh siad.

Sa mbliain 1982, agus mise i rang a cúig, tionóladh cruinniú in Ionad na Múinteoirí ar an gCeathrú Rua i mí na Samhna 1982 chun comórtas peile do bhunscoileanna a bheadh sásta Gaeilge a labhairt agus a gcuid cluichí a imirt trí Ghaeilge, a chur ar bun. Leagadh síos bunreacht, agus ó tharla comóradh céad bliain ar bhreith Shean-Phádraic Ó Conaire a bheith faoi lán seoil ag an am, beartaíodh go dtabharfaí Corn Uí Chonaire ar an gcorn breá a bhronn Údarás na Gaeltachta ar an gcoiste. Deich gcinn de scoileanna Gaeltachta a bhí páirteach sa gcomórtas sna chéad bhlianta, ó Charna go dtí an Spidéal. Bhí an Máistir Ó Flatharta agus Cóilín Ó Domhnaill chun cinn sa gcomórtas chomh maith le príomhoidí agus múinteoirí eile, ina measc Micheál Ó Cuaig, a rinne sárobair leis na gasúir i Ros Muc, Mícheál Mac an Iomaire i Ros an Mhíl, Beairtle Ó Conaire sa Spidéal agus Máire Ní Uaithnín i gCarna. Frítheadh an-tacaíocht ó mhuintir na háite freisin agus caithfear Páraic Terry Mac Donnchadha as Ros an Mhíl a mholadh go speisialta as an méid oibre a rinne seisean. Thug CLG, An Cheathrú Rua, tacaíocht freisin: tugadh liathróidí peile agus airgead chun na costais a ghlanadh – bheadh rath luachmhar ar an infheistíocht sin mar spreag an comórtas na gasúir chun na bunscileanna peile a fhoghlaim go luath agus go cruinn, agus bhí feabhas mór le sonrú ar fud an cheantair sa gcaighdeán peile faoi aois.

Ar bhonn sraithe a imríodh comórtas Chorn Uí Chonaire agus ní dhéanfaidh mé dearmad go deo ar an iomaíocht ghéar a bhí idir an Cheathrú Rua agus an Cnoc in Indreabhán. Bhí Jimmy Beag Ó Cualáin ag imirt dóibhsean, réalt óg na linne, a bhí i bhfad chun tosaigh orainne uilig mar pheileadóir. D'imir sé ar fhoireann mhionúr na Gaillimhe i gcluiche ceannais Chonnacht i 1987 agus d'aimsigh sé scór taibhseach, 2-5, sa mbua sin ar Mhaigh Eo. Tá sé ar comhaois liomsa, ach bhí gortuithe ag cur as dó agus níor éirigh leis i ngrád na sinsear. Tá sé anois lonnaithe i San Francisco.

Bhí an Spidéal an-mhaith freisin, ach ba iad Ros an Mhíl na naimhde móra a bhí againne sa gcomórtas. D'imir muid ina n-aghaidh i gcraobh ceannais Chorn Uí Chonaire nuair a bhí mise i rang a cúig agus i rang a sé agus bhuaigh muid orthu an dá bhliain. Ba é Caoimhín Terry Mac Donnchadha réalt mór Ros an Mhíl, sárimreoir fiú ag an aois sin agus cara mór liom ó shin i leith. Tá sé bliain níos sine ná mé; d'imir sé i lár na páirce agus bhí tionchar an-mhór aige ar chluichí. Agus, ar ndóigh, bhí Caoimhín ar an bpainéal i 1998 nuair a bhuaigh Gaillimh Corn Sam Mhig Uidhir.

Ar na peileadóirí eile a bhí ar fhoireann na Ceathrún Rua ag an am, bhí Garry Mac Donncha, Cóilín Ó Flatharta, Caoimhín Ó hEaghra, Seán Ó Gábháin, Liam Mac Fhlanncha, Maitiú Ó Gríofa, Micheál Ó Gaoithín, Pádraig Mac Donncha, Micheál Ó Máille, Seán Máirtín Mac Donnchadha, Brian Ó Ríordáin agus Liam Mac Donnchadha.

Bhí mise i mo chaptaen ar an bhfoireann nuair a bhuaigh

muid Corn Uí Chonaire i 1982 agus 1983 – onóir mhór a bhí ansin, cé nár thuig mé i gceart é ag an am, b'fhéidir. Déanta na fírinne, is é is mó is cuimhneach liom faoi go raibh brú faoi leith i gceist, mar bhí dualgais áirithe orm dá bharr. Bhíodh orm suí síos leis an Máistir Ó Flatharta agus cabhrú leis, mar dhea, an fhoireann a roghnú roimh chluiche mór, cé nach ndéanfainn tada mé féin ach sméideadh nuair a luafadh sé cé a cheap seisean ar chóir a bheith ag imirt in áit áirithe. Bhíodh ormsa ansin an fhoireann a scríobh amach ar phóstaer agus é a chrochadh suas sa scoil, agus leaid ar bith nach mbeadh ar an bhfoireann bheadh sé crosta liomsa, ó tharla nach raibh seans ann go dtarraingeodh sé anuas an scéal leis an Máistir. Mar bharr ar an donas, mar chaptaen bhí orm cúpla focal a rá agus mé ag glacadh leis an gCorn tar éis an dá bhua i 1982 agus 1983. Níor thaithin sé sin liom ar chor ar bith, agus níor athraigh mórán ó shin.

Níl aon dabht ach go dtugtar stádas ar leith do lucht spóirt sa tír seo – fiú agus mé deich mbliana d'aois thuig mé é sin. Tar éis don fhoireann an corn a thabhairt leo nuair a bhí mé i rang a cúig, eagraíodh paráid tríd an gCeathrú Rua, an fhoireann ag mairseáil leis an gcorn taobh thiar de bhanna ceoil Liam Uí Eaghra ón séipéal siar go Halla Éinne, áit a raibh brioscaí agus milseáin agus sóláistí do na seaimpíní agus don lucht tacaíochta. Léiríonn sé sin tábhacht an bhua do na leaids óga agus, b'fhéidir níos suntasaí ná sin, do mhuintir na háite, a bhí chomh bródúil sin asainn. Tháinig mé ar thuiscint thart ar an am céanna ar an ról lárnach a bhí agus atá ag CLG i saol na ndaoine; chonaic mé gur gluaiseacht chumhachtach shóisialta atá ann agus go bhféadfadh sé pobal a aontú agus a neartú. Le himeacht aimsire agus an leas ar fad atá mé féin tar éis a bhaint as an bpeil, go pearsanta agus go proifisiúnta, tá an tuiscint sin daingnithe go tréan ionam.

Ar ndóigh, bhíodh na tuismitheoirí uilig ag cluichí Chorn Uí Chonaire, Daid ina measc. Bhíodh cleas aige: ag rá liom i ndiaidh cluiche gur dhúirt 'fear' leis, nó go raibh sé ag caint le 'fear' a bhí eolach ar an bpeil, agus gur mhol an 'fear' seo a leithéid a dhéanamh an chéad bhabhta eile a bheinn ag imirt – a bheith níos láidre ar an liathróid, abair, nó ritheacht isteach i spás, nó seans a thógáil ar scór. Bhí mé i mo dhéagóir sular thuig mé nach raibh a leithéid d'fhear ann ar chor ar bith, ach Daid é féin ag cur comhairle orm. Níor athraigh seisean ó shin ach an oiread, agus bíonn sé fós ag caint go rialta le 'saineolaí' peile agus ag iarraidh na comhairle sin a chur orm! Faoin am seo, áfach, tá an chomhairle ag dul i dtreo an bheirt dearthár óga, Ciarán agus Cillín – ní féidir liomsa aon chleas nua a fhoghlaim anois.

An-deis agus an-traenáil a bhí i gCorn Uí Chonaire domsa agus do mo chomhghleacaithe. Chuirfinn i gcomparáid na mothúcháin a bhí i mo chroí istigh agus an fheadóg á séideadh ag deireadh an chluiche ceannais i 1982 agus Scoil Mhic Dara buach, leis na mothúcháin ar Pháirc an Chrócaigh tar éis do Ghaillimh Corn Sam Mhig Uidhir a thabhairt leo i 1998. Ní haon áibhéil é sin. Is fíor freisin go raibh tionchar thar a bheith dearfach ag an gcomórtas ar spéis sa bpeil a mhúscailt i measc leaids óga na háite agus gurbh as sin a d'eascair forbairt na peile faoi aois sa gceantar – ba iad na fir óga chéanna den chuid is mó a d'imir i gcomórtas Chorn Uí Chonaire is a bhí ar fhoireann mhionúr na Ceathrún Rua a bhuaigh comórtas Sraith an Iarthair den chéad uair riamh roinnt blianta ina dhiaidh sin, i 1987. Go deimhin ba é Caoimhín Terry Mac Donnchadha a bhí ina chaptaen ar an bhfoireann sin, agus bhí m'athair féin ina chuiditheoir ag Máirtín Ó Meachair, a bhí i mbun traenála.

Nuair a chuimhním siar ar Chorn Uí Chonaire, braithim go

láidir na difríochtaí móra idir an spórt inniu le hais mar a bhí. Dearcadh difriúil, meon difriúil. Deirim leis na leaids óga a mbím á dtraenáil i gColáiste Mhuire i nGaillimh anois, nach raibh a leithéid de rud ann nuair a bhí mise i mo pheileadóir óg agus an bhéim ar a bheith ag ól uisce agus cothú ceart a fháil, ná an bhéim ar an bhfeisteas ceart a bheith ag duine i gcomhair cluiche, ná an bhéim ar shearradh a bhaint asat féin agus téamh suas roimh ré – an nuafhaisean agus an nuathuiscint. Ainneoin an easnaimh sin, más easnamh a bhí ann, níor dearnadh aon dochar dúinne, ach d'fhoghlaim muid féinmhuinín, féinmheas agus freagracht. Agus fearúlacht, is dóigh. Is cuimhneach liom go maith gur briseadh mo shrón i gcluiche ceannais Chorn Uí Chonaire i 1983, nuair a bhí mé i rang a sé, agus ní raibh seans ann nach leanfainn ag imirt, tar éis go raibh pian agus mion-chomhtholgadh orm. Bhí mo mháthair bhocht ag impí orm imeacht den pháirc ach tharla go raibh an dochtúir áitiúil, Pat Ó Máille, ag faire ar an gcluiche; chaith sé súil ar an ngortú agus thug sé cead dom leanacht ar aghaidh. Chuaigh an chéad leath tharam ina mheall dorchadais ach nach mé a bhí sásta ag a dheireadh, ag ardú an choirn. Samhlaigh anois an corraí dá dtarlódh a leithéid!

Murach leithéidí Chorn Uí Chonaire, bheinn imithe síos go Coláiste Iarfhlatha agus gan taithí dá laghad agam ar a leithéid d'iomaíocht. Mar a tharla, go leor de na leaids a d'fhreastail ar Choláiste Iarfhlatha, ní raibh taithí acu ar a leithéid de chomórtas chomh dea-eagraithe ina gceantar féin, agus níl aon dabht faoi ach gur chabhraigh sé sin liom agus mé ag iarraidh imprisean maith a dhéanamh san institiúid cháiliúil sin.

# 2

# Coláiste Iarfhlatha

B'fhada uaim Tuaim nuair a bhí mé ag fás aníos – b'fhada uait
chuile áit agus tú ag taisteal as Conamara an t-am sin – ach
uair nó dhó agus muid ag tiomáint tríd an mbaile ar chúis
amháin nó ar chúis eile, thaispeánadh Daid Coláiste Iarfhlatha
dom agus chuireadh sé an cheist, 'Meas tú an mbeadh aon
suim agat freastal ar scoil ansin?' Ar ndóigh, fiú agus mé an-
óg bhí fios maith agam go raibh clú agus cáil ar an áit mar
gheall ar an bpeil, ach níor shamhlaigh mé riamh nach
rachainn le mo chuid cairde chuig Scoil Chuimsitheach
Chiaráin ar an gCeathrú Rua.

Ach casann gach taoille. Bhí m'athair i bhfabhar na céime
mar thuig sé go bhfaighinn sároideachas peile ann agus bhí mo
mháthair báúil freisin. Cé go ndeachaigh sí chuig an meánscoil
sa Longfort, bhí sí ina cónaí i nGleann na Madadh agus í ina
déagóir, agus bhí an-eolas aici ar thraidisiún Choláiste
Iarfhlatha agus na féidearthachtaí a d'eascródh dá bharr do
bhuachaill a bhí go maith ag an bpeil.

Bunaíodh an coláiste sa mbliain 1800, chun oideachas a
chur ar fhir óga a rachadh ar aghaidh le bheith ina sagairt. Ach
is dóigh gur mó i bhfad cáil air toisc na peileadóirí a
d'fhreastail ar scoil ann ná an chléir a tháinig as. Tá Corn Uí
Ógáin – an corn a bhronntar ar bhuaiteoirí chraobh shinsear A
na gcoláistí dara leibhéal – buaite ag Coláiste Iarfhlatha dhá

uair déag ó thosaigh an comórtas i 1946, níos minicí ná aon
scoil eile sa tír. I 2002 a bhuaigh siad go deireanach é, nuair a
bhí dearthair óg liom féin, Cillín, ar an bhfoireann. Go
deimhin, an corn a bronnadh den chéad uair i 1946 –
ainmnithe i ndiaidh an Bhráthar Thomas Hogan, dearthair le
Michael Hogan a bhfuil seastán ainmnithe ina onóir i bPáirc
an Chrócaigh – tá sé ar taispeáint sa gcoláiste ó 1960 i leith.
Bronnadh corn nuadheartha ó 1961 ar aghaidh.

Ar na Gaillimhigh a d'imir don choláiste le blianta anuas
bhí leithéidí Sheáin Purcell, a bhí ar an bhfoireann a bhuaigh
Corn Uí Ógáin den chéad uair i 1947, Jack Mahon agus Enda
Colleran, Pat Donnellan, Séamus Leydon agus Johnny
Geraghty – bhí ról lárnach ag an gceathrar sin nuair a bhuaigh
Gaillimh trí chraobh as a chéile sna seascaidí. Idir 1960 agus
1967, nuair a bhíodh mo mháthair féin ag freastal ar na cluichí
lena chuid deartháireacha, bhuaigh Coláiste Iarfhlatha ocht
gcraobh Chonnacht as a chéile, agus idir 1958 agus 1967
d'imir siad i gcluiche ceannais na hÉireann seacht n-uaire –
bhuadar cúig cinn acu. Cinnte, thuig Mam an stair a bhain leis
an áit, agus cé go raibh imní uirthi go raibh mé an-óg ag fágáil
an bhaile, bhí sí sásta an cinneadh a fhágáil fúm féin.

Níor mhothaigh mé faoi bhrú riamh ag déanamh an
chinnidh sin. Bhí a fhios agam mura raibh mé ag iarraidh
freastal ar scoil chónaithe nach mbeadh orm. Ach, ag druidim
i dtreo dheireadh rang a sé i Scoil Mhic Dara, is cuimhneach
liom go bhfaca mé ar an teilifís buaicphointí chluiche ceannais
Chorn Uí Ógáin – Coláiste Iarfhlatha i gcoinne Choláiste
Críost Rí, Corcaigh – agus go ndearna sé sin an-imprisean orm,
cé gur buaileadh seaimpíní Chonnacht. An bhliain roimhe
sin, i 1982, bhí an coláiste tar éis an naoú craobh a thabhairt
leo nuair a bhuaigh siad ar Naomh Fachtna, tar éis
athimeartha. Ba é an tosaí Pádraig Brogan réalt scoil Thuama

an lá sin, agus d'imir sé ina dhiaidh sin do Mhaigh Eo agus do Dhún na nGall. Bhí Leslie McGettigan (Dún na nGall), agus na Gaillimhigh John agus Murt Fallon agus Martin Gallagher ar fheabhas freisin an lá sin. Ar leibhéal eicínt, tar éis chomh hóg is a bhí mé, thuig mé go ndéanfainn tástáil orm féin mar pheileadóir i gColáiste Iarfhlatha ar bhealach nach bhféadfainn dá rachainn go dtí an mheánscoil áitiúil.

Rinne mé an scrúdú iontrála i mí na Bealtaine 1983 agus bhuaigh mé leathscoláireacht, cé nach samhlódh aon duine gur duine iontach acadúil a bhí ionam, agus rinne mé suas m'intinn. Rachainn ann, ar feadh tamaill, agus mura mbeinn sásta, nach bhféadfainn teacht abhaile am ar bith agus freastal ar Scoil Chuimsitheach Chiaráin.

Buachaill darbh ainm David Fahy as Baile an Róba i gContae Mhaigh Eo a bhuaigh an leathscoláireacht eile. Leaid an-lách, d'imir muid peil le chéile sa gcéad bhliain agus, mar a tharla, phós sé deirfiúr le cara maith linn a bhí sa suanlios céanna i gColáiste Iarfhlatha, Richie Bell, atá ina mhúinteoir liomsa anois i gColáiste Mhuire i nGaillimh. Thart ar chúig bliana ó shin tugadh le fios do David Fahy go raibh ailse air agus bhí sé básaithe taobh istigh de chúig seachtainí.

Cinneadh sách deacair a bhí ann do bhuachaill chomh hóg socrú go bhfágfadh sé a chairde go léir agus a áit dúchais chun freastal ar scoil in áit nach raibh aithne aige ar mhórán duine ar bith, áit a bhí i bhfad ó bhaile agus ó na rudaí ar fad a raibh cleachtadh aige orthu. Íobairt a bhí ann, cinnte, an chéad íobairt mhór a rinne mé ar son na peile ach níorbh í an íobairt deiridh í. Agus cé go raibh faitíos orm, bhí mé ag tnúth leis freisin. Is cuimhneach liom go maith an lá a ndearna mé an scrúdú iontrála: shiúil mé tríd an scoil agus scrúdaigh mé na pictiúir de na foirne a d'imir san am a caitheadh agus a bhí tar éis oiread clú a tharraingt ar an gcoláiste. Bhí an traidisiún le brath san aer agus thuig mé gur dúshlán mór a bheadh ann cruthú mar pheileadóir anseo. Chuir sé sin faitíos orm ach bhí mé corraithe freisin agus meallta ag an traidisiún sin agus na féidearthachtaí a d'eascródh as.

Tréimhse an-dearfach i mo shaol an t-am a chaith mé i gColáiste Iarfhlatha, agus ní raibh lá aiféala orm go ndeachaigh mé ann. Ach tar éis an méid sin, bhí impleachtaí móra pearsanta i gceist chomh maith: ó bhí mé dhá bhliain déag d'aois, mhothaigh mé go raibh mé ar an imeall i m'áit dúchais féin. Tá a fhios agam go scarann cairde óna chéile le himeacht ama – sin é an nádúr – ach i mo chás-sa tharla sé níos tapaidh mar gheall go ndeachaigh mé chuig scoil chónaithe. Ar ndóigh, bhínn sa mbaile do na laethanta saoire agus d'imrínn leis an gclub faoi aois freisin, ach ní mar a chéile é nuair nach mbíonn tú ag freastal ar an scoil chéanna leis na leaids agus a mbíonn rudaí i gcoitinne agaibh ó lá go lá. Ar ndóigh, san am sin ní raibh a leithéid de rud ann agus fón póca ná ríomhphost. Fad agus a bhí mise i dTuaim, bhí an baile agus chuile dhuine ann i bhfad uaim. B'fhéidir gurbh in ceann de na fáthanna go bhfuilim fós ag imirt don Cheathrú Rua agus mé sé bliana is tríocha – is é sin nach dteastaíonn uaim ligean go fóill leis an nasc atá agam leis an áit tríd an bpeil.

Thosaigh an t-ullmhúchán an nóiméad a rinneadh an cinneadh. Is cuimhneach liom go bhfuair Mam liosta de na rudaí ar fad a bheadh ag teastáil uaim agus mé ag dul síos go dtí an coláiste den chéad uair agus go bhfuair muid comhairle go raibh lipéad le m'ainm air le fúáil ar gach píosa éadaigh a thabharfainn liom – fiú amháin na fo-éadaí! Tá cuid de na seanéadaí sin fós sa mbaile, agus an lipéad fós orthu.

Bhí sceitimíní orm, agus bhí neart cainte ag na cairde uilig faoin rogha a bhí déanta agam. Bhraith mé ar bhealach amháin ar nós laoich a bheadh ag dul i mbun catha, ach tar éis an méid sin is cuimhneach liom go maith nach raibh mé ag tnúth leis an turas síos an chéad lá sin; go raibh mé i mo chroí istigh eaglach agus faiteach agus an-neirbhíseach agus ba le tréaniarracht amháin a d'fhéadfainn na mothúcháin sin a chur faoi chois. Tháinig an lá faoi dheireadh, agus don ócáid speisialta chaith mé an chulaith chéanna a chaith mé nuair a chuaigh mé faoi Lámh an Easpaig cúpla mí roimhe sin. Bhí buachaill eile as an gCeathrú Rua, Tomás Ó Ceallaigh, ag freastal ar Choláiste Iarfhlatha an t-am céanna. Bhí seisean dhá nó trí bliana níos sine ná mé féin agus ní raibh mórán aithne agam air, ach chabhraigh sé beagán gur thaistil seisean agus a mháthair in éineacht linn ar an aistear fada go Tuaim.

Tá spuaic na hardeaglaise ar cheann de na chéad rudaí a fheiceann tú agus tú ag teacht i ngaireacht don bhaile. On lá sin ar aghaidh, go ceann roinnt mhaith blianta, nuair a d'fheicinn an spuaic chéanna bhínn in ísle brí, fiú nuair a bhí mé socraithe síos go maith sa scoil agus sona sásta inti. Ach is ait an mac an saol: b'éigean dom neart ama a chaitheamh i dTuaim fiú agus an scoil fágtha agam mar gheall go mbíodh foireann na Gaillimhe ag traenáil ann go minic. Ní dhearna mé dearmad riamh ar na mothúcháin sin agus mé ag breathnú ar an spuaic ach ní raibh an chumhacht chéanna aici orm faoin am sin.

Agus ansin bhí muid ann. Is cuimhneach liom gur bhuail mé le leaid as Cill Chiaráin, Ciarán Mac an Iomaire, ar chuir mé aithne air ar lá an scrúdú iontrála. D'aimsigh mé m'ainm ar liosta a bhí crochta taobh istigh den phríomhdhoras, agus chonaic mé go raibh mé le fanacht i suanlios le dosaen leaids eile – san *Old College* mar a tugadh air. Shiúil mé isteach ann, mo thuismitheoirí ag fanacht taobh amuigh sa gcarr ar fhaitíos go gceapfadh aon duine gur gasúr a bhí ionam, d'aimsigh mé an leaba shingil ina mbeinn ag codladh don bhliain, agus cuireadh in aithne mé don mhonatóir, buachaill darbh ainm Michael Freyne, a bhí san Ardteist agus a bheadh ag coinneáil súile orainn.

Sa suanlios in éineacht liom bhí Richie Bell agus David Fahy, as Maigh Eo beirt, agus déanta na fírinne ní cuimhneach liom ainm na leaids eile ar chor ar bith, cé gur réitigh mé go maith leo uilig. Bhí mise an-chúthail an t-am sin ach mar gheall go raibh gach rud nua agus go raibh mé gnóthach ag dul i gcleachtadh ar an gcóras scoile, níor fhulaing mé go ródhona an chéad chúpla seachtain. Is cuimhneach liom, ceart go leor, litreacha a fháil ón mbaile go luath tar éis thús na scoilbhliana agus chaoin mé uisce mo chinn. Thugtaí amach an posta ag am lón agus ar ais liom ag ranganna um thráthnóna agus mo chuid súile dearg. Chuir an múinteoir ceist orm agus ar éigean a d'fhéad mé labhairt, ach thuig sé go maith céard a bhí orm agus lig liom. Níor chabhraigh sé, is dóigh, nár tháinig mo thuismitheoirí ar cuairt ar feadh b'fhéidir trí seachtainí, mar cheap siad go gcabhródh sé liom socrú síos níos tapaidh. Níl a fhios agam ar chinneadh róchríonna a bhí ansin, ach d'aontaigh muid ag an am gurbh in é an rud ab fhearr le déanamh. Tuigim anois go raibh sé deacair orthusan chomh maith.

Bhí cumha i ndiaidh an bhaile orainn uilig sa suanlios ach bhí buachaill amháin a chaoin chuile oíche beo. Bheifeá ag mothú in ísle brí agus ansin chloisfeá eisean agus thuigfeá nach raibh tú ródhona ar chor ar bith. D'fhág an leaid céanna an scoil roimh dheireadh na chéad bhliana. I mo chás féin, taobh istigh d'achar gearr thosaigh an pheil, agus bhí mé ar mo chompord ansin.

I gColáiste Iarfhlatha dá mba pheileadóir maith thú, bheadh stádas ar leith agat, ní hamháin sa scoil féin ach sna meánscoileanna uilig i dTuaim. Thiocfadh daoine chugat ag iarraidh labhairt leat faoin bpeil, agus dhéanfá cairde gan mórán iarrachta. Ar ndóigh, bhí mé ag caitheamh mo chuid ama le daoine a raibh na suimeanna céanna acu agus, den chuid is mó, réitigh mé go han-mhaith leis na leaids lenar imir mé don choláiste. Cinnte, bhí sé deacair dul chuig scoil chónaithe, ach fiú nuair a bhínn trína chéile – agus tharla sé cúpla uair i rith na chéad bhliana – níor smaoinigh mé riamh ar an gcoláiste a fhágáil, a bhuíochas sin don taitneamh a bhí mé a bhaint as an bpeil ann, agus na cairde a rinne mé dá bharr.

Thosaigh an traenáil taobh istigh de sheachtain, mar eagraítear comórtais na chéad bhliana roimh Nollaig. Láithreach, thuig mé go raibh mé ar comhchéim ó thaobh cumais de leis na leaids sa mbliain chéanna, agus thug an t-eolas sin an-mhuinín dom mar ba é an imní mhór a bhí orm nach mbeinn sách maith aon mharc a dhéanamh sa gcoláiste. An tAthair Ó Finneadha a bhí ina thraenálaí againn sa gcéad bhliain, múinteoir Gaeilge sa scoil, a bheadh ina dhiaidh sin ina shagart ar an gCeathrú Rua. Ghlac mé leis gur saineolaí peile a bhí ann, agus ní dheanfaidh mé dearmad go brách ar an gcomhairle a thug sé dúinn sular fhág muid an seomra feistis, ag imirt do Choláiste Iarfhlatha den chéad uair, i gcoinne Choláiste Naomh Pádraig, Tuaim. *'Fight like dogs!'* a bhéic sé orainn, agus dúirt sé an rud céanna ag leath ama. Tá sé deacair aon locht a fháil ar an gcomhairle, mar má tá rud amháin foghlamtha go maith agam i mo chuid imeartha, is é sin go bhfuil an dúil agus an cíocras chuile phioc chomh tábhachtach le scil agus oirbheartaíocht i chuile chineál spóirt.

Mar leathchúlaí láir a d'imir mé sa gcluiche sin – bhuaigh muid – agus bhí Ray Silke ag imirt taobh liom, geansaí uimhir a cúig ar a dhroim. Leaids a raibh níos mó airde acu, imríodh sna tosaithe iad, agus ní dhearna mé aon argóint faoi cé gur sna tosaithe a bhí an chuid is mó de mo chuid peile imrithe go dtí sin agam. Thaithin liom a bheith ag imirt mar chosantóir, mar bhraith mé go mbeadh saoirse agam dul ar ruathar suas an pháirc dá bhfeicfinn spás dá leithéid. Ar aon chuma bhí sé i bhfad níos tábhachtaí go mbeinn ar an bhfoireann sa gcéad áit, ba chuma sa diabhal liom ina dhiaidh sin cá n-imreoinn.

Is cuimhneach liom gur imríodh an cluiche sin i gcoinne Choláiste Naomh Pádraig díreach roimh an mbriseadh lártéarma ag deireadh mhí Dheireadh Fómhair. Nach mé a bhí sásta agus mé sa gcarr ag dul abhaile den chéad uair ó thosaigh mé san áit, agus cé go raibh sé deacair filleadh faoi cheann seachtaine, chabhraigh an pheil an ísle brí a threascairt. Chabhraigh sé liom freisin go ndearna an fhoireann sin, faoi stiúir an Athar Ó Finneadha, dul chun cinn suntasach.

Nuair a bhí mise sa gcéad bhliain i gColáiste Iarfhlatha, d'éirigh linn craobh Chonnacht a bhuachan. Fuair muid an ceann is fearr ar Scoil na mBráithre Críostaí, Ros Comáin, sa gcluiche ceannais – a imríodh in Áth Liag – le farasbarr trí chúilín, sílim. Is cuimhneach liom a bheith i mo shuí ar an mbus ag dul chuig an gcluiche sin agus mé chomh neirbhíseach – ró-neirbhíseach – rud nár thuig mé ag an am, mar ní thagann an tuiscint agus an féinsmacht a chabhraíonn leat an ceann is fearr a fháil ar na néaróga ach le haois agus le taithí. Bhí mé tar éis imirt in dhá chluiche ceannais Chorn Uí Chonaire, i 1982 agus 1983, ach ba chéim mhór ar aghaidh é seo agus bhí an teannas dochreidte. Tháinig mo mhuintir chun féachaint ar an gcluiche, agus mhothaigh mé faoi bhrú go dtí gur caitheadh an liathróid isteach agus gur thosaigh an imirt. Bhí an lá le Coláiste Iarfhlatha, agus sháraigh an bua sin aon dabht a bhí fós i m'intinn go raibh an rud ceart déanta agam freastal ar an scoil chónaithe.

Níos deireanaí an bhliain chéanna bhuaigh an coláiste Corn Uí Ógáin arís, rud a chuaigh i bhfeidhm go mór orm. Is cuimhneach liom gur lean an ceiliúradh ar aghaidh ar feadh roinnt mhaith seachtainí sa scoil. Ba é 1984 comóradh céad bliain Chumann Lúthchleas Gael agus imríodh an cluiche ceannais i bPáirc an Chrócaigh agus craoladh beo é freisin ar an teilifís. Laochra a bhí sna leaids ar an bhfoireann a bhuaigh ar St. Patrick's, Machaire Rátha, le cúilín amháin – daoine ar nós an chúl báire Paul Staunton, Mark Butler, a bhí ina chaptaen, Pat Holmes, Martin Brennan, Tommy Devane, Leslie McGettigan, Micheál Martin agus Micheál Ó Máille as Ros Muc – agus inspioráid mhór do lucht na chéad bhliana sa scoil a bhí san éacht a rinne siad.

Níl aon dabht faoi ach go raibh tús áite ag an bpeil ar chuile rud eile i gColáiste Iarfhlatha. Sé cinn de pháirceanna imeartha a bhí ann nuair a bhí mise ag freastal air, agus bhí chuile cheann acu in úsáid mórán gach tráthnóna. Imríodh iomáint sa scoil chomh maith, cispheil, leadóg agus d'fhéadfá a bheith páirteach sa lúthchleasaíocht chomh maith; ach formhór na leaids, ba í an pheil ab fhearr leo, agus an chúis a rabhadar ann ar an gcéad dul síos, le dul chun cinn a dhéanamh sa bpeil. Ocht gcinn d'fhoirne peile a bhí sa gcoláiste – trí cinn sinsearacha, péire sóisearach, dhá fhoireann óganach (faoi 15), agus foireann na chéad bhliana. Léiriú é sin ar an éileamh a bhí ar an bpeil san áit i measc na leaids, agus an díograis a bhí sa bhfoireann teagaisc freisin. I gColáiste Iarfhlatha dá mbeadh scoláirí páirteach in aon chineál eile spóirt, ba chaitheamh aimsire tánaisteach a bheadh ann, de ghnáth. Níor mhothaigh mé féin an cathú aon chluiche eile a imirt seachas an pheil, cé gur bhain mé triail as an lúthchleasaíocht ag druidim i dtreo an tsamhraidh nuair a bhí mé sa gcéad bhliain – déanta na fírinne, is ag iarraidh éalú as ranganna a bhí mé.

Scoil thraidisiúnta sa seanmhúnla Gaelach a bhí agus atá i gColáiste Iarfhlatha. Ní théann tú ann má tá suim agat dul chun cinn a dhéanamh sa sacar nó sa rugbaí, agus sin bun agus barr an scéil. Sa gceathrú bliain, ceart go leor, bhí nós ann go n-eagródh na leaids sraith sacair, agus thógtaí an-dáirire an comórtas inmheánach sin. Ach is cuimhneach liom go maith lá amháin agus grúpa againn ag ciceáil liathróid rugbaí thart ar an bpáirc; cuireadh an ruaig orainn sách tapaidh agus dúradh linn gan an liathróid sin a bheith le feiceáil amuigh arís. Níor cheistigh muid an t-ordú. Ag an am céanna, mar fhear Gaeltachta, bhí díomá orm nach raibh níos mó béime ar an nGaeilge sa scoil. Go deimhin, daoine a labhair Gaeilge líofa, dhéanfaí iarracht iad a náiriú dá bhféadfaí mar gheall gur Gaeilgeoirí a bhí iontu. Formhór na leaids, ní raibh aon mheas acu ar an teanga agus is cuimhneach liom múinteoirí áirithe, abair an tAthair Ó Finneadha, nó mo mhúinteoir Gaeilge, Éamon Ó Loingsigh as Baile Átha Cliath, ag cómhrá liom i nGaeilge sa bpasáiste agus mo chairde ag spochadh asam dá bharr. Bhí mé óg agus soineanta an t-am sin, agus an cumas a bhí agam sa nGaeilge, is ag iarraidh é a cheilt a bhínn, murab ionann agus inniu.

Sách luath a chuaigh mé i gcleachtadh ar an ngnáthshaol laethúil i gColáiste Iarfhlatha. Ar maidin bhuailtí cloigín cúig huaire idir 7.30 agus 8.00, agus chaithfeadh gach duine a bheith ag an mbricfeasta ag a hocht. Idir 8.35 agus 9.05 bhíodh staidéar ann – díocas ar gach duine a gcuid obair bhaile a chríochnú – agus ansin thosaíodh an chéad rang ag 9.15. Ar an gCéadaoin chríochnaíodh na ranganna ag am lóin agus bhíodh spórt ar siúl don chuid eile don lá, rud a thaithin thar barr linne, ach bhíodh ranganna ann maidin Dé Sathairn ina áit. Samhlaigh a bheith i do mhúinteoir sa scoil agus dualgas ort teacht isteach ag an deireadh seachtaine! Go leor de na múinteoirí, bhídís ag traenáil foirne sa scoil freisin agus ag fanacht siar tráthnóna Dé Céadaoin ar aon chuma, ag obair cúig lá go leith in aghaidh na seachtaine. Anois, agus mé i mo mhúinteoir mé féin, a thuigim an íobairt a rinneadar.

Ar ghnáthlá – Luan, Máirt, Déardaoin agus Aoine – leanadh na ranganna ar aghaidh go dtí a ceathair a chlog. Bhíodh tae againn, agus ansin go hiondúil bhíodh traenáil peile ó 4.30 go dtí 5.45. Bhíodh staidéar ann ón 6.00 go dtí 7.15, agus arís ón 8.00 go dtí 9.30. Bhíodh paidreacha sa séipéal ansin, agus mhúchtaí na soilse ag a 11.00. Cloisim an clog sin go fóill, caithfidh mé a rá. Ghearrfaí fíneáil ort dá mbeifeá mall ag béile, ag rang nó ag an staidéar – ní ghlactaí le haon leithscéal – agus ó shin i leith má deirim go mbeidh mé in áit ag am áirithe, go hiondúil bím. I suanlios beag le sé leaba a bhí mé sa dara bliain. Bhíodh sé de dhualgas ar chuile dhuine a leaba a bheith cóirithe ar maidin sula dtosaíodh ranganna, agus arís ghearrfaí fíneáil caoga pingin, ní hamháin ortsa ach ar gach aon duine sa suanlios céanna, mura mbeadh sé cóirithe i gceart. Ní raibh tuairim faoin spéir agamsa an chaoi le leaba a chóiriú agus ar a laghad uair sa tseachtain, fógraíodh ag am dinnéir go raibh fíneáil á gearradh ar shuanlios s'againne de bharr mo chuid aineolais, cé go ndearna mé tréaniarracht an scil a fhoghlaim.

Diaidh ar ndiaidh, chuaigh muid uilig mar leaids óga i gcleachtadh ar an gcóras oifigiúil – agus, go deimhin, neamhoifigiúil – san áit. Nuair a bhí mé sa gcéad bhliain agus nuair a thagadh mo mhuintir ar cuairt, ba ghnách leo brioscaí, milseáin agus a leithéid a cheannacht dom. Bhídís faoin leaba agam, ach an mhaidin dár gcionn bhídís sciobtha ag na leaids eile uaim. Chun go mbeadh do chuid slán chaithfeá *tuck box* le glas a aimsiú, agus cheannaigh Daid ceann domsa ag tús an dara bliain. Bhí an ceann céanna agam go dtí go raibh mé san Ardteist – faoin am sin, agus stádas agam mar chaptaen ar fhoireann na sinsear sa scoil, ní raibh sé de dhánaíocht ag aon duine a bheith ag goid uaim a thuilleadh!

Ag an deireadh seachtaine, bhíodh traenáil tar éis na scoile ar an Satharn, agus ansin théadh muid síos an baile inár ngrúpaí ar feadh cúpla uair an chloig. Bhí cúpla áit a d'fhéadfaí a dhul, áiteanna a mbeadh a fhios agat go mb'fhéidir go mbeadh cailíní ag cruinniú freisin – Cafolla's, nó caife beag ar a tugadh The Cake Box. Daoine a raibh misneach acu, théidís chuig an teach tábhairne le haghaidh cluiche snúcair, cé nach raibh cead againn. Is cuimhneach liom eachtra amháin a tharla nuair a bhí mé san Ardteist. Tháinig foireann na sinsear ar ais níos luaithe ná na leaids eile tar éis laethanta saoire na Nollag le haghaidh seisiún traenála agus síos linn go dtí an baile ina dhiaidh. Ní luafaidh mé aon ainm ach bhí leaid amháin a raibh dúil aige i gcúpla pionta. Ag a seacht a chlog, bhí sé sínte siar sa leithreas sa teach tábhairne, gan aithne gan urlabhra agus an chuid eile againn ag iarraidh teacht ar phlean lena thabhairt ar ais isteach sa scoil i ngan fhios do na sagairt. Chruinnigh slua againn timpeall air agus thug muid ar ais go dtí an scoil é – níl a fhios agam cén chaoi, mar is ar éigean a bhí sé in ann seasamh – agus bhí an t-ádh orainn nar bhuail muid le haon duine. Bhí mise ag faire amach, is cuimhneach liom, fad is a crochadh suas an t-éalú dóiteáin é agus isteach a chodladh ina leaba féin.

Tá an ré sin anois thart i stair an choláiste, mar ní ghlactar le mic léinn chónaithe a thuilleadh. Freisin, mar go bhfuil na huimhreacha ag titim, tá caint ar nasc a chruthú idir an dá scoil bhuachaillí atá i dTuaim, Coláiste Iarfhlatha agus

Coláiste Naomh Pádraig. Nuair a chuimhním ar an naimhdeas a bhíodh idir an dá scoil ar an bpáirc, tá sé deacair é a shamhlú, ach leis an nasc sin tosóidh ré nua ar fad.

Ag cur le mo shásamh pearsanta sa tréimhse seo bhí an fhorbairt a bhí mé a dhéanamh sa bpeil. Mar a dúirt mé, bhuaigh mé mo chéad bhonn Chonnacht sa gcéad bhliain, ag imirt mar leathchúlaí láir, ach sa dara bliain aistríodh go dtí an cliathán clé mé. Seans gur samhlaíodh nach raibh mé láidir ná mór mo dhóthain chun imirt sa ról lárnach mar leathchúlaí ar láir ar fhoireann na n-óganach, i gcoinne leaids ón tríú bliain. Ach ní dhearna mé aon chasaoid, mar ar an bpointe bhraith mé saoirse agus sásamh thar cuimse ag caitheamh geansaí uimhir a seacht. Uaidh sin go dtí gur fhág mé Coláiste Iarfhlatha is mar leathchúlaí ar chlé a d'imir mé, seachas seal beag i lár na páirce do na sóisir nuair a bhí mé sa gceathrú bliain. Is cuimhneach liom freisin an bhliain dár gcionn leis an bhfoireann sinsear gur tugadh deis dom sna tosaithe, uimhir a haon déag, ceapaim, i rith na sraithe. Ach ní raibh mé chomh héifeachtach ansin, dar leis an traenálaí, Joe Long, agus don chraobh i 1988 chaith mé geansaí uimhir a seacht arís.

Ba é an tAthair Ó Finneadha a bhí dár dtraenáil sa gcéad bhliain; agus sa dara bliain, ar fhoireann na n-óganach, fear darbh ainm Charlie Kelly a bhí i bhfeighil orainn. Bhí foireann sách maith againn, agus bhuaigh muid craobh Chonnacht inár ngrád. Sa tríú bliain casadh orm den chéad uair an tAthair Ollie Hughes agus Joe Long – bheadh tionchar mór ag an mbeirt sin orm i gcaitheamh mo chuid ama sa gcoláiste – mar bhíodar ina dtraenálaithe ar fhoireann na sóisear, agus arís d'éirigh linn craobh Chonnacht a thabhairt linn.

Trí cinn d'fhoirne sinsear a bhí i gColáiste Iarfhlatha nuair a bhí mise ag freastal ar an scoil, agus nuair a bhí mé sa tríú bliain roghnaíodh mé ar phainéal fhoireann sinsear B, a bhí á dtraenáil ag múinteoir gnó darbh ainm Dónal Blake. Ní nach ionadh, bhí mé thar a bheith sásta liom féin – go dtí gur thosaigh an traenáil. Bhí clú agus cáil ar an Máistir Blake mar gheall ar a chuid modhanna traenála. Go hiondúil, ní bhíodh ag freastal ar na seisiúin ach seisear nó seachtar, mar bhíodh formhór na leaids ag traenáil le foireann sinsear A ag an am céanna. Bhí an t-ádh dearg orthu, mar rith muid agus rith muid agus ansin rith muid tuilleadh, agus bhí muid tugtha traochta faoin am a mbíodh an seisiún thart. Ní bhínn ag tnúth leo, ach tá mé cinnte nach ndearna siad aon dochar dom. Cinnte, d'fhoghlaim mé faoi fhéinsmacht agus b'fhéidir freisin tar éis na taithí sin go raibh tuiscint níos fearr agam ar chéard a bhí i gceist le bheith aclaí!

Nuair a bhí mé sa tríú bliain buaileadh foireann sinsear A Choláiste Iarfhlatha i gcluiche ceannais Chonnacht, cé go raibh go leor daoine ag súil roimh ré go raibh seans ag an scoil Corn Uí Ógáin a thabhairt leo arís an bhliain sin. Dúradh liom tar éis an chluiche dá n-éireodh leo sa gcúige go rabhadar le mise a tharraingt isteach sa bpainéal le haghaidh chluiche leathcheannais na hÉireann. Bhí mé ag déanamh dul chun cinn mar pheileadóir agus ag éirí níos muiníní an t-am ar fad. Bhí mé sách óg nuair a bhí mé sa gceathrú bliain chun imirt do na sóisir arís – d'imir mé don fhoireann sin i lár na páirce mar gheall go raibh níos mó taithí agam ná leaids an tríú bliain, is dóigh, agus mar go raibh mé beagán níos láidre ná iad. An tAthair Hughes agus Joe Long a bhí i gceannas na sóisear an bhliain sin – 1986–7 – agus bhíodar i bhfeighil ar fhoireann sinsear A chomh maith.

Ar ndóigh, sin é an sprioc atá ag gach peileadóir i gColáiste

Iarfhlatha: imirt d'fhoireann sinsear A. Sa tríú bliain, agus mé ar fhoireann sinsear B, d'fhreastail mé ar thraenáil le foireann sinsear A cúpla babhta ach ba léir nach raibh mé láidir mo dhóthain don ghrád is airde go fóill. Is cuimhneach liom go maith gualainn a fuair mé i rith seisiún amháin agus leagadh go talamh mé. Thóg sé tamaillín orm m'anáil a fháil ar ais. Nuair a d'fhill mé ag tús an cheathrú bliain, áfach, bhí borradh agus fás tar éis teacht orm i rith an tsamhraidh agus bhraith na húdaráis go raibh mé níos ábalta. D'oibrigh mé crua freisin idir Meán Fómhair agus Nollaig, ag iarraidh imprisean maith a dhéanamh ar an Athair Hughes agus ar Joe Long, agus nuair a thosaigh feachtas na sinsear san earrach, tugadh geansaí uimhir a seacht domsa.

Fad is a bhí mé ag freastal ar Choláiste Iarfhlatha a tháinig mé i ngaireacht den chéad uair don mheon gurb é tuaisceart na Gaillimhe croílár na peile sa gcontae agus nach bhfuil aon tallann san iarthar. Chuir sé as dom gur cheap daoine go bhféadfaidís a bheith ag caitheamh anuas orm mar gheall ar m'áit dúchais – Conamara. Mar atá ráite agam, dá gcloisfeadh aon duine de na leaids mise ag labhairt Gaeilge ar scoil, bhídís ag spochadh asam, agus ag an aois sin bíonn tú goilliúnach. Thuig mé nach raibh ann ach magadh, ach ba chuma: bhínn buartha. Ina theannta sin, nuair a bhíodh iontas ar dhaoine go raibh leaid óg as an nGaeltacht cumasach ag an bpeil, chuireadh sin olc orm. Nuair a d'fhág mé an scoil, bhí an meon sin fós ann. Is cuimhneach liom i lár na naochaidí, nuair a bhí foireann na Gaillimhe in ísle brí, go mbíodh Ja Fallon, a bhí ag obair mar fhear phoist i dTuaim ag an am, ag inseacht dom agus greann ina shúile go mbíodh daoine ag rá leis nach raibh aon iontas orthu nach raibh aon rath ar Ghaillimh mar go raibh a fhios ag an domhan mór nach raibh aon pheileadóir maith siar thar Dhroichead Chluain Mhóir – bhí mé féin, Seán Ó Domhnaill, Kevin Walsh, Gary agus Richie Fahey agus Paul Clancy ar fad ar an bpainéal ag an am! Spreagadh an sórt sin cainte i gcónaí mé, fiú nuair a bhí mé í mo dhéagóir, a bheith níos díograisí, níos diongbháilte. Tá mé buíoch nach duine mé a mbeadh an fhéinmhuinín agus féinmheas cloíte de bharr an mheoin sin, ach a mhalairt ar fad. D'fhoghlaim mé luath go maith i mo shaol imeartha gan aird ar bith a thabhairt ar an gcriticeas. Nuair a thosaigh mé ag imirt d'fhoireann sinsear A, sa gceathrú bliain, mar shampla, bhíodh tuairiscí ar na cluichí gach Céadaoin sa *Tuam Herald*. Bhíodh muid uilig ar bís ag fanacht leis an nuachtán, go bhfeicfeadh muid ár n-ainm i gcló. An chéad uair a chonaic mé m'ainm féin luaite bhí ríméad orm, ach thuig mé luath go leor nach bhféadfá ligean don cháineadh, ná go deimhin don mholadh, teacht trasna ar an sprioc.

Chabhraigh sé liom nach raibh amhras ar bith orm go raibh meas mór ag an traenálaí Joe Long orm mar pheileadóir. As Tuaim, fear an-lách, cineálta a bhí sa Máistir Long, a bhí ag traenáil foirne sa scoil ó thús na n-ochtóidí agus thugadh sé spreagadh agus misneach domsa i gcónaí. Dá mbeinn tar éis drochchluiche a bheith agam sa gcéad leath, mar shampla, bheadh sé ag iarraidh mé a ghríosadh chun cruthú níos fearr sa dara leath, agus bhíodh sé dearfach i gcónaí. Tá sé deacair a chreidiúint nár chas mé le Joe Long, a raibh an oiread sin tionchair aige ar m'fhorbairt mar pheileadóir, ach b'fhéidir dhá uair ó d'fhág mé an scoil. Is cuimhneach liom gur sheol sé litir chugam roimh chluiche ceannais na hÉireann i 1998 agus bhí mé an-bhuíoch de dá bharr. Fear sách óg a bhí ann nuair a bhí mise ag freastal ar Choláiste Iarfhlatha, ach aon am saor a bhí aige, déarfainn, bhíodh sé ag traenáil foirne, ag ullmhú le haghaidh traenála nó ag réiteach le haghaidh cluiche. Níor fágadh aon rud sa seans faoina stiúir. Roimh chluichí, mar shampla, bhíodh cruinniú againn i gcónaí, chun an freasúra agus ár bplean imeartha a phlé. Ina theannta sin modhanna nua-aimseartha traenála a bhíodh á gcleachtadh ag an Máistir Long, an bhéim ar scileanna agus ar theacht aniar.

Bhí an-chreideamh aige sa leas a d'fhéadfaí a bhaint as cluichí dúshláin freisin. D'imríodh muid go leor cluichí eadrainn féin tráthnóna Dé Céadaoin nó ar an Satharn tar éis na scoile. Phioctaí dhá fhoireann roimh ré agus bhíodh coimhlint uafásach géar eatarthu. D'fhéadfadh iarscoláirí a bheith páirteach sna cluichí sin, mar thugtaí cuireadh dóibh uilig dá mbeidís i ngaireacht don scoil teacht ar cuairt, agus is cuimhneach liom lá amháin go raibh Kevin McStay ag imirt linn agus é ina pheileadóir idirchontae le Maigh Eo ag an am. Bhí na súile ar cipíní againn uilig, ach níor léirigh McStay aon trócaire do na leaids óga nuair a caitheadh an liathróid isteach ach díriú ar an gcoimhlint, agus luigh muid isteach ar an tasc faoi dheireadh.

Ba é an rud ba mhó a chuaigh i gcion orm faoin traenáil i gColáiste Iarfhlatha ná go raibh sé an-eagraithe ar fad. Níl aon dabht faoi ach go raibh sé dian go fisiciúil agus go mbeifeá traochta, ach ag an am céanna bhí Joe Long ag iarraidh go ndéanfá machnamh faoin bpeil freisin. D'fhoghlaim tú nach leor an liathróid a fháil agus do chloigeann a chur síos agus díriú ar na postaí; leagadh béim ar a bheith níos cruthaithí, níos meabhraí, níos cliste san imirt. Bhí an meon, dar le Joe Long, díreach chomh tábhachtach leis an modh. Bhíodh mana aige – *'Winners never quit and quitters never win'* – agus chreid muid uilig go diongbháilte sa mana sin. Ach ainneoin sin agus an tréaniarracht a rinne muid, níor éirigh linn i ngrád na sinsear, is é sin sa gcomórtas craoibhe, fad agus a bhí mise ar an bhfoireann – 1986–7 ná 1987–8.

☙

Bhí tuiscint an-chúng agamsa ar a bheith aclaí nuair a bhí mé ag freastal ar Choláiste Iarfhlatha; dar liom féin d'fhéadfaí m'aclaíocht a thomhas ag brath ar chomh fada is a bhí mé in ann coinneáil orm ag ritheacht gan stopadh. Sa lá atá inniu ann bíonn leaids óga ag plé le meáchain, tá tuiscint acu ar thábhacht aiste bia, tugann siad aire dá gcolainn. Ní raibh a leithéid d'fhealsúnacht le brath i measc na leaids a raibh mise ag imirt leo ná fiú i measc na dtraenálaithe, mar nach raibh an t-eolas acu. Rinne muid an rud a dúradh linn, ach níor thuig muid ar chor ar bith an fáth a raibh muid á dhéanamh.

Ainneoin sin, thuig mé go raibh mé go maith ag roinnt rudaí: bhí mé compordach ar an liathróid agus tioncharach nuair a bhíodh sí i mo sheilbh. Ag breathnú siar anois, áfach, tuigim go raibh nós agam, nuair nach raibh an liathróid agam, a bheith ag fanacht go dtarlódh rud eicínt seachas a bheith gníomhach mé féin. Ligínn don chluiche imeacht le sruth uaireanta seachas ceannasaíocht a ghlacadh. Ach tar éis an méid sin, faoin am ar thosaigh mé sa gceathrú bliain ar scoil bhí mé tar éis bonn Chonnacht a bhuachan trí bliana as a chéile, agus sa gceathrú bliain chuir mé leis nuair a bhí mé ar an bhfoireann a bhuaigh craobh Chonnacht i ngrád na sóisear. Nuair a roghnaíodh mé ar fhoireann sinsear A níos deireanaí an scoilbhliain sin, bhí súil agam go n-éireodh linn ceann scríbe a bhaint amach – is é sin Corn Uí Ógáin a thabhairt linn – mar bhí foireann an-mhaith againn, ach tháinig Coláiste Mhuire, Gaillimh, aniar aduaidh orainn.

Ar fhoireann sinsear A Choláiste Iarfhlatha an bhliain sin – 1986–7 – bhí roinnt imreoirí againn a bhí ar fhoireann mhionúr na Gaillimhe an bhliain roimhe sin, ina measc an captaen, Peter Maher. Bhí captaen fhoireann mhionúr Mhaigh Eo, Declan Reilly, ag imirt linn freisin. Bhí Michael Halliday as an Dún Mór sa gcúl, agus i measc na gcosantóirí bhí Pat

Waldron agus Keith Duffy. Chomh maith leo seo bhí Johnny Mitchell as Cathair Liostráin ar an bhfoireann, agus Odie Monaghan agus 'Scobie' Mahon, beirt áitiúil. Foireann den scoth a bhí ann, agus fiú sular thosaigh an comórtas craoibhe ba iad Coláiste Iarfhlatha rogha na coitiantachta, ní hamháin i gConnachta, óir dúradh go raibh an-seans againn Craobh na hÉireann a bhuachan chomh maith. Tá creidiúint mhór ag dul do thraenálaithe Choláiste Mhuire, áfach, mar cé nach raibh an oiread céanna tallainne, i mo thuairim, ag an bhfoireann a bhí acusan, bhíodar ullmhaithe go maith agus baineadh geit mhór asainn i gcluiche leathcheannais Chonnacht, a imríodh i Staid an Phiarsaigh i mBóthar na Trá san earrach, nuair a buaileadh muid le cúilín amháin, 0-8 i gcoinne 0-7.

Ba iad Bosco McDermott, Liam Sammon – beirt a raibh bonn Uile Éireann buaite acu le Gaillimh sna seascaidí – agus an tAthair Barry Hogg a thraenáil foireann Choláiste Mhuire an bhliain sin. Bhí Seán Conlon as Bearna ar dhuine de na himreoirí ab fhearr a bhí acu, agus bhí Paul Sammon (mac Liam), Simon Wade agus Mark Killilea ar an bhfoireann chomh maith. Chuaigh siad ar aghaidh chun craobh Chonnacht a bhuachan, agus buaileadh le cúilín iad i gcluiche ceannais Chorn Uí Ógáin. Ní dhéanfaidh mé dhearmad go deo ar an mbriseadh croí a mhothaigh mé tar éis do Choláiste Mhuire buachan orainn i gcluiche leathcheannais Chonnacht. Buille marfach a bhí ann – b'in an chéad uair a d'fhulaing mé, a thuig mé an chaoi a bhféadfá fulaingt ar pháirc na himeartha – agus thóg sé tamall glacadh leis an toradh tar éis gach a raibh déanta. Níor chabhraigh sé go raibh duine de na himreoirí ab éifeachtaí agus ba láidre a bhí againn an bhliain sin – Pat Waldron – fágtha ar lár. Níor chóir go mbeadh.

Ag déanamh na hArdteiste den dara huair a bhí Waldron an bhliain sin, agus cóngarach go maith don chluiche fuair sé tairiscint dul sna Gardaí. Bhí sé i gceist aige glacadh leis an tairiscint agus imeacht ón scoil go gairid tar éis na coimhlinte agus, dá bharr, níor imríodh é sa gcluiche leathcheannais, cé nach mbeadh sé ag sárú aon riail. Ba é an trua é. Ceann de na boinn nach bhfuil agam, bonn chraobh shinsear na gcoláistí agus goilleann an t-easnamh sin orm amanta. Nuair a labhraítear faoi na himreoirí ar fad a d'fhreastail ar Choláiste Iarfhlatha labhraítear fúthu siúd a bhuaigh craobh Chonnacht nó Corn Uí Ógáin leis an scoil. Ní thagann m'ainmse aníos sa gcómhthéacs céanna le hainm Phádraic Joyce, mar shampla, nó Declan Meehan, nó Michael Donnellan, a bhí ar an bhfoireann a bhuaigh Corn Uí Ógáin leis an scoil i 1994. Tuigim an fáth a ndearnadh an cinneadh, ar bhonn prionsabail, ach sílim go mbeadh difríocht mhór déanta ag Waldron dá mbeadh sé ag imirt, agus sílim nach raibh sé cothrom ar an gcuid eile againn a bhí tar éis traenáil chomh dian sin ó mhí Meán Fómhair ar aghaidh, gur fágadh ar an mbinse é.

An samhradh sin – samhradh na bliana 1987 – bhuaigh mionúir na Gaillimhe craobh Chonnacht, agus thug an bainisteoir, John Tobin, cuireadh dom a bheith ar an bpainéal le haghaidh chluiche leathcheannais na hÉireann. Tharraing sin m'aire ón díomá. Ní raibh seans ann go mbeinn ag imirt, ach thabharfadh sé blaiseadh dom den chéad uair geansaí na Gaillimhe a bheith ar mo dhroim – uimhir a tríocha – agus bhí sé sin tábhachtach.

An chéad seisiún traenála a raibh mé le freastal air, bhí Ciarán Ó Fátharta, a bhí ina roghnóir ag an am, chun mé a thabhairt ann – bhí sé féin ar fhoireann na mionúr a bhuaigh Craobh na hÉireann i 1976. Oíche Dé Máirt a bhí ann, sílim. Bhí mise neirbhíseach go maith, ní nach ionadh, agus ullmhaithe b'fhéidir uair an chloig roimh ré, mo mhála pacáilte agus mé ag fanacht taobh amuigh den teach leis. Dá mbeinn fós ag fanacht ní bheadh an Fáthartach tagtha, mar bhí dearmad glan déanta aige orm, agus ceacht foghlamtha agam faoi éirí in airde agus an bóthar fada a bhí le taisteal agam go fóill!

Ainneoin mé a bheith in ísle ísle brí tar éis gur buaileadh muid i gcluiche leathcheannais Chonnacht, bhí an samhradh fada, agus faoin am a raibh na laethanta saoire thart bhí mé ag tnúth leis an gcúigiú bliain agus ag brionglóidí ar na féidearthachtaí. Is cuimhneach liom a bheith ag siúl isteach trí gheataí na scoile an chéad lá ar ais nuair a dúradh liom go raibh mé roghnaithe mar chaptaen ar fhoireann sinsear A. Onóir mhór a bhí ansin – bhí stádas ar leith taobh istigh agus taobh amuigh den scoil ag baint leis – agus bhí ríméad orm agus mé an-bhródúil nuair a chonaic mé m'ainm ar chlár na bhfógraí taobh leis an bpost nua. Ba é Ciarán Moran as Maigh Eo a bhí ainmnithe mar *Procurator* – captaen na scoile – an bhliain chéanna. Bhíodh go leor tuairimíochta ann i gcónaí i measc na leaids ón tríú bliain ar aghaidh cé a bheadh ina chaptaen ar fhoireann sinsear A, agus is dóigh mar gheall go raibh mé ar an bhfoireann agus mé sa gceathrú bliain – an t-aon imreoir ón gceathrú bliain, mar a tharla – gur thuig mé go raibh mé san iomaíocht, ach baineadh geit asam mar sin féin. Ní hamháin go bhfuil stádas ag baint leis an ról ach tá stair freisin, agus thuig mé go maith go raibh sé de dhualgas orm ceannaireacht a léiriú ar an bpáirc, agus taobh amuigh den pheil chomh maith. Bhí méid áirithe dualgas orm dá bharr. Roimh gach cluiche craoibhe, mar shampla, thagadh an lucht tacaíochta ar fad chuig an halla sa scoil agus labhraíodh an *Proc* agus ansin captaen na foirne leo. Bhí ról tábhachtach ag lucht tacaíochta Choláiste Iarfhlatha agus dhéantaí iad a ghríosú sula bhfágaidís an scoil. Bhíodh sé deacair ormsa an *spif*, mar a tugadh air, a thabhairt mar go raibh mé cuthail mar dhuine, ach d'éirigh sé níos éasca le gach cluiche.

Bhuaigh muid an tsraith roimh Nollaig na bliana sin – dea-chomhartha, shílfeá – agus is cuimhneach liom gur imríodh mé ar bhonn trialach sa líne leath-thosaigh i roinnt de na cluichí. Ach bhí muid beirt ar aon intinn, mé féin agus Joe Long – bhí an tAthair Hughes tar éis cúlú siar ón bpeil de bharr tinnis – go raibh mé níos éifeachtaí agus níos cruthaithí ag imirt mar leathchúlaí ar chlé.

Ar an bhfoireann sin i 1987–8 bhí Ray Silke, Tommy Geraghty as an gCealtrach, Fergal Tully, Terence Morgan as Gleann na Madadh, Seamie Kelly, agus John Halpin, leaid as Béal Átha na Sluaighe, a d'imir sa gcúl. Bhí muid ag faire amach do Choláiste Mhuire agus tar éis dúinn críochnú ar comhscór leo i rith fheachtas na sraithe, thuig mé go raibh foireann níos fearr acu an bhliain sin ná mar a bhí acu an bhliain roimhe agus go mbeadh sé deacair orainn an ceann is fearr a fháil orthu sa gcraobh. Ainneoin sin, bhí muid dóchasach; d'ullmhaigh muid go tréan agus ní raibh iontas ar aon duine nuair a chas an dá fhoireann ar a chéile i gcluiche ceannais Chonnacht ar Lá 'le Pádraig, 1988, lá uafásach fliuch, gaofar i dTuaim. Níor imir muid go maith, agus chríochnaigh an cluiche ar comhscór, 0-3 in aghaidh 0-3. San athimirt an Domhnach ina dhiaidh sin, bhí an lámh in uachtar ag Coláiste Mhuire agus bhuail siad orainn go héasca.

Ag breathnú siar ar na blianta a chaith mé i gColáiste Iarfhlatha, tuigim go bhfuair mé oideachas cuimsitheach ann. Ag freastal ar scoil chónaithe foghlaimaíonn tú neamh-spleáchas agus féinmhuinín, tréithe atá ríthábhachtach i ngach gné den saol. Ó thaobh m'oideachas peile de freisin, bhain mé an-leas as na blianta a chaith mé i dTuaim. Rinneadh tástáil orm mar pheileadóir nach ndéanfaí orm dá mbeinn tar éis fanacht ar an gCeathrú Rua, agus d'fheabhsaigh mé mar go ndearna mé mo dhícheall i gconaí caighdeán níos fearr a bhaint amach.

Níor bhuaigh mé Corn Uí Ógáin leis an scoil ná fiú craobh Chonnacht i ngrád na sinsear ach b'fhéidir, agus mé ag machnamh air anois, nár rud iomlán diúltach a bhí ansin. Goilleann sé orm, cinnte, ach b'fhéidir dá mbeinn tar éis na boinn sin a bhuachan go mbeinn tar éis suí siar, go mbeadh mo dhóthain agam den pheil. Cuid den oideachas a bhí ann domsa nár bhuaigh mé aon rud mór le rá le Coláiste Iarfhlatha agus spreagadh a bhí ansin oibriú níos déine chun cruthú níos fearr. Creidim go láidir go gcabhraíonn sé tuiscint a bheith ag duine ar an díobháil má tá chun éirí leo, cibé cén sprioc atá acu. Mar a deir an seanfhocal, 'Is maith an t-anlann an t-ocras'.

**Foireann Sinsear Choláiste Iarfhlatha 1988**

John Halpin
(Béal Átha na Sluaighe)

| | | |
|---|---|---|
| Martin Joyce | Ian O'Donohue | Keith Duffy |
| (Maola) | (Bóthar na Trá) | (Béal an Átha) |

| | | |
|---|---|---|
| Pat Egan | Henry Keenan | Seán Óg de Paor |
| (C. L. Uí Mhaoilíosa) | (An Dún Mór) | (An Cheathrú Rua) |

John Paul Ferron      Fergal Tully
(An Clochán)      (Sligeach)

| | | |
|---|---|---|
| Tony Cribben | Peter Maher | Ray Silke |
| (Béal Átha hAmhnais) | (M. Mheá/M. C. Muaidhe) | (Cora Finne) |

| | | |
|---|---|---|
| Séamus Kelly | Tommy Geraghty | Odie Monaghan |
| (Réalta Thuama) | (An Chealtrach) | (Réalta Thuama) |

# COLÁISTE NA HOLLSCOILE, GAILLIMH

Mar atá ráite agam, bhí an-suim ag m'athair i gcúrsaí spóirt, ní hamháin sa bpeil ach i chuile chineál spóirt agus nuair a bhí mise deich, aon déag, dhá bhliain déag d'aois, bhí an-luí aige leis an lúthchleasaíocht. Thraenáil sé go dian agus léirigh sé neart tola agus féinsmacht chun a bheith aclaí, tréithe a bhí ann riamh agus a nochtfaí ionam féin níos deireanaí. Go deimhin, théinn leis go minic chuig na rásaí agus is cuimhneach liom lá amháin go raibh ceann de na rásaí seo ar siúl i gColáiste na hOllscoile, Gaillimh. Ar ndóigh d'fhreastail Daid ar an ollscoil seo agus bhí muid ag siúl timpeall an *Quad* nuair a chonaic mé fógraí crochta ag tabhairt le fios go raibh comórtas Chorn Mhic Shigiúir ar na bacáin. Bhí an chraobh peile idir-ollscoileanna ar siúl i nGaillimh an bhliain sin, agus d'inis Daid beagán dom faoi stair an chomórtais. Mar sin, i bhfad sula ndearna mé an Ardteist, bhí cloiste agam faoi chorn urramach Mhic Shigiúir agus eolas maith agam ar thraidisiún UCG – mar ab fhearr aithne an uair sin air – le blianta anuas. Tá Corn Mhic Shigiúir buaite ag Coláiste na hOllscoile, Gaillimh, uair is fiche san iomlán agus i dtús na n-ochtóidí bhíodar buach dhá bhliain as a chéile i 1980 agus 1981, nuair a bhí mé féin sa scoil náisiúnta, agus arís i 1983 agus 1984, nuair a bhí mé sa gcéad bhliain i gColáiste Iarfhlatha.

Caithfidh mé a admháil go raibh tionchar aige sin ar an

gcinneadh a rinne mé maidir le hoideachas tríú leibhéal. Bhí sé i gceist agam i gcónaí leanacht le mo chuid oideachais i ndiaidh na meánscoile – bhí súil leis sa mbaile – agus is é an aidhm a bhí agam cinntiú go mbeadh rogha leathan agam cuma cén áit a rachainn. Ainneoin an méid ama a chaith mé ag traenáil i gColáiste Iarfhlatha, bhí cothromaíocht i gcónaí idir an staidéar agus an pheil. Níor tháinig siad trasna ar a chéile den chuid is mó – mar mhac léinn cónaithe, bhí neart ama ann don dá rud. I mo chroí istigh, bhí a fhios agam go mbeinn i mo mhúinteoir – cosúil le Daid, agus go deimhin cosúil le mo dheirfiúr Aisling, a bhí ag freastal ar Choláiste Mhuire gan Smál i Luimneach an t-am sin – agus tar éis Lá 'le Pádraig, nuair a chaill foireann sinsear A in aghaidh Choláiste Mhuire i gcluiche ceannais Chonnacht, luigh mé isteach ar na leabhair le dúthracht.

Tar éis do thorthaí na hArdteiste teacht amach – is cuimhneach liom go raibh mé tar éis foghlaim le tiomáint, agus thiomáin mé féin agus Aisling go Tuaim sa gcarr den chéad uair gan na tuismitheoirí linn chun iad a bhailiú – bhí cúpla tairiscint agam: corpoideachas i Luimneach, nó eolaíocht i nGaillimh. Ach cé acu?

Thaithneodh liom a bheith i mo mhúinteoir corpoideachais mar thaithin an spórt chomh mór sin liom agus bheadh sé go breá a bheith ag plé leis mar cheird. Bhí cathú ann, cinnte. Ach ag an am bhí foireann peile níos fearr ag Coláiste na hOllscoile, Gaillimh, agus traidisiún glórmhar freisin. Ar na peileadóirí a d'fhreastail ar an ollscoil i nGaillimh agus a bhuaigh bonn Uile Éireann le Gaillimh ina dhiaidh sin, bhí Jack Mahon, Martin Newell, Pat Donnellan, Johnny Geraghty, Enda Colleran, Coilín McDonagh agus Bosco McDermott. Sa deireadh, agus níl aon náire orm é seo a admháil, ba í an pheil ba chúis le mo chinneadh. Cibé céard faoi mo chuid riachtanas acadúil, ba iad mo chuid riachtanas peile agus m'oideachas peile a bhí go mór i mo cheann ag an am. Bhí a fhios agam i nGaillimh go mbeadh tosaíocht ag an bpeil agus bhí m'intinn déanta suas.

Ceist mhór a bhí i m'intinn agus mé ag súil leis an ré nua seo i mo shaol – bhí a fhios agam go raibh mé ag feabhsú an t-am ar fad mar pheileadóir, ach an mbeinn in ann ag an gcaighdeán san ollscoil? Cén chaoi a n-éireodh liom? Tá an ollscoil i bhfad níos mó inniu ná mar a bhí nuair a bhí mise ann, ach fós féin san am sin bhíodh leaids ag teacht ó cheann ceann na tíre le bheith ag staidéar i nGaillimh agus bhíodh an-choimhlint ann le haghaidh áit a bhaint amach ar na foirne éagsúla. Ní raibh mé i bhfad san áit – seachtain nó dhó b'fhéidir – nuair a tháinig Tony Regan, oifigeach spóirt san ollscoil, ar mo thóir, agus thug sé cuireadh dom teacht ag traenáil le foireann na sinsear. Iarpheileadóir as Ros Comáin é Tony 'Horse' Regan, agus cineál institiúide ann féin é san ollscoil. Tá an pheil sa bhfuil aige agus é dírithe go hiomlán ar shlí na glóire a bhaint amach.

Bhí fios maith ag Horse cérbh iad na peileadóirí a bhí ag tosú san ollscoil an bhliain sin, cén cumas a bhí iontu agus cá raibh na laigeachtaí, mar a chonaic seisean iad, sa bhfoireann shinsearach a bhí faoina stiúir. Mar sin, d'iarr sé orm féin agus leaid darbh ainm Ciarán Geraghty, a bhí ar fhoireann mhionúr Mhaigh Eo an samhradh sin, teacht ag traenáil, agus tá an dea-chlú orm gur imir mé le foireann sinsear na hollscoile sular imir mé d'fhoireann na chéad bhliana in aon chor. Cluiche dúshláin a bhí ann in aghaidh Réalta Thuama i dTuaim, trí nó ceithre seachtainí tar éis thús na bliana acadúla. Thaistil mé i gcarr le John Joyce, go ndéana Dia trócaire air, a bhuaigh gradam laoch an chluiche i gcluiche leathcheannais mionúr na hÉireann – Gaillimh i gcoinne Chorcaí – an bhliain roimhe. Bhí mo shúile ar cipíní, mar bhí ardmheas agam air.

Sa gcarr freisin bhí Mark Butler, iarchaptaen Choláiste Iarfhlatha, an fear a scóráil an cúilín cinniúnach i gcluiche ceannais Chorn Uí Ógáin i 1984. Ar an bhfoireann chomh maith bhí Tomás Kilcommins agus Pádraig Fallon, beirt a bhí ar fhoireann mhionúr na Gaillimhe nuair a bhuaigh siad Craobh na hÉireann i 1986, Pádraig Kenny as Contae Liatroma, agus Aidan O'Keefe, peileadóir sármhaith as Contae an Chláir. Ar ndóigh, bhí ríméad orm: bhí deis faighte agam leis an bhfoireann sinsear agus gan mé ach mí san ollscoil. Ní cuimhneach liom cén chaoi ar éirigh liom sa gcéad chluiche sin ach is cosúil go raibh Horse sásta go maith, mar ar feadh an gheimhridh bhí mé ag traenáil leis an bhfoireann agus ag imirt sna cluichí sraithe – mar leathchúlaí ar chlé go hiondúil – a bhíodh ann roimh an Nollaig.

Cluiche amháin a bhfuil cuimhne mhaith agam air, cluiche i gcoinne Choláiste na hOllscoile, Corcaigh, a imríodh sa Mardyke. I lár na páirce a d'imir mé, ní mar gheall ar m'airde, ar ndóigh, ach chun feidhmiú mar nasc idir cúlaithe agus tosaithe. Ar feadh b'fhéidir deich nóiméad, mharcáil mé an Ciarraíoch clúiteach Maurice Fitzgerald. Bhraith mé gur éacht mór pearsanta é seo agus céim mhór ar aghaidh i mo chuid imeartha, agus ag teacht abhaile ní haon áibhéil é a admháil go raibh gliondar i mo chroí. Ní raibh mé in ann a chreidiúint go raibh mé ag imirt ar an bpáirc chéanna lena leithéid – mar mhac léinn chéad bhliana bhí mé sách cúthail agus ciúin go maith fós i measc leaids a bhí níos sine agus níos muiníní ná mé, ach bhí mé ag caitheamh saol eachtrach mar sin féin!

෴

Diaidh ar ndiaidh chuaigh mé i gcleachtadh ar an saol san ollscoil. Bhíodh sé de nós ag Horse traenáil a eagrú don hocht a chlog ar maidin, agus thóg sé tamall sular thuig mé an chúis a bhí leis. Nach mé a bhí soineanta, ach ar ndóigh is ag iarraidh an ragairneacht agus an drabhlás a cheansú agus na leaids a dhíriú ar an bpeil a bhí sé. B'in rud nua ar fad a raibh orm déileáil leis nuair a thosaigh mé ag freastal ar an ollscoil. I gColáiste Iarfhlatha bhí struchtúr le do lá – bhuailtí cloigín agus bhíodh a fhios agat cá raibh tú ceaptha a bheith; bhí rialacha le leanacht agus bhí córas i bhfeidhm. San ollscoil bhí sé iomlán difriúil: bhí saoirse iomlán agat do rogha rud a dhéanamh agus bhí go leor leaids nach raibh sásta dul ag traenáil ag a hocht ar maidin mar go gcuirfeadh sé isteach ar an gcraic agus ar an airneán – an saol sóisialta, a bhí agus atá chomh maith sin i nGaillimh.

D'fhéadfaí aire duine a tharraingt ón bpeil go han-éasca ar fad agus tharla sé sin do roinnt leaids – peileadóirí maithe is cóir a rá – nach raibh in ann droim a thabhairt don chathú. Nuair a tháinig an crú ar an tairne, bhí orthu an cinneadh a dhéanamh an rabhadar chun tús áite a thabhairt don pheil agus fanacht istigh istoíche, cinneadh nach rabhadar in ann a dhéanamh. Ar ndóigh, b'in díreach an t-eolas a bhí ag teastáil ó Horse – ní raibh uaidh ar an bpainéal ach iadsan a bhí sásta an íobairt chuí a dhéanamh ar son na cúise.

Is dóigh gur san ollscoil a tháinig mé ar thuiscint den chéad uair faoi ghné de mo phearsantacht féin, is é sin gur aithnigh mé go raibh dúil mhillteanach agam sa bpeil agus go raibh mé sásta chuile rud eile a chur sa dara háit – clann, cairde, craic. Theastaigh uaim lámh mhaith a dhéanamh den tallann a bhí agam. Ní hé nach raibh aird agam ach ar an aon chríoch amháin – bhain mé taitneamh as an saol sóisialta cosúil le haon leaid eile m'aois – ach nuair ba ghá bhí mé sásta aon íobairt phearsanta a dhéanamh a chinnteodh go ndéanfainn dul chun cinn sa bpeil. Níl mé iomlán cinnte fós féin an láidreacht i mo pearsa a bhí anseo, nó an raibh easnamh eicínt ionam, caolaigeantacht seans, a d'fhág go raibh sé éasca luí isteach ar an bpeil. Deir daoine áirithe gur léirigh mé aibíocht, ach ní raibh sé i gcónaí éasca a bheith aibí, ar ndóigh. Bhíodh *Rag Week* ar siúl seachtain nó dhó roimh chomórtas Corn Mhic Shigiúir i gcónaí. Théinn abhaile go dtí an Cheathrú Rua don tréimhse sin seachas fanacht i nGaillimh, áit a raibh an iomarca cathaithe timpeall orm: leaids ag dul amach lá i ndiaidh lae chuig na tithe tábhairne agus ag baint suilt as an saol. Thagainn isteach sa gcathair le haghaidh na traenála amháin agus b'in é.

Ní hé go raibh mé i m'aingeal, ar ndóigh, agus mar mhac léinn chéad bhliana óg agus aclaí, d'fhéadfá a bheith sóisialta agus buach. Sé seachtainí nó mar sin roimh Chorn Mhic Shigiúir bhí nós ann go rachadh an painéal áit eicínt faoin tír don deireadh seachtaine. Bhíodh cluiche dúshláin ar an Satharn agus arís ar an Domhnach, ach oíche Dé Sathairn bhíodh oíche mhór ragairne ann. Is cuimhneach liom nuair a bhí mise sa gcéad bhliain, is chuig Béal an Átha a chuaigh muid. Mar mhac léinn chéad bhliana ar an bhfoireann bhí deasghnátha áirithe le comhlíonadh agam – bhí baint aige le héadach, nó easpa, múchtóir dóiteáin, ritheacht trí theach tábhairne nocht . . . Bheifeá os comhair na cúirte inniu dá ndéanfá a leithéid!

Ó thaobh na peile de, bhí mé ag foghlaim freisin. Bhí géarghá a bheith níos aibí mar bhí brú ollmhór á chur ort, go háirithe ag traenáil leis an bhfoireann sinsear. Bhí brú fisiciúil ann, agus chaithfeá a bheith láidir agus rún daingean agat chun déileáil leis na héilimh a bhí á ndéanamh ort ar an bpáirc. D'fhoghlaim mé go tapaidh i rith na sraithe an bhliain sin gur cluiche i bhfad níos ciniciúla a bhí san imirt ag an leibhéal seo, seachas an pheil a raibh cleachtadh agam air i gColáiste Iarfhlatha, agus chaithfinn a bheith in ann ag an sárú, go fisiciúil agus ó bhéal, a bhí ina chuid lárnach de.

San ollscoil a thosaigh mé ag úsáid meáchan den chéad uair. Chreid Horse go mbainfeadh muid leas mór astu agus bhí an ceart aige, ar ndóigh, ach ar feadh roinnt mhaith blianta bhínn á n-úsáid gan aon tuiscint cén fáth nó cén toradh go díreach a raibh súil agam leis. Cheap mé dá mbeifeá sciliúil agus compordach ar an liathróid gur leor sin. Is cuimhneach liom go mbíodh na seisiúin seo ar siúl sách moch ar maidin in áit a dtugtaí an *Bubble* air – halla mór aclaíochta a bhí coinnithe ar crochadh ag an aer a bhí istigh ann – agus bhíodh géarchoimhlint i measc na leaids cé a bheadh in ann an meáchan is troime a ardú. Chothaíodh Horse an saghas sin spioraid. Bhínn i bpáirt le peileadóir eile, agus bhíodh an meáchan céanna againn, agus muid ina seasamh ar aghaidh a chéile agus muid in iomaíocht féachaint cé againn a ghéillfeadh don tuirse ar dtús.

Bhí mé do mo thástáil an t-am ar fad san ollscoil, ní hamháin ó thaobh mo chuid cumais mar pheileadóir ionam féin, ach ó thaobh an chíocrais a bhí ionam dul chun cinn a dhéanamh freisin. Gach bliain, ar an gcéad Luan tar éis laethanta saoire na Nollag, mar shampla, bhíodh nós ag Horse seisiún traenála a bheith ar siúl ar an Daingean, in aice leis an ollscoil, áit a bhfuil an traic reatha anois. Cnocán a bhí ann nuair a bhí mise ar an ollscoil, agus ag an seisiún sin – tús fheachtas na craoibhe – bhíodh ar na leaids ritheacht suas agus anuas an cnocán arís agus arís eile. Bhíodh daoine ag fulaingt go dona, ag caitheamh aníos, agus bhíodh Horse ansin ag béiceach orthu gan trua gan trócaire.

Má bhí leithéidí Joe Long i gColáiste Iarfhlatha ag iarraidh mé a spreagadh le moladh, d'fhoghlaim mé sách sciobtha san ollscoil go gcaithfinn a bheith níos láidre ionam féin, agus nach ndéanfainn aon dul chun cinn dá mbeinn goilliúnach. Is cuimhneach liom uair amháin Horse ag casaoid nar ghá dom an 'O'Neill's' a léamh gach uair sula scaoilfinn uaim an liathróid – thuig mé go raibh sé ag rá go raibh mé ag déanamh an iomarca iarrachta a bheith róstíleach; d'úsáid mé an modh díreach níos minicí ina dhiaidh sin. Mar a chéile a chaitheadh Horse le gach duine; ní hé go raibh sé ag piocadh ormsa, agus thuig mé é sin. Ghlac mé leis an gcomhairle. Bhí a fhios ag Horse an chaoi le foireann a ullmhú chun Corn Mhic Shigiúir a bhuachan, agus bhí muinín iomlán agam as. Chothaigh sé spiorad iontach i measc an phainéil agus bhain mé an-taitneamh ar fad as an mbliain sin – mise go háirithe b'fhéidir, mar gheall go raibh gach rud chomh nua dom. Ach bhí sé deacair: bhí an uaillmhian a bhí agat á tástáil ag Horse, ag an traenáil dian, an easpa struchtúir, agus an tsaoirse, agus theastaigh féinsmacht chun bainistiú a dhéanamh ar na míreanna éagsúla ar fad i do shaol. Ach níor mhiste liom dúshlán, agus bhí mé ar mo bhuaic.

Sa gcéad bhliain sin ar an ollscoil, bhí mé i mo chónaí le beirt chairde a d'fhreastail ar Choláiste Iarfhlatha liom – Martin Joyce, a bhí ar fhoireann mhionúr Mhaigh Eo an samhradh sular thosaigh muid san ollscoil, agus Roddy Moran. Bhí mé féin agus Martin Joyce ar fhoireann na chéad bhliana san ollscoil – Alan Mulholland as Bóthar na Trá a bhí ina thraenálaí. (Bheadh sé ag traenáil mhionúir na Gaillimhe ina dhiaidh sin, agus bhuaigh siad craobh mhionúr na hÉireann i mbliana, 2007, faoina stiúir.) Bhí seisean sa tríú bliain ag an am; b'in an nós a bhí san ollscoil, duine ón tríú bliain a bheith freagrach as na *Freshers* – lucht na chéad bhliana. D'imir mé i lár na páirce don fhoireann sin – d'éirigh linn dul chomh fada le cluiche leathcheannais na hÉireann ach buaileadh muid. Bhí béim sa traenáil ar scileanna agus aclaíocht, ach ní raibh sé baol ar chomh dian leis an traenáil a bhí mé a dhéanamh leis na sinsir. Bhí sé fíorthaitneamhach, agus bhí mé an-sásta liom féin ag deireadh na bliana nuair a ainmníodh mé mar *Fresher of the Year.*

Níl aon dabht faoi ach gur éacht a bhí ann a bheith ag imirt d'fhoireann na sinsear agus mé sa gcéad bhliain, agus b'fhéidir gurbh in é an fáth ar éirigh liom an gradam siúd a bhaint amach. An bhliain sin – 1988–9 – bhí comórtas Chorn Mhic Shigiúir ar siúl in Ollscoil na Banríona i mBéal Feiriste, agus cé gur buaileadh muid sa gcluiche leathcheannais – bhí mé ag imirt mar leathchúlaí ar chlé – bhain mé fíorshult as an deireadh seachtaine san iomlán. Ag breathnú siar air, áfach, tuigim anois go raibh achar le dhul agam go fóill sa ngrád sin. Bhí gach duine eile níos láidre ná mé – agus ní mórán tionchair a bhí agam ar na cluichí a d'imir mé. Ach taithí a bhí ann. Ní fhéadfainn clamhsán a dhéanamh faoin gcaoi ar thit rudaí amach agus mé sa gcéad bhliain – bhí an t-ádh dearg orm – ach ní fhéadfainn an rud céanna a rá faoin dara bliain agus an tríú bliain, nuair a bhuail gortuithe agus easpa misnigh mé. D'fhéadfainn é a bheith caite in aer agam, i ndáiríre, aon uaillmhian peile a bhí agam – mar buille i ndiaidh buille a d'fhulaing mé, feictear dom. Ach ní raibh mé sásta géilleadh. Rud pearsanta a bhí ann, an tsaint a bhraith mé a bheith rathúil, agus nuair a bhí mé in ísle brí, mar a bhí ag tús na naochaidí, fórsa tacaíochta a bhí sa tréith sin cibé cé as ar eascair sé.

Sula ndeachaigh mé isteach sa dara bliain san ollscoil, fuair mé mo chéad seans le foireann na Gaillimhe faoi 21. D'éirigh linn dul chomh fada le cluiche ceannais na hÉireann, ach chaill muid in aghaidh Chorcaí le cúilín amháin, 2-8 in aghaidh 1-10, agus mar bharr ar an donas, d'imir mé go dona – sa líne lántosaigh – agus tháinig fear ionaid isteach i m'áit.

Ainneoin an bhuille sin bhí mé sách misniúil ag filleadh ar an ollscoil i bhfómhar na bliana 1989. Nach raibh mé tar éis a bheith ar fhoireann na sinsear cheana féin agus a chruthú gur pheileadóir maith a bhí ionam. Ag an am sin cheap mé fós nach raibh ag teastáil chun go mbeadh rath ar dhuine mar pheileadóir ach go mbeadh sé sciliúil, compordach ar an liathróid, aclaí a dhóthain. Bhí mé aineolach uilig ar an leas a bhain le hobair rialta meáchan ná le haiste bia folláin. Bhí go leor le foghlaim agam. Arís d'imir mé mar leathchúlaí ar chlé d'fhoireann na sinsear i rith na sraithe; bhí cluichí maithe agam laethanta, agus ní raibh an taispeántas chomh maith laethanta eile. Easpa seasmhachta, b'in í an fhadhb. Bhí leaid as Mionlach a bhí tagtha isteach sa gcéad bhliain an uair sin, peileadóir maith darbh ainm Damian Mitchell. Cosantóir cumasach a bhí ann, agus den chéad uair ó thosaigh mé ag imirt peile bhí coimhlint ghéar agam ó imreoir eile. Rud nua a bhí ansin, agus mhothaigh mé faoi bhrú. Aon bhrú a mhothaigh mé riamh go dtí sin, uaim féin a d'eascair sé. Bhí sé seo difriúil uilig. D'éirigh liom sárú ar mo chéile iomaíochta i rith na sraithe, ach thart ar mhí roimh chomórtas Chorn Mhic Shigiúir, d'imir muid cluiche dúshláin i nGaillimh agus gortaíodh mé. An deireadh seachtaine sin thaistil an painéal ó dheas don chamchuairt thraidisiúnta roimh an gcomórtas agus ar ndóigh ní fhéadfainn imirt sa gcluiche a bhí eagraithe ag Horse – i gcoinne fhoireann Chiarraí faoi 21. D'imir Damian i m'áit, agus d'imir sé go maith.

Bhí mé imníoch, agus údar agam. Chneasaigh an gortú, agus chuir mé brú orm féin a bheith aclaí mo dhóthain chun go mbeadh seans agam imirt, ach i gcluiche dúshláin eile seachtain go leith roimh Chorn Mhic Shigiúir, fágadh ar an mbinse mé agus thuig mé ansin go raibh an rás rite. I gColáiste na Tríonóide i mBaile Átha Cliath a bhí comórtas Chorn Mhic Shigiúir an bhliain sin, agus d'imir muid in aghaidh Choláiste na Trionóide sa gcéad chluiche. Bhí Joe Brolly as Doire ag imirt dóibhsean, is cuimhneach liom, agus bhí Damian ag imirt i m'áitse – b'in mar a chonaic mé é, go raibh m'áit tógtha aige – agus bhí mé ar buile, liom féin, leis na déithe, leis na fáithe. Bhí an oiread sin frustrachais orm, cheap mé go bpléascfainn ar an taobhlíne, go háirithe mar go raibh muid ag cailleadh, agus ní raibh tada a d'fhéadfainn a dhéanamh faoi. Tá sé suimiúil, an chaoi a ndeachaigh an buille sin i bhfeidhm orm: níor dhúirt mé tada le haon duine, ach taobh istigh bhí fiuchadh feirge orm agus géarghá agam mo dhintiúirí a chruthú. Faoi dheireadh, agus fiche nóiméad le dhul, caitheadh isteach san imirt mé. Ní cuimhneach liom ar mhalartú le Damien a rinne mé, nó le duine eicínt eile, ach is cuimhneach liom go maith cic a bhualadh in olcas ó chaoga méadar agus scóráil. Níor leor sin, áfach, agus chaill muid. B'in deireadh le Corn Mhic Shigiúir go ceann bliana eile.

Bhí súil agam go dtitfeadh rudaí amach i bhfad níos fearr sa tríú bliain agus mé ar dhuine de na himreoirí ba shinsearaí anois, ach i mí Eanáir 1991 ghortaigh mé mo dhroim, agus níor tháinig aon bhiseach air go dtí mí Aibreáin. D'imir mé sa gcéad bhabhta i gCorn Mhic Shigiúir – bhí struchtúr neamhghnách ar an gcomórtas an bhliain áirithe seo – ach ní raibh mé sách aclaí m'áit a thógáil nuair a tháinig sé chomh fada leis na cluichí cinniúnacha. An bhliain roimhe sin, i rith an cheiliúrtha thraidisiúnta ar an oíche dheiridh, rinneadh damáiste uafásach don *Boat House* i gColáiste na Tríonóide – bhí an scéal sna nuachtáin ar fad, is cuimhneach liom, agus ar an teilifís – agus dá bharr sin imríodh ar bhonn díbreach an comórtas i 1991.

D'éirigh le Coláiste na hOllscoile, Gaillimh, dul chomh fada leis an gcluiche ceannais, i gcoinne Ollscoil Uladh, Jordanstown, in Inis Ceithleann. Bhí mé féin, Mark O'Connor as Corcaigh agus Conor McGauran ar fad gortaithe, agus ó tharla nach raibh muid ag imirt chuaigh muid amach an oíche roimh an gcluiche, i mBun Dobhráin, áit a raibh an painéal ag fanacht. Is ait an rud an nádúr; cinnte bhí mé ag iarraidh go mbufadh mo chomrádaithe, ach bhí a fhios agam freisin go mbeinn ag fulaingt dá n-éireodh leo agus gan mise ag imirt, agus ní raibh a fhios agam cén chaoi a rachainn i ngleic le toradh mar sin.

Mar a tharla, ba cheart go mbeadh an cluiche buaite againn. Bhí an lámh in uachtar againn ó cheann ceann na páirce agus seilbh iomlán ar an liathróid. Ach bhí drochlá ag Tomás Kilcommins bocht: theip air le ciceanna saora, theip air le cic pionóis, agus níor fhéad aon duine eile scóráil ach oiread. Bhí Caoimhín Terry Mac Donnchadha, mo sheanchara as Ros an Mhíl, ag imirt dúinne mar leathchúlaí láir, agus d'imir sé go maith, ach ainneoin a chuid iarrachtaí agus ainneoin go raibh níos mó tallainne againne ar an bpáirc, buaileadh muid, 0-7 in aghaidh 0-6. Nuair a ghlac captaen Jordanstown leis an gcorn, d'admhaigh sé nár chóir go mbeadh sé ina sheasamh ar an ardán, go raibh náire air mar nach raibh an corn tuillte acu. B'in é an chéad uair agus an uair dheiridh ar chuala mé aon chaptaen ag rá a leithéid.

Bhí deis iontach caite in aer againn agus mhothaigh mé go

raibh na deiseanna ag sleamhnú tharam. Ní raibh imrithe agam ón gcéad bhliain ach cluiche amháin i gcomórtas Chorn Mhic Shigiúir agus bhí mé in ísle brí dá bharr. Ceart go leor, bhí mé muiníneach go mbeinn ag imirt sa gcluiche ceannais i 1991 dá mbeinn aclaí – le hais na bliana roimhe b'fhéidir; ní hé gur cheap Horse nach raibh m'áit tuillte agam – ach níor chabhraigh sé sin an briseadh croí a leigheas, ach chuir leis an bhfrustrachas. Mhothaigh mé go raibh bac sa mbóthar romham i mo chuid imeartha, agus bhí sé deacair a fheiceáil cé as a thiocfadh an réiteach. Faoin am seo bhí mé ag traenail le foireann sinsear na Gaillimhe chomh maith ach bhí ag teip orm aon dul chun cinn suntasach a dhéanamh leosan, rud a chuir as tuilleadh dom. Ach músclaíodh muinín ionam nuair a roghnaíodh mé mar chaptaen ar foireann sinsear na hollscoile don chéad bhliain eile – 1991–2. Pioctar an captaen ag tionól ag deireadh na bliana agus ní raibh súil ar bith agam go mbeinn ainmnithe. Ach b'in mar a tharla – an Ciarraíoch Brian Farrell a d'ainmnigh mé – agus tar éis vóta, toghadh mise mar chaptaen. Dúshlán mór ach spreagadh thar cuimse freisin in alt na huaire sin.

Tús maith leath na hoibre, a deir an seanfhocal, ach is oth liom a rá nach mar sin a thit rudaí amach agus mé anois sa gceathrú bliain san ollscoil agus i mo chaptaen ar an bhfoireann shinsearach. Den chéad uair riamh chaill UCG an stádas a bhí acu mar fhoireann roinn a haon tar éis drochthaispeántais sa bhfeachtas sraithe. Bhí náire an domhain orm. Ach cé go raibh na himreoirí trína chéile faoin tubaiste, i gcúl ár gcinn bhí a fhios againn gur i nGaillimh a bheadh Corn Mhic Shigiúir ar siúl san earrach agus luigh muid isteach ar an traenáil le fócas nua fuinniúil sa mbliain nua.

Ar an bpainéal i 1991–2 bhí Diarmuid Keon agus Sylvester Maguire as Dún na nGall; Mark O'Connor as Corcaigh; Gary Fahey, Máirtín McDermott, Conor McGauran, Niall Finnegan, mé féin agus John Kilraine as Gaillimh; John Donnellan as an gCabhán; Tom Ryan, Lorcán Dowd, Brian Morkam agus Don Connellan as Ros Comáin; agus Tony 'Barney' Maher as Contae Laoise. Bhí Maurice Sheridan as Maigh Eo i measc na bhfear ionad. Ainneoin chomh holc is a d'imir muid sa tsraith, cothaíodh spiorad agus atmaisféar iontach i measc an ghrúpa leaids sin agus bhuaigh muid ar Choláiste na Tríonóide i Staid an Phiarsaigh, i gcluiche ceathrú ceannais Chorn Mhic Shigiúir. Is cuimhneach liom a bheith ag traenáil roimh an gcoimhlint sin agus d'aithnigh mé go raibh rud eicínt dearfach ag tarlú. Bhíodh muid ag bailiú ag a seacht nó a hocht ar maidin agus bhíodh gach duine i láthair. Bhí dúil agus cíocras le brath i gcoitinne i measc an phainéil. Maidin amháin chuir Horse iachall ar Niall Finnegan fiche cic saor ón líne ceithre mhéadar déag a thógáil agus cé go raibh daoine ag iarraidh cur as dó, níor theip air le oiread is ceann. Ní dhearna aon duine clamhsán maidir leis an diantraenáil, ach aon éileamh a rinne Horse rinneadh iarracht thar cuimse. Chabhraigh an spiorad sin linn i gcoinne Choláiste na Tríonóide agus nuair a bhuaigh muid orthu, thug sé misneach agus muinín dúinn. Ina theannta sin thuig muid uilig go raibh traidisiún láidir ag Coláiste na hOllscoile, Gaillimh, sa gcomórtas agus níor theastaigh uainn an traidisiún sin a ligean síos. I mo chás féin, thuig mé freisin gurbh é seo an seans deiridh a bheadh agam féin Corn Mhic Shigiúir a bhreith liom. Bhí an dearcadh agus an meon sin le brath sa gcuid eile don chomórtas. Le tréaniarracht d'éirigh linn an lámh in uachtar a fháil ar Jordanstown tar éis am breise sa gcluiche leathcheannais, 1-17 in aghaidh 1-13, ach bhí a fhios againn má bhí siadsan cumhachtach go maith, go raibh foireann iontach ar fad ag Coláiste na Banríona, a bhuaigh ar Choláiste Mhuire, Béal Feirste, sa gcluiche leathcheannais eile.

Ar na laochra a bhí ag imirt do Choláiste na Banríona bhí Joe Brolly, Éamon Burns agus Anthony Tohill as Doire; James McCartan as an Dún; Kieran McGeeney as Ard Mhacha; Paul Brewster as Fear Manach; agus Fergal Logan agus Noel Donnelly as Tír Eoghain. Bhí a fhios againn, mar sin, go mbeadh an choimhlint dian, agus gur dúshlán mór a bheadh ann dúinne an ceann is fearr a fháil orthu. Ag an am, bhí an pheil i nGaillimh in ísle brí, agus mar gheall go raibh roinnt leaids áitiúla ar fhoireann UCG, thuig muid uilig go raibh muid ag iompar ualaigh, go raibh orainn freagracht de shaghas a ghlacadh. Dá bhféadfadh muid an ceann is fearr a fháil ar Choláiste na Banríona, thabharfadh sé spreagadh don pheil ní hamháin san ollscoil ach i nGaillimh agus i gcúige Chonnacht freisin. Agus níorbh aon áibhéil é sin. Shílfeá, leis an scil a bhí ag na leaids a chuaigh chun páirce, gur taispeántas peile a bheadh sa gcluiche ceannais, ach cluiche gruama a bhí ann, agus bhí teannas uafásach le brath, is dóigh mar go raibh an oiread ag brath ar an toradh. Cúpla nóiméad le dhul agus muide trí chúilín chun tosaigh, tugadh cic pionóis dóibhsean. Bhí foireann s'againne tar éis iarracht ollmhór a dhéanamh an farasbarr sin a dhaingniú, agus creidim féin dá n-éireodh leo an cic a aimsiú agus go mbeadh am breise ann go gcaillfeadh muid an cluiche.

Ba é McCartan a thóg an cic, ach d'éirigh le Brian Morkam teagmháil don liathróid agus chuir John Kilraine amach thar an líne í. Séideadh an fheadóg, agus bhí muid buach, 2-8 in aghaidh 0-11! Lean an ceiliúradh ar feadh seachtaine ar a laghad. Is cuimhneach liom glacadh leis an gcorn ó Uachtarán CLG ag an am, Peter Quinn, agus cúpla focal a rá i nGaeilge, ach ní raibh mé go maith riamh ag an óráidíocht agus go deimhin ag leath ama sa gcluiche sin ba é Mark O'Connor, an leaschaptaen, a labhair. Bhí taithí aigesean ar dhualgais mar seo mar go raibh sé san arm. Bhí an-chorraí, an-scleondar, i measc ár lucht tacaíochta fad is a bhí mé ag labhairt, agus cé nach raibh i Staid an Phiarsaigh ach slua sách beag – mo mhuintir féin ina measc, ar ndóigh, agus an-bhród orthu – bhí díocas aisteach iontu tar éis do UCG an fód a sheasamh i ngéarchoimhlint. Tugadh Corn Mhic Shigiúir amach an oíche sin i nGaillimh agus an mhaidin dár gcionn, nuair a dhúisigh mé, ní raibh a fhios agam cá raibh sé fágtha againn. Ní raibh Horse róshásta linn mar gheall ar ar amaidíocht sin, ach tháinig muid ar an gcorn, beagán brúite, faoi dheireadh.

Cé gur dearnadh físeán de, níor fhéach mé riamh ar an gcluiche ó shin. Marc i mo shaol a bhí ann, agus go deimhin do na leaids eile as Gaillimh a bhí ar an bhfoireann. Bhí peileadóirí ar fhoireann Choláiste na Banríona a raibh bonn Uile Éireann acu, leithéidí James McCartan as Contae an Dúin, agus d'éirigh linn an ceann is fearr a fháil orthu. Caithfidh nach raibh aon chaill orainn, mar sin, mar pheileadóirí muid féin. Tháinig tuiscint nua chugainn uilig, sílim, ar na féidearthachtaí, dá mbeadh muid muiníneach agus díograiseach ár ndóthain chun iad a bhaint amach. Is cuimhneach liom go maith dul go hÁras Bhóthar na Trá i ndiaidh an chluiche, agus tháinig Niall Finnegan chugam ag iarraidh an choirn mar go raibh sé ag iarraidh grianghraf a thógáil lena sheanathair, Séamus O'Malley. Ba eisean a bhí ina chaptaen ar Mhaigh Eo a nuair a bhuaigh siad Craobh na hÉireann i 1936 agus bhí sé an-bhródúil as a gharmhac as an éacht a bhí déanta aige. Sé bliana ina dhiaidh sin, ar ndóigh, bheadh bonn Uile Éireann buaite ag Niall é féin.

Ní haon áibhéil é, dar liom, má deirim go raibh sé iomlán riachtanach don pheil i nGaillimh go mbeadh Corn Mhic Shigiúir buaite ag UCG i 1992. Teastaíonn muinín má tá chun éirí leat in aon ghné den saol agus ag an am ní fhéadfaí mórán dearfach a rá faoi stádas na Gaillimhe le hais na gcumhachtaí móra peile sa tír. D'imir mise mo chéad chluiche d'fhoireann sinsear an chontae i mí Feabhra 1991, agus an samhradh sular bhuaigh UCG Corn Mhic Shigiúir d'imir mé sna tosaithe i mo chéad chluiche craoibhe – i gcoinne Mhaigh Eo i gCaisleán an Bharraigh. Buaileadh go dona muid, agus tógadh mise den pháirc tar éis fiche nóiméad.

Ó thaobh féinmhuiníne de, mar sin, bhain tábhacht mhór le héacht UCG, mar níor éirigh le Gaillimh aon dul chun cinn suntasach a dhéanamh go dtí 1995, nuair a bhuaigh muid craobh Chonnacht den chéad uair ó 1987. Bhíodh tréimhsí ama an uair sin ina mbíodh duine in an-ísle brí dá bharr, ach spreag an bua le UCG mise go pearsanta, agus tháinig ardú meanman eile orm cúpla seachtain tar éis dúinn Corn Mhic Shigiúir a bhreith linn nuair a roghnaíodh mé ar fhoireann na gcoláistí comhcheangailte – is é sin imreoirí ó na hollscoileanna éagsúla a thagadh le chéile chun páirt a ghlacadh i gcomórtas i gcoinne foirne ó na Fórsaí Cosanta, na Gardaí, foirne bainc agus mar sin de. Tugadh geansaí uimhir a seacht domsa agus bhí Kieran McGeeney ag imirt le huimhir a ceathair ar a dhroim, más cuimhneach liom i gceart. Níor bhuaigh muid, ach thug sé misneach dom gur piocadh ar an bhfoireann mé taobh le cuid de na peileadóirí óga ab fhearr sa tír ag an am.

An chaoi a ndéileálann tú le buille, sin mar a chruthaítear agus a léirítear diongbháilteacht. Is dóigh gurbh é an rud a d'fhoghlaim mé fúm féin san ollscoil ná go raibh cíocras millteanach orm oiread duaiseanna a aimsiú agus a d'fhéadfainn le linn mo chuid imeartha. Ar ndóigh, is é an bonn Uile Éireann an duais is mó acu uilig, ach ní raibh faitíos orm roimh an dúshlán – bheadh sé sin tábhachtach má bhí mé le mo chumas a chomhlíonadh agus m'uaillmhian a bhaint amach. Chaithfeadh an t-ádh a bheith orm freisin, ach nuair a fuair mé buille – agus fuair mé go leor díobh sa tréimhse sin – dhírigh mé le níos mó fócais, níos mó iarrachta, ar an sprioc. Déanta na fírinne, ní raibh tada eile i mo shaol chomh tábhachtach céanna leis an bpeil.

B'fhéidir go raibh an meon ceart agam, agus ar bhealaí áirithe bhí mé feabhsaithe go mór mar pheileadóir mar gheall ar an taithí a bhí faighte agam ag an leibhéal sin, ach bhí go leor easnamh le brath go fóill. Fós féin ní raibh tuiscint ar bith agam ar mheáchain ná an leas a d'fhéadfainn a bhaint astu, ná ar chothú. Staonfainn ón ól ag druidim i dtreo cluichí móra ach d'íosfainn milseáin, cácaí, brioscaí agus a leithéid gan srian. D'fhoghlaim mé go leor ó Horse faoin gcluiche é féin, ach maidir le hullmhúchán agus féinaire bhí mé aineolach. Ba é Horse an chéad duine a dúirt liom go raibh laigeachtaí agam mar chosantóir: bhí mé dírithe an iomarca ar ionsaí, a dúirt sé, seachas díriú ar an jab ar chóir dom a bheith a dhéanamh. Ar ndóigh, dúradh an rud céanna fúm nuair a bhuaigh mé bonn Uile Éireann le Gaillimh i 1998 agus 2001. D'éist mé leis an rud a dúirt Horse, agus d'aontaigh mé leis go pointe, ach ba é an tuairim a bhí agamsa go raibh sé indéanta a bheith i do chosantóir éifeachtach agus druidim ar aghaidh anois agus arís freisin. Bhí sé i mo nádúr agus is deacair an nádúr a cheilt.

**Coláiste na hOllscoile, Gaillimh: Corn Mhic Shigiúir 1992**

Brian Morkam
(Ros Comáin)

John Kilraine          Diarmuid Keon          Gary Fahey
(Gaillimh)             (Dún na nGall)         (Gaillimh)

John Donnellan         Mark O'Connor          Seán Óg de Paor
(An Cabhán)            (Corcaigh)             (Gaillimh)

Tom Ryan                         Tony Maher
(Ros Comáin)                     (Laois)

Don Connellan          Sylvester Maguire      Máirtín McDermott
(Ros Comáin)           (Dún na nGall)         (Gaillimh)

Lorcán Dowd            Conor McGauran         Niall Finnegan
(Ros Comáin)           (Gaillimh)             (Gaillimh)

# 4

# AG IMIRT FAOI AOIS DO GHAILLIMH

Cén uair agus cén fath a spreagadh an uaillmhian agus an dúil ionam imirt do Ghaillimh? Is deacair a rá. Tá fírinne sa seanfhocal gur treise dúchas ná oiliúint, ach maím go bhfuil an tógáil tábhachtach freisin, agus is dóigh liomsa gur eascair an uaillmhian ar chúis amháin de bharr gur cuireadh i mbealach na peile mé ó aois óg nuair a thaistil me le Daid chuig an oiread sin cluichí idirchontae ag faire ar laochra na Gaillimhe ag imirt. I 1983 is cuimhneach liom dul chuig cluiche ceannais Chonnacht i gCaisleáin an Bharraigh, nuair a bhuail Gaillimh Maigh Eo. D'éirigh leo dul chomh fada le cluiche ceannais na hÉireann ina dhiaidh sin ach bhuail dháréag as Baile Átha Cliath seaimpíní Chonnacht agus thógfadh sé achar fada sula dtiocfadh Gaillimh chucu féin arís.

Bhí mé sa lucht tacaíochta freisin an lá ar imir Pat Comer sa gcúl don chontae den chéad uair, bliain ina dhiaidh sin, agus is cuimhneach liom dul chuig cluichí faoi 21 go minic. Thaistil muid chuig cluichí sraithe go rialta freisin agus bhí comórtais eile ann an uair sin chomh maith, ar nós Chorn Ghael-Linn, agus is cuimhneach liom freastal ar chluiche idir Gaillimh agus Ros Comáin i mBéal Átha an Rí. Rachadh na buaiteoirí go Nua-Eabhrac, agus chuir sé seo iontas ar leaid óg soineanta – a leithéid de dhuais!

Níl aon dabht ach gur chothaigh na cluichí sin uilig – an

t-atmaisféar, an corraí, an choimhlint – saint eicínt ionam. Bhí sé sa bhfuil; d'aithnigh mé dúshlán os mo chomhair agus thosaigh mé ag brionglóidí. Deirtear gurb é an cumas brionglóide an bua is luachmhaire ag duine, ach tá an bhrionglóid chéanna ag go leor leaids óga eile. Cén fáth ar éirigh liomsa an sprioc a bhaint amach nuair a theip ar an oiread sin a bhí chomh hábálta céanna liomsa ar pháirc na himeartha? An é go raibh múnla leagtha síos dom gar do bhaile? Níorbh é, mar is go fíorannamh a d'fheicfeá an uair sin fear Chonamara ar fhoireann na Gaillimhe. Eisceacht a bhí i leithéidí Aodáin Uí Shé as an gCeathrú Rua, agus iad siúd a chuaigh roimhe, leithéidí Phádraicín Conroy as Leitir Móir, ar éirigh leo greim a fháil ar gheansaí na Gaillimhe. Sin mar a bhí. Sílim féin, agus ní haon áibhéil é, ach san am atá caite dá mbeadh beirt san iomaíocht don gheansaí céanna, duine acu as Conamara agus an duine eile as tuaisceart na Gaillimhe, agus an cumas céanna iontu, is ag snámh in aghaidh an tsrutha a bheadh fear Chonamara. Dá mbeinnse tar éis dul ar scoil ar an gCeathrú Rua, tá mé an-amhrasach an éireodh liom forbairt mar pheileadóir mar a rinne mé de bharr an chinnidh freastal ar Choláiste Iarfhlatha.

I gColáiste Iarfhlatha, cinnte, tháinig féidearthachtaí nua chun solais, dá mbeadh duine muiníneach a dhóthain, díograiseach a dhóthain, ábalta a dhóthain; ach ba í an easpa muiníne, i mo thuairim, ceann de na fáthanna nár éirigh le peileadóirí Chonamara mórán tionchair a bheith acu ag leibhéal an chontae, ná go deimhin ag leibhéal an chlub, ar feadh i bhfad – ba iad an Cheathrú Rua an chéad fhoireann Ghaeltachta a bhuaigh craobh shinsear peile an chontae i nGaillimh, i 1996. Bhí an meon sin – easpa muiníne i gcoitinne agus mar thoradh air sin sórt searbhais maidir leis an gcóras agus na struchtúir agus na pearsana – intuigthe ag an am mar gheall ar an dearcadh a bhí sa gcontae go ginearálta nach raibh móran tallainne i gConamara, agus dá mbeinnse tar éis mo chuid oideachais a fháil sa mbaile, bheinn den tuairim chéanna. Agus bac mór a bheadh ansin.

I gColáiste Iarfhlatha tugadh deis dom cruthú gur peileadóir maith a bhí ionam, agus spreagadh muinín ionam. Ar bhonn praiticiúil bhí mé anois i dteagmháil go rialta le peileadóirí ní hamháin as tuaisceart na Gaillimhe agus an chuid eile den chontae, ach ó chontaetha eile chomh maith, agus ní raibh aon amhras orm go raibh mé chomh maith leo agus chomh hábalta leo. I gColáiste Iarfhlatha d'fhoghlaim mé nar ghá glacadh leis an íomhá a bhí ag daoine caolaigeantacha faoi mhuintir Chonamara ach go bhféadfainn an cumas a bhí ionam a bhaint amach, cuma cárbh as dom, dá mbeinn sásta an iarracht chuí a dhéanamh. Nuair a bhí bainisteoirí na foirne faoi aois ag dul ar thóir peileadóirí óga cumasacha, scrúdaigh siad i dtosach iad siúd a bhí ag freastal ar scoileanna a raibh traidisiún láidir acu agus, ar ndóigh, bhí clú agus cáil ar Choláiste Iarfhlatha ar feadh i bhfad de bharr na peile. Dá bhrí sin, fuair mé deis dul i gcion ar na traenálaithe sin nach bhfaighinn chomh héasca ná chomh tapaidh dá mbeinn ag freastal ar scoil sa mbaile. Ar ndóigh, b'in an fáth gur spreag mo thuismitheoirí mé, go háirithe m'athair, dul sa seans ar an scoil chónaithe. Agus an cinneadh sin déanta, fágadh fúm féin é gach a raibh ar mo chumas chun aird na n-údarás peile a tharraingt i mo threo.

Ainneoin an bhuntáiste a bhí agam mar pheileadóir a d'fhreastail ar Choláiste Iarfhlatha, thóg sé achar fada orm mo mharc a dhéanamh ag an leibhéal is airde, is é sin leibhéal an chontae. Bhí roinnt fáthanna leis seo: easpa teacht i láthair seans, nó b'fhéidir mar gheall go mbínn ar bior agus scrúdú á dhéanamh orm, agus thógfadh sé tamall sula ndéanfainn imprisean dearfach ar na húdaráis.

Is é Corn Ted Webb an comórtas craoibhe faoi 16 i gCúige Chonnacht. Sa lá atá inniu ann tá dhá fhoireann ag Gaillimh – cruthaítear foireann amháin trí nasc idir an chathair agus iarthar na Gaillimhe, agus ansin tá foireann eile ann don chuid eile den chontae – ach san am sin ní raibh ann ach an t-aon fhoireann amháin. Bhí Ciarán Ó Fátharta ón taobh seo tíre ina roghnóir leis an bhfoireann nuair a bhí mise san aoisghrúpa cuí agus thug sé tairiscint dom teacht ar an bpainéal díreach roimh an gcluiche ceannais.

Shiúil mé isteach sa seomra feistis roimh an gcluiche sin agus seachas mé féin agus John Joe Foley as Leitir Móir agus mo sheanchara Jimmy Beag Ó Cualáin as an gCnoc, ní raibh aon duine eile as Conamara i láthair. Bhí aithne ag na leaids eile uilig ar a chéile – chuireadar aithne ar a chéile i rith an fheachtais – agus mhothaigh mé an-chúthail ina measc. Bhí mé ag dul isteach sa gceathrú bliain i gColáiste Iarfhlatha faoin am seo agus bhí mé sách muiníneach gur peileadóir maith a bhí ionam, ach ba léir dom gur shíl na húdaráis nach raibh mé sách cumasach geansaí na Gaillimhe a chaitheamh go fóill, agus buille a bhí ansin. Tá mé beagnach iomlán cinnte nach raibh dóthain geansaithe ann le haghaidh an phainéil an lá úd agus nár tugadh aon cheann domsa ó tharla gur mé duine de na daoine deiridh a tháinig isteach sa seomra. An náire!

Mura bhfuair mise geansaí, bhí leaid eile i bhfad níos cliste ná mé. Chaill muid an cluiche, in aghaidh Mhaigh Eo, agus ar an mbealach abhaile is cuimhneach liom John Joe Foley, le greann ina shúile agus bród ina chroí, ag oscailt a mhála agus ag tarraingt amach ceann a bhí sciobtha aige! Léiríonn cleas John Joe an dúil a bhí ionainn uilig fiú ag an aois sin greim a fháil ar gheansaí na Gaillimhe, ach d'fhoghlaim mé freisin an lá sin nach bhfuil ach méid áirithe acu le fáil in aon seomra feistis amháin. Chuala mé ina dhiaidh sin gur éirigh liom dul i bhfeidhm ar na roghnóirí, ach ní ar bhealach sásúil. Ní hamháin nach raibh mé sách maith chun seans a fháil ar pháirc na himeartha, ach ag leath ama bhí sé feiceálach gur scileanna sacair a bhí mé a chleachtadh seachas a bheith ag cleachtadh saorchiceanna agus a leithéid, mar a bhí na leaids eile. Drochíomhá a thug mé – bhí go leor le foghlaim agam faoi pholaitíocht na peile go fóill!

An bhliain chéanna – 1986 – bhí tionchar níos mó orm ag an mbua a bhí ag mionúir na Gaillimhe i gcluiche ceannais na hÉireann ná aon taithí a fuair mé le foireann na Gaillimhe faoi 16. Bhí mé ag gach cluiche – an cluiche ceannais, nuair a bhuaigh seaimpíní Chonnacht ar Chorcaigh, an cluiche leathcheannais in aghaidh an Dúin, agus cluiche ceannais Chonnacht, i gcoinne Mhaigh Eo. Ní raibh aithne mhaith agam ar aon duine de na leaids ar an bhfoireann – leithéidí Kevin Walsh, John Joyce, Pádraig Fallon – ach bhí cuid de na himreoirí ag freastal ar Choláiste Iarfhlatha, Peter Maher mar shampla, agus bhí an-mheas agam orthu.

Le bheith iomlán macánta, bhí mé in éad leo freisin. Bhí mé cúig bliana déag d'aois, agus shílfeá dá mbeadh aon mhaith liom in aon chor go mbeadh seans agam a bheith ar an bpainéal, ach ní raibh mé fiú sách maith chun a bheith ar fhoireann na Gaillimhe faoi 16 an uair sin. Cén uair a bhfaighinn an deis a bhí uaim? Bhí meas orm i gColáiste Iarfhlatha mar pheileadóir maith, ach bhí ag teip orm aird na mbainisteoirí idirchontae a tharraingt orm féin. Mar a tharla, an bhliain dár gcionn – 1987 – bhuafadh mionúir na Gaillimhe craobh Chonnacht arís sula dtabharfaí aon chuireadh domsa teacht ar an bpainéal.

Ag an am níor cheistigh mé an cinneadh sin. Níorbh in é an gnás: níor cheistigh tú na húdaráis. Bhí na súile dúnta orm agus b'in mar a bhí. Thuig mé gur orm féin a bhí an locht, agus gur fúm féin a bhí sé an scéal a athrú. Tá meon iomlán difriúil le brath anois agus feicim féin é nuair a bhím ag traenáil foirne scoile i gColáiste Mhuire i nGaillimh. Tá féinmhuinín i bhfad níos daingne ag leaids óga anois: ní hamháin go gceisteoidh siad tú mura bhfuil siad ar an bhfoireann, mar go bhfuil neart eile le déanamh acu seachas a bheith ag cur a gcuid ama amú, ach ceisteoidh siad cén fáth go bhfuil druileanna áirithe á ndéanamh agus cén leas atá le baint astu. Ní ceist sotail é ach tá níos mó céille acu ná mar a bhí agamsa ag an aois chéanna.

Ach bhí leaid amháin ón taobh seo tíre ar an bhfoireann mhionúr sin – Jimmy Beag Ó Cualáin. Má bhí mise mall ag déanamh mo mharc sa ngrád sin, ní raibh an fhadhb chéanna ag Jimmy Beag. Is cuimhneach liom go maith, samhradh na bliana 1987, siúl isteach Tigh Mhicí – siopa ar an gCeathrú Rua – ag ceannacht uachtar reoite agus bhí an raidió ar siúl ag Micí mar a bhíodh i gcónaí chun éisteacht leis na cluichí. Domhnach a bhí ann, bhí cluiche ceannais Chonnacht díreach buaite ag Gaillimh, agus d'inis Micí dom go raibh leaid na mBreathnaigh tar éis 2-5 a aimsiú.

'Cé hé féin?' a d'iarr mise. 'Jimmy Beag,' a d'fhreagair sé. Bhí seanaithne agamsa, ar ndóigh, ar Jimmy Beag. D'imir mé ina aghaidh nuair a d'imir Scoil Mhic Dara i gcoinne Scoil Sailearna an Chnoic i gCorn Uí Chonaire, agus faoi aois don chumann is minic a chas an Cheathrú Rua ar na Breathnaigh. An bhliain roimhe sin bhí an bheirt againn ar phainéal na Gaillimhe faoi 16. Bhí mé ar comhaois le Jimmy Beag agus cé gur peileadóirí iomlán difriúil a bhí ionainn agus stíl éagsúil againn, bhí a fhios agam nach i bhfad taobh thiar de a bhí mé ó thaobh caighdeán imeartha de. B'in an chéad uair, b'fhéidir, ar thosaigh mé ag ceistiú i m'intinn féin cén fáth nach raibh mé ag fáil seans leis an gcontae.

Suimiúil go leor, nuair a tháinig an glaoch – seachtain nó dhó tar éis chluiche ceannais Chonnacht i 1987 – is mar thoradh ar na taispeántais a thug mé d'fhoireann mhionúr na Ceathrún Rua nuair a bhuaigh muid sraith Bhord an Iarthair, grád na mionúr B, a tharla sé. D'éirigh linn dul chomh fada le cluiche leathcheannais an chontae – chaill muid in aghaidh an Dúin Mhóir – agus bhí mé tar éis imirt go maith i rith an fheachtais. Chuir Ciarán Ó Fátharta glaoch ar Dhaid ag tabhairt cuiridh dom teacht ar an bpainéal.

Tugadh cuireadh do mo sheanchara Caoimhín Terry Mac Donnchadha teacht ar an bpainéal freisin, mar bhí seisean ag imirt go maith don Cheathrú Rua, agus bhí an bheirt againn thar a bheith sásta nuair a dúirt bainisteoir na foirne, John Tobin, go mbeadh an painéal iomlán – tríocha duine – páirteach sna hullmhúcháin ar fad don chluiche leathcheannais a bheadh ar siúl i bPáirc an Chrócaigh i mBaile Átha Cliath. Ag cosaint na corónach a bhuaigh an contae an bhliain roimhe sin a bhí Gaillimh, agus ó tharla go raibh craobh mhionúr na hÉireann buaite ag Maigh Eo i 1985, bhraith go leor daoine go raibh borradh tagtha faoin bpeil faoi aois sa gcúige agus go raibh an-seans ag seaimpíní Chonnacht a marc a dhéanamh arís ag ceanncheathrú Chumann Lúthchleas Gael. Thaistil muid ar bhus chuig an bpríomhchathair ar an Satharn, agus d'fhan muid in óstán an Aisling, mar ba ghnách d'fhoirne na Gaillimhe an uair sin. Bhí foireann na sinsear ag fanacht ann freisin; bhíodarsan ag imirt in aghaidh Chorcaí an lá dár gcionn. A leithéid de dhifríocht idir an t-ullmhúchán an uair sin agus an lá atá inniu ann! Bhí a fhios ag an domhan mór cá raibh foireann na Gaillimhe ag cur fúthu agus bhí lucht tacaíochta cruinnithe san óstán go luath tráthnóna Dé Sathairn, ag meascadh leis na himreoirí. Is cuimhneach liom chomh maith go raibh ceathrar mionúr brúite isteach le chéile i ngach aon seomra codlata agus nach raibh mórán compoird ann ar chor ar bith. Ach ba chuma linn; bhí ríméad orainn a bheith ann ar an gcéad dul síos, agus ní raibh muid ag clamhsán. Níor thuig muid a mhalairt!

Ar comhscór a chríochnaigh foireann sinsear na Gaillimhe le Corcaigh ar an Domhnach – ainmníodh John Joyce, a bhuaigh bonn Uile Éireann le mionúir na Gaillimhe an bhliain roimhe sin, mar laoch an chluiche, ach san athimirt níor imir sé go maith ar chor ar bith agus tógadh den pháirc é. Thuas seal, thíos seal!

Céard is cuimhneach liom faoinár gcluiche féin? Rud amháin nach ndéanfaidh mé dearmad go brách air: bhí Brian Silke, deartháir le Ray, ar an bhfoireann (mar a bhí i 1986 freisin nuair a bhuaigh sé bonn Uile Éireann), agus muid sa seomra feistis, díreach sula raibh muid le ritheacht amach ar an bpáirc, thosaigh sé ag canadh in ard a ghutha an t-amhrán 'Everywhere we go, people always ask us, who we are, where do we come from . . .' Ní raibh a fhios agamsa céard a bhí ag tarlú, ach sula i bhfad bhí gach duine eile á chanadh freisin! Seachas mise, mar gur mhothaigh mé amaideach. Ní duine taispeántach a bhí ionam riamh, caithfidh mé a admháil. Ach tá a fhios agam anois cén chúis a bhí leis: bhí leaids Chorcaí béal dorais agus ag iarraidh faitíos a chur orthu a bhí Silke. B'in an tuiscint a bhí againn ar an tsíceolaíocht sa spórt an t-am sin!

Bhí rud eile suntasach faoin gcluiche sin: ag an am ní raibh cead ach ag ceithre dhuine fichead a bheith feistithe, ach bhí tríocha ar phainéal s'againne agus geansaí na Gaillimhe orainn uilig. Le bheith cinnte nach gcuirfí bac orainn a bheith ar an taobhlíne, dúirt John Tobin leis an seisear imreoirí ar an imeall – mé féin ina measc – ritheacht amach ar an bpáirc i dtosach. Ní raibh an dara nod ag teastáil uaim féin ná ó Chaoimhín Terry – ba muid an chéad bheirt amach ar Pháirc an Chrócaigh agus muid i mborr le teann mórchúise. An chéad uair don bheirt againn ritheacht amach os comhair an tslua ar an ngort sin, ach níorbh í an uair dheiridh í, buíochas mór le Dia! Ní raibh aon ghá dom a bheith neirbhíseach an lá sin, mar bhí a fhios agam go maith nach mbeinn ag imirt, agus bhí mé ábalta taitneamh a bhaint as an ócáid ina iomlán. Bhí slua mór bailithe isteach don chluiche s'againne mar bhí foireann sinsear na Gaillimhe ag imirt inár ndiaidh agus bhí atmaisféar maith ann, gach duine ag súil leis an gcoimhlint. Ní raibh aon tionchar ag an amhránaíocht roimh ré ar an bhfreasúra, áfach, agus bhí an lámh in uachtar ag Corcaigh ó thús deireadh an chluiche. Bhí mé díomách, gan dabht. Scrúdaigh mé go géar an imirt ón taobhlíne, agus dar liom bhí mé chuile phioc chomh maith le haon duine eile a bhí ar an bpáirc. Is éard a bhí i gcúl mo chinn, dá n-éireodh linn an bua a fháil go mb'fhéidir go mbeadh seans agam imprisean eicínt a dhéanamh ar an mbainisteoir roimh an gcluiche ceannais. Ní bhfuair mé an deis sin nuair a chaill muid, ach bhí tuiscint nua agam ar an gcaighdeán a bhí ag teastáil ag an leibhéal sin agus bhraith mé nach raibh mé i bhfad uaidh ar chor ar bith.

An bhliain dár gcionn – 1988 – ba é Mattie McDonagh a bhí ina bhainisteoir ar fhoireann mhionúr na Gaillimhe. Bhí mé anois ag ullmhú chun an Ardteist a dhéanamh, bhí mé tar éis a bheith i mo chaptaen ar fhoireann sinsear Choláiste Iarfhlatha agus cé nar éirigh linn craobh Chonnacht a bhuachan, bhí mé muiníneach go bhfaighinn seans leis an gcontae. Ó tharla go raibh mé ag imirt do Choláiste Iarfhlatha, rinneadh talamh slán de, beagnach, go mbeinn ar phainéal na mionúr ar aon chuma ach ní bheinn sásta leis an méid sin: bhí mé ag iarraidh a chinntiú go mbeinn ar an bhfoireann féin.

Mar a tharla, an bhliain sin ba iad mionúir Ros Comáin a bhuaigh an tsraith – bhí orainn roinnt de na cluichí sin a imirt in éagmais pheileadóirí Choláiste Mhuire, a bhí ag ullmhú do chluiche ceannais Chorn Uí Ógáin – agus bhí muid le casadh leosan sa gcéad bhabhta den chraobh i Staid an Phiarsaigh ag deireadh mhí an Mheithimh. Ceithre lá roimh an gcluiche rinne mé mo scrúdú deiridh Ardteiste – Laidin – agus an oíche sin ar an gCeathrú Rua bhí mo chairde uilig ag dul amach ag ceiliúradh. Chuaigh mise chuig an dioscó in Ostán an Dóilín in éineacht leo, ach níor ól mé aon deoir. Níorbh in í an uair dheiridh a dtiocfadh an pheil trasna ar ócáid de shaghas eicínt, ach dhéanfainn an-cheiliúradh, a bhuíochas don pheil, sula mbeadh mo chuid imeartha thart.

Lá fliuch a bhí ann lá an chluiche leathcheannais, is cuimhneach liom, agus cé nár éirigh liomsa gach cluiche sraithe roimhe sin a imirt – ní bhíodh cead amach agat ón scoil chónaithe ach corruair – roghnaíodh mé mar leathchúlaí ar chlé. Mhothaigh mé teannas uafásach roimh an gcoimhlint: bhí brú orm imirt go maith agus cruthú gurbh fhiú m'áit mé ag an leibhéal seo. Le cleachtadh agus taithí, bíonn a fhios agat ar imir tú go maith nó nár imir, bíonn a fhios agat do luach; nuair a bhí mise i mo dhéagóir ní raibh an léargas sin agam. Bhuaigh muid, agus ar mo chuid imeartha féin bhuaigh mise gradam 'Sports Star of the Week' sa gConnacht Tribune. Bhí mullach catach gruaige orm an uair sin, agus nach mé a bhí sásta mo phictiúr a fheiceáil sa nuachtán, ach ar feadh blianta fada ina dhiaidh sin d'úsáid an t-eagarthóir spóirt an seanphictiúr céanna agus bhínn i mo cheap magaidh i measc mo chomrádaithe sa seomra feistis dá bharr.

I gcoinne Mhaigh Eo a bhí an cluiche ceannais – ba iadsan rogha na coitiantachta de bharr imreoirí mar Ray Dempsey agus Jarlath Jennings – agus taobh istigh de chúig nóiméad bhí dhá chúl agus dhá chúilín faighte acu agus gan scór ar bith aimsithe againne.   Ach bhí foireann mhaith ag Gaillimh freisin: Seán Conlon as Bearna, a bhí ina leath-thosaí, imreoir an-mhaith, agus Odie Monaghan as Tuaim.   Paul Sammon, mac Liam Sammon, a chaith geansaí uimhir a sé – sárimreoir a bhí ann, ach tar éis na hArdteiste chuaigh sé go Sasana ag staidéar.   Bhí Niall Finnegan ar an bhfoireann freisin – is cuimhneach liom go ndeachaigh sé ar laethanta saoire lena mhuintir go dtí an Fhrainc roimh an gcluiche ceannais.   Bhí sé sin neamhghnách ag an am, dul thar lear ar saoire, agus ábhar cainte a bhí ann i measc na leaids.   Dá ndéanfá anois é roimh chluiche tábhachtach, ní mórán fáilte a bheadh ar ais romhat, ach thosaigh Niall sa gcluiche ceannais.   Bhí Pat Costelloe ar an bhfoireann chomh maith; d'imir seisean i lár na páirce agus tá sé anois ina bhainisteoir ar fhoireann ban na Gaillimhe, agus bhí Cathal McGinley as Bóthar na Trá agus Alan O'Connor as Uachtar Ard ag imirt freisin.   D'imir Alan i lár páirce; bhí sé an-chumasach ar fad agus pearsa láidir aige chomh maith. Ainneoin an dá chúl a fuair Maigh Eo luath sa gcluiche, d'éirigh linn ar deireadh an ceann is fearr a fháil orthu, 2-9 in aghaidh 3-4, agus bhí mo chéad bhonn ag leibhéal an chontae buaite agam!

Ceann de na fáthanna nár chaill muid an cloigeann ag tús an chluiche agus Maigh Eo tar éis sraith scóranna a aimsiú chomh tapaidh ná de bharr an sórt traenála a bhí déanta ag Mattie linn.   Faoina stiúir siúd chuaigh mé i dtaithí ar mhodh nua traenála, is é sin nach mbeadh an seisiún ar fad bunaithe ar an aclaíocht agus nach ritheacht amháin a bheadh i gceist. Ina theannta sin dhéanadh Mattie teagasc: bhíodh an seisear tosaithe, mar shampla, ina n-áit chuí agus thaispeánadh Mattie dóibh, duine i ndiaidh duine, cé na roghanna a bheadh acu dá mbeadh an liathróid ina seilbh. Rinne sé amhlaidh linn uilig, ag iarraidh córas imeartha a dhaingniú inár gceann. Ar ndóigh, leaids óga a bhí ionainn agus níor theastaigh uainne ach a bheith ag imirt. Níor thuig mise ar chor ar bith cén mhaitheas a bhí leis an sórt seo traenála, mar go raibh go leor seasamh thart i gceist agus caint seachas gníomhaíocht. Ach i rith an chluiche ceannais, go háirithe nuair a chuaigh Maigh Eo i bhfad chun cinn orainn, bhí sé soiléir cén leas a bhí le teagasc Mhattie, mar níor chaill aon duine againn an ceann. Bhí muid socair, suaimhneach, misniúil; chloígh muid leis an bplean, agus ar deireadh bhí bua maith againn ar Mhaigh Eo.

Rud eile is cuimhneach liom go maith faoi Mhattie ná go mbíodh sé i gcónaí ag teacht ón ngalfchúrsa, nó ar a bhealach ann! B'fhéidir go raibh sé ag triail beagán den fhealsúnacht ghailf sa bpeil, is é sin ag iarraidh a chur i bhfeidhm orainn gur chóir níos mó machnaimh a dhéanamh ar an imirt seachas rud a dhéanamh te bruite gan cuimhneamh air. I gcluiche ceathrú ceannais na hÉireann rinne muid slad ar Warwickshire, agus bhí muid anois cáilithe don chluiche leathcheannais, in aghaidh Bhaile Átha Cliath. Thosaigh mo sheanchara Caoimhín Ó hEaghra as an gCaorán Beag ar an gCeathrú Rua do Ghaillimh in aghaidh Warwickshire; d'imir sé go maith, agus bhí sé ina bhall den phainéal an chuid eile den fheachtas. Arís, mar a rinne muid an bhliain roimhe, d'fhan muid san Aisling don chluiche leathcheannais. Bhí Brian Stynes agus Dessie Farrell ag imirt do Bhaile Átha Cliath, agus déarfainn gurbh é Dessie a rinne an difríocht idir an dá fhoireann ar an lá. Bhí leaids

Bhaile Átha Cliath an-fhásta suas, is cuimhneach liom, bearradh gruaige an-fhaiseanta orthu uilig agus bhí mé in ann boladh gallúnach bearrtha a fháil ón bhfear a raibh mise a mharcáil. Bhí seodra air chomh maith, rud a chuir iontas orm!

Buaileadh le cúig chúilín muid – i ndáiríre bhí an bua tuillte go maith ar an lá ag Baile Átha Cliath. An é go raibh níos mó féinmhuiníne acu? Sin cuid de. Is cuimhneach liom gur thóg mé cic taobhlíne – an uair sin níor thóg tú as do lámha é – agus chuir mé díreach amach an taobhlíne chéanna an liathróid. Bhí muid uilig beagán neirbhíseach sa staid mhór agus chuir sé sin bac beag ar leaids na Gaillimhe agus chabhraigh leis an bhfoireann baile an ceann is fearr a fháil orainn an lá sin.

Ag breathnú siar air, feicim anois go mbínn an-neirbhíseach roimh na cluichí móra. Ba é an trua é nach raibh fáil agam ar shíceolaithe spóirt, a chabhródh liom ullmhú i gceart i m'intinn do chluichí mar iad. Ainneoin an dul chun cinn a bhí déanta agam faoi leithéidí Mhattie, bhínn fós ar mire roimh an gcoimhlint, ag iarraidh imirt go maith, ag iarraidh cruthú gurbh fhiú m'áit mé. Nuair a gheobhainn an liathróid thagadh lasair de shaghas eicínt orm agus, ar ndóigh, chuile sheans go ndéanfainn botún dá bharr. Ach má rinne féin, caithfidh go raibh mé ag déanamh imprisean sách maith, nó b'fhéidir gurbh é chaighdeán na peile sa gcontae ag an am faoi deara é, ach deireadh na bliana 1988 bhuaigh mé gradam suntasach – Peileadóir na Bliana i nGaillimh. B'in éacht, bunaithe ar na taispeántais a thug mé ó thús deireadh na bliana do Choláiste Iarfhlatha, mionúir na Gaillimhe, an ollscoil agus an Cheathrú Rua, agus bhí mo mhuintir an-bhródúil asam.

Sílim gur léigh muid sa nuachtán go raibh an gradam buaite agam, agus thug m'athair cuireadh do chomhluadar mór a bheith ag ceiliuradh linn in óstán an Sacre Coeur i mBóthar na Trá an oíche a bhfuair mé an duais. Bhí idir chlann, chomharsana agus chairde ann, agus bhí an-chraic againn. Fuair mé go leor cártaí, agus tá ceann amháin a sheasann amach i m'intinn: ó Phádraig Mhicil, a tógadh trasna an bhóthair uainn sa mbaile, deartháir le príomhoide Scoil Mhic Dara ag an am, Cóilín Ó Domhnaill. '*Comhghairdeachas,*' a bhí scríofa ar an gcárta, '*an chéad ghradam eile a gheobhaidh tú, "All-Star"*'. Is cuimhneach liom go maith é a léamh agus mé ag gáire, mar nach bhféadfadh a leithéid tarlú, dar liom. Nó an bhféadfadh? Bhí aistear fada le déanamh go fóill, ach thug an gradam sin an-mhisneach dom. Tá méid áirithe féinmhuiníne ag gach duine agus iad ag tosú amach ar thóir ceann scríbe agus caithfidh siad cur leis agus cur leis trína gcuid éachtaí má tá siad chun a sprioc a bhaint amach. Próiseas atá ann, próiseas fada go hiondúil, agus caithfidh siad foighid a bheith acu ar feadh an ama má tá chun éirí leo. Mar tagann na buillí chomh minic leis an mbualadh bos. Cos i dtaca ar bhealach mo leasa a bhí sa ngradam sin, deimhniú go raibh mé ag dul sa treo ceart.

An bhliain dár gcionn – 1989 – níor éirigh ach le beirt againn a bhí ar fhoireann na mionúr i 1988 áit a fháil ar fhoireann na Gaillimhe faoi 21 – Alan O'Connor agus mé féin, agus b'in éacht, mar go raibh muid ag imirt leis an dream a bhuaigh craobh mhionúr na hÉireann i 1986, agus bhí go leor daoine ag súil go n-éireodh leis an bhfoireann sin céim chun cinn a thógáil agus an chraobh faoi 21 a thabhairt leo chomh maith. Ba é John Joe Halloran as an bhFairche an bainisteoir a bhí againn, agus mar chuid de na hullmhúcháin roimh an gcéad bhabhta den chraobh, d'fhan muid sa bhFairche ar feadh oíche. Seans a bhí ann dúinne aithne a chur ar a chéile, dar le John Joe, agus muid a spreagadh ar son na cúise, agus bhí seisiún traenála againn chomh maith le cóisir bheag i dteach John Joe ar an sráidbhaile. Bhain mise an-taitneamh as, ach bhí mé fós sách soineanta, agus an mhaidin dár gcionn fuair mé amach go ndeachaigh cuid de na leaids amach ag ól. Níorbh é mo áitse é tada a rá ach bhraith mé ag an am, agus braithim fós, nár léirigh an cinneadh sin mórán céille. An rabhadar dáiríre ag iarraidh Craobh na hÉireann a bhuachan – agus cheap go leor daoine go raibh an-seans againn é sin a dhéanamh – nó ar chuma leo? Easpa aibíochta a léiríodh, dar liom, agus b'fhéidir go ndeachaigh sé sin inár gcoinne.

Ar an bhfoireann faoi 21 sin i 1989 bhí Adrian Brennan ina chúl báire, agus ar na himreoirí eile bhí Tomás Mannion, Kevin Walsh, Tomás Kilcommins, Pádraig Fallon, John Joyce, Tommy Finnerty, Francis McWalter, Brian Silke, John Kilraine agus Fergal O'Neill – peileadóirí den scoth uilig. Gheall John Joe go mbeadh duais ann dúinn dá n-éireodh linn Craobh na hÉireann a bhuachan, ach *carrots* a thugadh sé ar an duais: *'I'll give you carrots, boys, if you win!'* Ní bhfuair muid amach riamh cén duais a bhí i gceist, mar nár bhuaigh muid, ach bhíodh roinnt leaids de shíor ag iarraidh a mhealladh ó John Joe céard a bhí ina intinn aige. Bhí póstaer crochta aige sa seomra feistis de na cairéid chun muid a spreagadh – an tsíceolaíocht sheanfhaiseanta arís. Sílim féin go m'fhéidir gur turas thar lear a bhí i gceist, ach nílim cinnte. Bhain mé taitneamh as an traenáil leis an bhfoireann faoi 21 sin; bhí múinteoir corpoideachais as an bhFairche, Séamus Kyne, ag riaradh na seisiún agus bhí John Joe é féin an-eagraithe. Aon rud a d'fhéadfaí a dhéanamh ar son na cúise, rinneadh é, agus má bhí amhras faoin meon i measc na leaids i gcoitinne, ní fhéadfaí clamhsán faoi aon easpa ullmhúcháin ó thaobh na bainistíochta de.

D'imir muid Liatroim i gcluiche leathcheannais Chonnacht; piocadh mise mar leath-thosaí, ach níor imir mé go rómhaith agus níor chríochnaigh mé an cluiche. Bhuaigh muid, agus bhí beagán brú ormsa roimh an gcluiche ceannais i gcoinne Ros Comáin mar gheall ar an taispeántas neamhéifeachtach a thug mé sa gcéad triail. Phioc John Joe mar lántosaí ar chlé mé an uair seo – áit, b'fhéidir, nach bhféadfainn aon damáiste a dhéanamh – agus buíochas le Dia d'imir mé níos fearr: d'aimsigh mé cúl agus dhá chúilín. Bhí an lámh in uachtar againn ar an bhfreasúra agus bhí an dara bonn Chonnacht buaite agam.

I gcluiche leathcheannais na hÉireann i gcoinne na Mí d'éirigh linn an lámh in uachtar a fháil ar an bhfreasúra luath go maith, ach tháinig siad ar ais sa dara leath agus bhí coimhlint ghéar eadrainn. Bhí mise ag imirt mar leath-thosaí, agus d'éirigh liom dhá chúilín luachmhara a aimsiú i rith an dara leath sin. Bhuaigh muid, agus sa seomra feistis tar éis an chluiche tháinig 'Tull' Dunne as Béal Átha na Sluaighe anonn chugam agus thréaslaigh sé liom, *'Well done, Connemara man.'* Ní raibh a fhios agam cé a bhí ann go dtí gur dhúirt John Joe liom é. (Cé a cheapfadh go mbeinn ar Fhoireann Mhílaoise na Gaillimhe leis an laoch peile sin ina dhiaidh sin.) Ar ndóigh bhuaigh 'Tull' bonn Uile Éireann le Gaillimh i 1934 agus 1938, é ina chaptaen ar an bhfoireann, agus is é a bhí ina bhainisteoir – cé nach raibh an teideal sin in úsáid go hoifigiúil ag an am – nuair a bhuaigh Gaillimh trí chraobh as a chéile i 1964, 1965 agus 1966. Chaith sé blianta ina oifigeach ar an gcoiste peile agus ar bhord an chontae ina dhiaidh sin.

Sa gcluiche ceannais d'imir muid in aghaidh Chorcaí i

Luimneach. Mar a dúirt mé cheana, bíonn tú thuas seal, thíos seal sa spórt agus níor imir mé go maith sa gcluiche seo. Ag leath ama, tháinig John Joyce, aclaí arís tar éis gortaithe, isteach i m'áit, ach chaill muid le cúilín amháin, 2-8 in aghaidh 1-10. Ar ndóigh, bhí mé díomách, ach ní drochbhliain a bhí inti ar an iomlán.

Sa mbliain 1990 ba é Bosco McDermott, iarpheileadóir le Gaillimh agus traenálaí Choláiste Mhuire i nGaillimh, a bhí ina bhainisteoir ar fhoireann faoi 21 an chontae. Bhí mise anois sa dara bliain san ollscoil, agus idir ghortuithe agus easpa misnigh, níor éirigh liom móran de mharc a dhéanamh i gCorn Mhic Shigiúir an bhliain chéanna. Ainneoin sin, d'éirigh liom seilbh a fháil ar gheansaí na Gaillimhe don fheachtas craoibhe agus piocadh i lár na páirce mé do chluiche ceannais Chonnacht faoi 21 in aghaidh Liatroma. Ní raibh aon tuairim fós i measc na mbainisteoirí uilig a raibh mé tar éis déileáil leo cén áit ar chóir domsa a bheith ag imirt, agus ní rud dearfach a bhí ansin – an t-imreoir iléirimiúil, is minic a chailleann sé amach ar deireadh. I mo chroí istigh is ag uimhir a seacht a bhí mé compordach agus misniúil – ach le cúpla bliain anuas bhí mé tar éis a bheith ag imirt i móran gach áit ar an bpáirc, agus bhí barúil difriúil ag gach bainisteoir agus gach roghnóir faoin ngeansaí ab fhearr a d'fheil dom. (Go deimhin, ní rófhada roimh an bhfeachtas craoibhe i 1998 le Gaillimh, dúradh liom nach cosantóir a bhí ionam – tá súil agam gur chruthaigh mé idir an dá linn nach drochchosantóir a bhí ionam ar chor ar bith.)

Ar aon chuma bhuaigh Gaillimh ar Liatroim – an dara craobh Chonnacht faoi 21 buaite agam – agus d'aimsigh mé

cúilín ó lár na páirce, cé nach raibh mé iontach sásta le mo
thaispeántas. Do chluiche leathcheannais na hÉireann in
aghaidh Chiarraí i Luimneach, shocraigh Bosco nach imreoir
lár páirce a bhí ionam, agus bogadh go dtí an líne leathchúil
mé. Ach má bhí drochlá agam in aghaidh Liatroma, tubaiste
a bhí sa gcluiche sin i bPáirc na nGael. Thosaigh mé sách
maith; bhí mé ar mo chompord ag caitheamh geansaí uimhir
a cúig, agus ghlac mé seilbh ar an liathróid luath go maith. Bhí
mo mhisneach ag méadú, ach gan ach deich nóiméad den
imirt caite tháinig an máilín gaoithe isteach, ceann ard – bhí
mise ag faire air, chomh maith le John Kilraine, a bhí ag imirt
sa gcúinne; níor bhéic ceachtar againn agus buaileadh faoi
chéile muid. Síos linn inár gcnap, agus níor fhéad mise
leanacht ar aghaidh. Nílim ag rá gurbh é seo ba chúis leis ach
buaileadh den pháirc muid an lá céanna. Bhí Maurice
Fitzgerald ag imirt do Chiarraí agus thug sé taispeántas
taibhsiúil nach ndéanfaidh mé dearmad go deo air, tar éis go
raibh tinneas cinn orm!

B'in bliain eile thart leis an gcontae, agus bhí deis eile
caillte, má bhí. Traenálaí sa múnla traidisiúnta a bhí i mBosco
McDermott, agus bhí meas againn uilig air, ní hamháin mar
gur bhuaigh sé bonn Uile Éireann le Gaillimh i 1964, 1965,
1966, ach freisin mar gheall ar an dul chun cinn a bhí déanta
ag Coláiste Mhuire faoina stiúir. Ba é an bua mór a bhí ag
Bosco, i mo thuairim, ná gur síceolaí maith a bhí ann agus gur
thuig sé meon na n-imreoirí lenar oibrigh sé. Chreid sé nach
raibh aon easpa tallainne i measc pheileadóirí na Gaillimhe,
ach easpa misnigh, agus dá bhféadfaí é sin a leigheas go
n-éireodh linn ár gcumas a léiriú ag an leibhéal náisiúnta.

D'inis sé seanscéal dúinn, faoi iolar a tógadh mar lacha agus
a cheap dá bharr nach bhféadfadh sé eitilt – ag iarraidh a chur
in iúl go raibh muid níos fearr ná mar a shíl muid, dá mbeadh

muid muiníneach go leor. Rinne sé éileamh orainn ar bhealach nár dearnadh cheana, b'fhéidir – bhí a fhios againn uilig maidir le fulaingt fhisiciúil ar son na cúise ach ní raibh ansin ach mír amháin den iomlán, agus bhí Bosco ag iarraidh orainn ullmhú ar bhealach níos cuimsithí don dúshlán a bhí romhainn. Scaip sé bileoga orainn, agus ar na bileoga bhí léaráid de staighre – ar an gcéim is ísle bhí foireann na Gaillimhe faoi 21 agus ar an gcéim is airde bhí bonn Uile Éireann. Mhínigh sé dúinn nach féidir na céimeanna ar fad a thógáil in aon turas amháin, ach diaidh ar ndiaidh, céim ar chéim, gur féidir forbairt go dtí go mbaintear an sprioc amach. D'inis sé dúinn faoina chuid ama ag imirt le Gaillimh, faoin gcairdeas i measc na n-imreoirí, go gcasfaidís le chéile go minic taobh amuigh den traenáil fhoirmeálta chun beagán sa mbreis a dhéanamh. Bhí an meon sin ar iarraidh i nGaillimh ag tús na naochaidí, agus is ag iarraidh an meon a athrú a bhí Bosco. Ní raibh aon tuiscint i ndáiríre ag na leaids ar an iarracht ollmhór a bhí ag teastáil chun dul chun cinn a dhéanamh, ná go raibh uair na hachainí tagtha. Bhí peileadóirí maithe againn agus bhí tallann sa gcontae, ach ar chúis amháin nó ar chúis eile ní raibh daoine sásta an íobairt chuí a dhéanamh – idir íobairt fhisiciúil, íobairt intleachtúil, íobairt phearsanta – agus go dtí go mbeadh, ní raibh seans ag Gaillimh marc a dhéanamh mar cheann de mhórfhoirne na tíre. Chuirfinn féin i gcomparáid le seomra ranga an dearcadh a bhí i seomra feistis na Gaillimhe ag an am: bheadh tríocha sa rang, abair, agus bheadh cúig dhuine fichead a bheadh lánsásta iarracht céad faoin gcéad a dhéanamh, ach bheadh cúigear nach mbeidh, agus thitfeadh an rud ar fad as a chéile mar gheall ar an ngrúpa beag sin – b'in mar a bhí: móramh a bhí sásta na híobairtí cuí a dhéanamh, mionlach nach raibh, agus an grúpa uilig thíos leis dá bharr.

Tionchar an sórt sin cainte ag Bosco? Ní raibh sé feiceálach ar an bpointe. An bhliain dár gcionn, agus mise ar fhoireann na Gaillimhe faoi 21 don tríú feachtas as a chéile – bhí Bosco ina bhainisteoir arís – chaill muid in aghaidh Liatroma i gcluiche ceannais Chonnacht. Tubaiste a bhí ann ag an am, ach ag breathnú siar anois air is léir go raibh borradh ag teacht faoi chúrsaí peile i gContae Liatroma agus go raibh ré ghlórmhar i ndán don chontae agus don ghrúpa imreoirí sin faoi stiúir John O'Mahony. Bhí Declan Darcy ina chaptaen ar fhoireann faoi 21 Liatroma i 1991. I mBaile Átha Cliath a rugadh agus a tógadh eisean, ach timpeall an ama seo thug Cumann Lúthchleas Gael isteach riail a cheadaigh do pheileadóirí imirt don chontae inár rugadh a dtuismitheoirí, ar mhaithe le cabhrú le contaetha laga. D'imir Darcy ina dhiaidh sin le Baile Átha Cliath ar feadh roinnt mhaith blianta – bhí sé ar an bhfoireann a chas le Corcaigh i gcluiche ceannais na Sraithe Náisiúnta i 1999, agus an bhliain dár gcionn d'imir sé sna tosaithe do Bhaile Átha Cliath nuair a d'éirigh leo dul chomh fada le cluiche ceannais Laighean in aghaidh Chill Dara.

D'imir mise mar leathchúlaí láir i gcluiche ceannais Chonnacht faoi 21 in aghaidh Chontae Liatroma i 1991, agus d'imir mé go maith, ach ní haon chúiteamh é sin nuair a chailleann tú. Is cuimhneach liom a bheith ag machnamh ar mo chuid imeartha faoi aois le Gaillimh agus mé ag siúl den pháirc tar éis an chluiche. Liostáil mé na gradaim i m'intinn: bonn Chonnacht leis na mionúir, dhá bhonn Chonnacht leis an bhfoireann faoi 21. Ní raibh mé sásta: níor imir mé go maith i gcluiche ceannais na hÉireann faoi 21 i 1989, agus gortaíodh mé sa gcluiche leathcheannais in aghaidh Chiarraí an bhliain dár gcionn, nuair a buaileadh den pháirc muid. Mise agus Alan O'Connor an t-aon bheirt a d'imir don fhoireann trí bliana as a chéile, agus thug sin misneach dom, ach ag an am céanna bhí díomá orm mar mhothaigh mé go raibh deiseanna go leor caillte agam. Ag an nóiméad sin agus mé in ísle brí tar éis d'fhoireann Liatroma an ceann is fearr a fháil orainn, ní raibh mé in ann a shamhlú cé as a raibh an gríosú le theacht.

Céard iad na difríochtaí idir an riaradh faoi aois anois agus nuair a bhí mise i mo dhéagóir? Cinnte, tá na struchtúir i bhfad níos fearr go ginearálta anois, ní hamháin i nGaillimh ach ar fud na tíre. Tá na traenálaithe a théann i mbun na hoibre seo oilte anois; tá tuiscint i bhfad níos fearr acu i gcoitinne ar mhodhanna éagsúla traenála agus an leas is féidir a bhaint astu, agus tá na himreoirí iad féin i bhfad níos dáiríre. Níl aon duine sásta le leathiarracht a thuilleadh; tá gach duine dírithe ar an sprioc, agus na leaids nach bhfuil, go hiondúil níl aon áit ar an bpainéal dóibh. Ní ghlactar le leithscéal, mar ní féidir a bheith buach mura bhfuil gach duine sásta na híobairtí riachtanacha a dhéanamh.

Nuair a bhí mise i mo mhionúr agus ag imirt sa ngrád faoi 21 do Ghaillimh, bhíodh go leor pleidhcíochta ar siúl ag leaids. Is cuimhneach liom ag seisiúin traenála go mbíodh leaids áirithe ag magadh nuair a bhíodh na druileanna á ndéanamh: shéidtí an fheadóg, bhíodh muid ceaptha tosú ag ritheacht, cúigear sa ngrúpa b'fhéidir, ach bhíodh sé socraithe ag beirt nó triúr eatarthu nach rithfidís ar chor ar bith, agus bhíodh gach duine lagtha ag gáire nuair a tharlaíodh sé seo. Cheap muid go raibh sé barrúil, ach ní raibh muid ach ag cur dallamullóige orainn féin, mar ní haon sórt réiteach é an mhéiseáil sin do choimhlint. Dá ndéanfá a leithéid anois, bheifeá díbrithe den phainéal, mar tá an meon i bhfad níos dáiríre, tá fócas i bhfad níos géire ag gach duine, idir bhainisteoirí, traenálaithe agus imreoirí, agus níl daoine sásta a gcuid ama a chaitheamh le rud mura bhfuil fáth maith leis agus gach duine ar aon intinn. B'fhéidir nach raibh nó nach bhfuil oiread clú ar an gcraobh peile faoi 21 agus craobh na mionúr, ach níorbh aon leithscéal é sin don amaidíocht a bhíodh ar siúl ó am go chéile nuair a d'imir mise sa ngrád.

Tá imreoirí óga níos eolaí inniu, níos muiníní – tá a fhios acu an leas is féidir a bhaint as meáchain, as an aiste bia ceart, tuigeann siad an fáth a bhfuil traenáil ar leith á déanamh. Tá gach rud an-teicniúil ar fad sa lá atá inniu ann. Nuair a bhí Bosco ina bhainisteoir orainne, mar shampla, thagadh sé amach ar an bpáirc le mála liathróidí, dhéanadh sé iad a chiceáil isteach sna cúinní go dtí go mbíodh cineál imlíne le brath agus deireadh sé linn tosú ag ritheacht timpeall air. Stopadh muid nuair a cheap sé go raibh muid sách téite suas, ag brath ar an aimsir. Níor lig Bosco air féin riamh gur thuig sé modhanna nua-aimseartha traenála nó go raibh aon mheas aige orthu; bhí a bhealach féin aige chun rudaí a dhéanamh agus ghlac tú leis. Ach bhí údarás nádúrtha ag Bosco agus chuaigh sé i bhfeidhm ar na leaids. Bhí an-mheas agamsa air. Spreag sé peileadóirí óga, agus nuair a tharla an dul chun cinn i 1995 – nuair a bhuaigh Gaillimh craobh Chonnacht den chéad uair le hocht mbliana – ba é Bosco a bhí ina bhainisteoir.

Faoin am ar tháinig mo chuid imeartha faoi aois le Gaillimh chun deiridh in earrach na bliana 1991, bhí fios maith agamsa nach mar thosaí a bhí mé tioncharach. D'imir mé sách maith don Cheathrú Rua sa leath sin den pháirc, ach thuig mé anois nach raibh an tallann agam a bheith éifeachtach sna tosaithe don chontae. Ní raibh an mhuinín agam ná an misneach is gá ag an leibhéal sin, agus bhí sé feiceálach sa gcéad chúpla cluiche a d'imir mé d'fhoireann shinsearach na Gaillimhe, i gcoinne Mhaigh Eo sa gcraobh i 1991 agus 1992 go háirithe.

Is cuimhneach liom go maith, seachtain nó dhó tar éis do UCG Corn Mhic Shigiúir a bhuachan i mí Márta 1992, gur thosaigh mé cluiche sraithe do Ghaillimh in aghaidh Bhaile Átha Cliath, ag caitheamh geansaí uimhir a trí déag. Sa gcéad leath ní raibh maith ar bith liom, agus aistríodh go dtí an líne leathchúil mé don dara leath, uimhir a seacht. An t-athrú meoin a tháinig orm, ní dhéanfaidh mé dearmad go deo air; bhí mé chomh sásta a bheith ag imirt san áit a raibh mé ar mo chompord gur thug mé buille don té a raibh mé a mharcáil, cineál beannachta agus buíochais, is cosúil. Ba é Niall Guiden a bhí ann, agus breacadh m'ainm i leabhar an réiteora, ach ba chuma liom. Bhí a fhios agam go raibh mé go maith mar leathchúlaí clé agus bhí mé ag súil leis an gcoimhlint. D'imir mé go maith sa dara leath sin, agus chuaigh mé i gcion ar an mbainisteoir, John Tobin. Is cuimhneach liom gur dhúirt sé liom gur sa líne leathchúil a d'imreoinn uaidh sin amach ach, faraor, ní go dtí an chraobh i 1993 a ghlacfainn go diongbháilte seilbh ar gheansaí uimhir a seacht fhoireann sinsear na Gaillimhe – agus is iomaí triail a bheadh ann idir an dá linn.

# 5

# CLG, AN CHEATHRÚ RUA

Sna laethanta sular dearnadh infheistíocht mhór oibre ar Pháirc an Chathánaigh ar an gCeathrú Rua, ní raibh a leithéid d'áis agus seomra feistis ar an láthair. Is cuimhneach liomsa i rith an tsamhraidh rothaíocht siar chuig an bpáirc le haghaidh na traenála, mála plaisteach ceangailte agam de lámha an rothair – mo chuid bróg peile agus feisteas istigh ann – agus suí ar charraig taobh thiar de chlaí chun athrú. Cúpla bliain ina dhiaidh sin bhí seancharráiste traenach ann a thug beagán níos mó príobháideachais, ach nuair a bhí mise ag imirt peil faoi 12 leis an gCeathrú Rua ní raibh an méid sin féin ann.

Bhí mé ag imirt leis an aoisghrúpa céanna ar feadh roinnt mhaith blianta, b'fhéidir ó bhí mé ocht nó naoi mbliana, agus is é an chuimhne is fearr atá agam ar an tréimhse sin ná an chraic a bhíodh ag na leaids – iad uilig trí nó ceithre bliana níos sine ná mé féin – ar bhus Pheter Neidín ag dul chuig cluichí agus ag teacht abhaile. Go minic bhíodh na cluichí iad féin tánaisteach agus bhínn ag sú isteach an atmaisféir, mar nach mbíodh mórán le rá ag buachaill óg cúthail i measc leaids níos sine ná é féin. Murab ionann agus anois, ní raibh oiread struchtúir le brath sa gclub maidir leis an bpeil faoi aois – cúpla seachtain traenála i rith an tsamhraidh, cluichí go neamhrialta, agus den chuid is mó ní raibh a fhios againn cén comórtas ina raibh muid ag imirt, an tsraith nó an chraobh. Leaids óga, is dóigh gur cuma leo ach a bheith amuigh faoin aer agus páirteach.

Níorbh iad an Cheathrú Rua amháin nach raibh eagraithe ná forbartha faoi aois an t-am sin. Is cuimhneach liom taisteal go dtí an Clochán le haghaidh cluichí nuair a bhí mé óg. Bhí an pháirc in aice na farraige agus bhí draein ag ritheacht trasna an fhéir amach le sruth. Bhí sé beagnach dhá throigh ar leithead – nó b'fhéidir gur shíl mé é a bheith chomh leathan sin mar go raibh mise chomh beag – agus dá dtitfeadh an liathróid isteach sa díog, cuma cé a bhí ag ionsaí, chaithfeadh an réiteoir isteach eadrainn í. Iad siúd a bhí aclaí agus cróga agus go deimhin sciliúil, d'éiríodh leo é a chaitheamh de léim agus seilbh a choinneáil agus ar aghaidh leis an gcluiche. Is dóigh gur bhain muid leas as an tástáil!

Go minic freisin bhíteá ag súil le cluichí mar seo – ainneoin an dainséir – ach nuair a shroichteá an láthair, réidh le n-imirt, ní bhíodh aon réiteoir le fáil. Tharla sé sin go rialta, cuimhním, agus léiríonn sé an meon i gcoitinne maidir le peil faoi aois i nGaillimh ag an am. Rinneadh socruithe ar nós cuma liom; ní raibh ord ná eagar ar chúrsaí – ní raibh aon duine fad-bhreathnaitheach ag stiúradh an fheachtais, ba chosúil. Thagadh muid abhaile in ísle brí tar éis cluiche a bheith curtha ar ceal agus muid ar buile mar go raibh an t-am curtha amú.

Ba iad Cumann Naomh Anna Leitir Móir na naimhde ba mhó a bhí ag an gCeathrú Rua nuair a bhí mise ag fás aníos. Bhíodh nimh idir an dá fhoireann, déanta na fírinne, agus cé go bhfuil an teannas sin fós le brath inniu nuair a chastar ar a chéile an dá chlub, ó tharla go bhfuil muide ag imirt i ngrád na sinsear agus iadsan sa ngrád idirmheánach, níl seans ag an gcoimhlint sin forbairt mórán. Ach nuair a bhí mise ag imirt faoi aois don Cheathrú Rua, ba mhinic a fuair Naomh Anna Leitir Móir an ceann is fearr orainn, go háirithe dá mbeadh muid ag imirt ar Pháirc an Mháimín, an pháirc bhaile s'acu siúd. Bhíodh an t-atmaisféar ansin corraitheach agus na cluichí an-fhisiciúil, agus chaithfeá bheith in ann aire a thabhairt duit féin sa gcomhrac.

Rud eile suntasach a bhain leis an imirt faoi aois don chlub ná go raibh tú anois ag imirt leis na leaids céanna a raibh tú ag imirt ina n-aghaidh bliain nó dhó roimhe sin i gcomórtas Chorn Uí Chonaire. Mar shampla, chuir mé aithne anois ar Chaoimhín Terry Mac Donnchadha as Ros an Mhíl, agus leaids eile as an gceantar. Thóg sé tamall dul i dtaithí air sin, mar athrú meoin a theastaigh, ach de réir a chéile d'fhás cairdeas maith idir gach duine agus chuile dhuine againn dírithe ar son na cúise céanna.

Braitheann dul chun cinn CLG ar obair dheonach, agus bhí an t-ádh orainne ar an gCeathrú Rua go raibh daoine ann a bhí sásta a gcuid ama féin a chaitheamh chun grúpaí leaids a thraenáil is gan iad ag fáil mórán buíochais dá bharr. Duine den sórt sin ab ea Máirtín Mac an Iomaire, múinteoir i Scoil Chuimsitheach Chiaráin, a thraenáil an fhoireann faoi 16 sa gclub. Duine eagraithe a bhí ann agus bhíodh seisiún rialta traenála againn, ar chúl na Scoile Cuimsithí, mar ag an am sin bhí an feachtas chun Páirc an Chathánaigh a fhorbairt faoi lán seoil agus an pháirc dúnta don phobal ar feadh achair. Bhí an pháirc bheag ar chúl na meánscoile i ndrochchaoi ceart, lán cloch agus féir, agus is cuimhneach liom lá gur thit mé agus gurbh éigean dom greimeanna a fháil i ngearradh a bhí sách domhain. Tá an marc fós le feicéail ar mo ghlúin – ní raibh mé in ann imirt ar feadh b'fhéidir trí seachtainí ó tharla nach raibh mé in ann an ghlúin a lúbadh. Bhí sé contúirteach a bheith ag traenáil ar dhromchla mar é, ach ní raibh ciall ar bith againn agus ní raibh a fhios againn a mhalairt. Ní raibh mórán cainte na laethanta sin ar árachas ná sláinte agus sábháilteacht!

Fear lách, cineálta a bhí in Máirtin Mac an Iomaire. D'fhéadfá brath air: nuair a deireadh sé go raibh traenáil le bheith ann bhíodh traenáil ann, agus bhíodh struchtúr eicínt leis i gcónaí. Bhain mé an-taitneamh as na seisiúin sin, ach bhíodh gnás ag an Máistir Mac an Iomaire muide cruinniú timpeall air agus píosa cainte a dhéanamh. Múinteoir Béarla a bhí ann agus óráidí den scoth, ach leaids cúig bliana déag agus sé bliana déag d'aois, níl uathu ach a bheith ag imirt, agus bhíodh muid uilig inár seasamh ansin ag éisteacht leis, ag léim ó chos go cos ag iarraidh an mhífhoighid a cheilt.

An chéad rud a bhuaigh mé faoi aois leis an gclub, sraith na mionúr B, Bord an Iarthair, i 1987. Go deimhin ba é an chéad uair riamh é ar éirigh leis an gclub an comórtas sin a bhuachan. Ba é Máirtín Ó Meachair an traenálaí agus m'athair féin a bhí mar chuiditheoir aige. Agus is de bharr mo chuid taispeántas leis an gCeathrú Rua sa bhfeachtas sin – bhuaigh muid ar Naomh Micheál na Gaillimhe sa gcraobh – a tugadh cuireadh dom teacht ar phainéal mionúr na Gaillimhe.

Ar fhoireann mhionúr na Ceathrún Rua bhí na leaids uilig a ndeachaigh mé ag an mbunscoil leo: Caoimhín Ó hEaghra, Jonathan O'Neill, Seán Barra Ó Gríofa, Pádraig Mac Donncha, Peadar Ó Sé agus Micheál Ó Máille ina measc. Ba é Caoimhín Terry Mac Donnchadha an captaen. Bhí mise ag imirt mar thosaí, agus cé gur chaill muid ina dhiaidh sin sa gcomórtas craoibhe in aghaidh an Dúin Mhóir – an cluiche leathcheannais a imríodh i Staid an Phiarsaigh i nGaillimh – ócáid speisialta a bhí ann, agus is cuimhneach liom slua mór ag taisteal ón gCeathrú Rua chuige. Cluiche dian a bhí ann, agus cé gur imir muid le fuinneamh agus spreagadh agus gur bhain muid geit as an bhfreasúra, sílim nach raibh súil ag aon duine mórán, fiú ár lucht tacaíochta féin, go n-éireodh linn an ceann is fearr a fháil ar an Dún Mór. Bhí an traidisiún acusan.

Ar ndóigh, b'in ceann de na difríochtaí ba mhó a bhraith mé idir a bheith ag imirt don Cheathrú Rua agus Coláiste Iarfhlatha. Go hiondúil ba iad Coláiste Iarfhlatha rogha na coitiantachta i gcónaí, ba chuma cérbh iad an freasúra, ach nuair a bhínn ag imirt don Cheathrú Rua, ba muid na *underdogs*, fiú agus muid ag imirt in aghaidh foirne eile as Conamara. Is dóigh dá bharr nár mhothaigh mé féin an oiread brú ag imirt don Cheathrú Rua seachas a bheith ag imirt don choláiste, mar leis an gcoláiste leagadh béim ní hamháin ar an taispeántas ach ar an toradh chomh maith, agus bhínn ag iarraidh mo mhianach a chruthú arís agus arís eile chun greim a choinneáil ar an ngeansaí. Is minic gur fearr 'agam' ná 'liom', a deirtear. Leaids na Ceathrún Rua, bhí seanaithne agam orthu; ní raibh an teannas céanna ná an choimhlint chéanna eadrainn, agus bhí saoirse de shaghas ag saighdiúireacht leo nach raibh le brath le foirne Choláiste Iarfhlatha. Leis an gCeathrú Rua, ní cuimhneach liom riamh i mo dhéagóir ag imirt gur cuireadh mórán béime ar an mbeartaíocht, le hais mar a tharla ar an bhfoireann scoile, agus faoiseamh a bhí ansin ar bhealach. Bhí mé ró-óg fós le tuiscint a bheith agam ar an dlúthbhaint idir an duine agus a áit dúchais, agus an tábhacht atá leis an ngaol sin mar a nochtar é ag imirt don chlub, ach bhí a fhios agam gur thaithin an t-atmaisféar liom sa mbaile agus má bhí na cúinsí éagsúil, deis eile a bhí ann peil a imirt. Agus ba leor sin.

Sna seascaidí a thosaigh na foirne paróiste i gConamara ag teacht chun cinn – bunaíodh Cumann Peile Naomh Anna Leitir Móir i 1964 agus trí bliana ina dhiaidh sin, bunaíodh CLG, An Cheathrú Rua.  Roimhe sin, bhí limistéar mór den réigiún faoi fhoirne ar nós na mBreathnaigh – bhíodh peileadóirí ó Charna go Cois Fharraige, agus an Cheathrú Rua, ag imirt leo – agus na Piarsaigh – d'imir m'athair féin dóibh fad is a bhí sé san ollscoil, taobh le peileadóirí as Ros Muc agus Leitir Móir agus gach áit idir eatarthu.  Mar mhionúr, d'imir Daid le Naomh Mac Dara agus arís bhíodh peileadóirí as Leitir Móir, an Cheathrú Rua, Doire Choill agus Ros an Mhíl ar an bhfoireann chéanna agus gan aon tuiscint ag an am sin i gConamara ar fhoireann paróiste.  Tháinig athrú ar an scéal sin ag tús na seascaidí, áfach, agus nuair a bunaíodh cumainn ar nós Naomh Anna Leitir Móir agus níos deireanaí CLG, An Cheathrú Rua, bhí an-tionchar aige ar spiorad pobail a spreagadh sna paróistí éagsúla i gConamara.

Osclaíodh Scoil Chuimsitheach Chiaráin ar an gCeathrú Rua i 1966 agus ar dhuine de na múinteoirí a bhí ann bhí fear darbh ainm Ciarán Muldoon, a bheadh ina dhiaidh sin an-ghníomhach i gcúrsaí bhord an chontae.  Cé go mb'fhéidir gur mó suim a bhí aige i gcúrsaí iománaíochta, b'fhacthas do Muldoon gur easnamh a bhí ann nach raibh áis ann do pheileadóirí óga an pharóiste, agus bhí baint mhór aigesean le bunú CLG ar an gCeathrú Rua, chomh maith le leithéidí Stiofáin Uí Fhlatharta, mo thraenálaí nuair a bhí mé i Scoil Mhic Dara; Cóilín Ó Domhnaill, atá fós gníomhach sa gcumann; Pádraig Ó Ceallaigh, a tháinig abhaile as Sasana thart ar an am sin – tá sé básaithe anois, go ndéana Dia trocaire ar a anam; an tAthair Tomás Ó Mainnín, a bhí ag múineadh sa Scoil Chuimsitheach freisin; Mícheál Mac Donnchadha (Mícheál Jimmy Sonny) agus uncail leis, Pádraig Mac

Donnchadha, as an nGleann Mór ar an gCeathrú Rua. Bhí baint ag m'athair féin leis an gcumann nuair a tháinig seisean abhaile as Baile Átha Cliath i lár na seachtóidí, agus tá obair an-mhór déanta aige ar a shon ó shin i leith.

Bunaíodh agus cláraíodh CLG, An Cheathrú Rua, i 1967, agus d'imir siad i ngrád na sóisear ar feadh roinnt mhaith blianta. Spéisiúil go leor, ba iad geansaithe Scoil Chuimsitheach Chiaráin a chaith said sna chéad bhlianta. Tá scéal ag Mícheál Jimmy Sonny, atá le blianta ina chathaoirleach ar an gclub agus sárobair déanta aige ar a shon, faoin gcaoi ar éirigh leis an gCeathrú Rua socrú ar deireadh ar gheansaithe dubh agus dearg, na dathanna atá in úsáid inniu againn. Bhí seisean ar an ollscoil i nGaillimh ag an am agus ina rúnaí ar an gcumann peile ansin ó 1967–70. Is cuimhin leis corrchruinniú a bheith ag oifigigh CLG, An Cheathrú Rua, thart ar an am sin thuas staighre tigh Phádraig Uí Cheallaigh. Ní raibh na cruinnithe sin chomh foirmeálta agus a bhíonn sa lá atá inniu ann, agus rinneadh neart plé ar chúrsaí an tsaoil, chomh maith le beagán cainte faoi CLG!

Ach socraíodh oíche amháin go mbeadh céilí i Halla Éinne ar an gCeathrú Rua chun airgead a bhailiú le feisteas a cheannacht. Thart ar £60 a bhí ar sheit geansaithe ag an am; tháinig na sluaite amach chuig an gcéilí agus bailíodh an t-airgead. Tugadh an teacht isteach do Mhícheál Jimmy leis na geansaithe a cheannacht i nGaillimh. Bhí chuile chineál tuairime ag na hoifigigh maidir leis na dathanna ar chóir a bheith orthu: bhí gorm agus bán luaite; dearg agus bán; glas agus buí, mar a bhí ar gheansaithe Scoil Chuimsitheach Chiaráin; cuid acu ag iarraidh go mbeadh banda ar na geansaithe ón ngualainn trasna an chliabhraigh, mar a bhí faiseanta ag an am. Ach ar aon chuma, nuair a chuaigh Mícheál Jimmy isteach ag ordú na ngeansaithe i siopa beag

Standúin i nGaillimh, dúirt fear an tsiopa go mbeadh moill míosa orthu, mar go gcaithfeadh sé an t-ordú a chur go Baile Átha Cliath. Ach, a dúirt sé, bhí seit aige a ordaíodh an bhliain roimhe agus nar bailíodh riamh, dubh agus dearg. Scrúdaigh Mhícheál Jimmy na geansaithe sin, ní bhfuair sé aon locht orthu agus bhí siad aige sa gcarr ag dul siar abhaile an tráthnóna sin, agus go deimhin praghas níos saoire faighte aige freisin orthu. Ní fios go dtí an lá atá inniu ann cén club a d'ordaigh na geansaithe an chéad lá riamh, agus ní bhfuair mise amach ach oiread, ach tá scéal ag dul thart gur foireann iománaíochta a bhí i gceist, as an taobh thoir den chontae.

Sa lá atá inniu ann tá rialacha leagtha síos ag CLG chun leaids óga a chosaint – tá srian ar an méid foirne ar féidir le hógánach imirt leo. Tuigeann daoine anois gur féidir le leaids atá go maith ag an bpeil agus a bhfuil éileamh orthu, a bheith spíonta traochta sula mbíonn siad seacht mbliana déag nó ocht mbliana déag d'aois, má chuirtear iomarca brú orthu nuair atá siad ró-óg. Bhí mise sé bliana déag d'aois nuair a tugadh cuireadh dom imirt le foireann idirmheánach an chlub. Diabhal mórán díospóireachta a bhí ann faoi seachas b'fhéidir Mam a bheith beagán imníoch go ngortófaí mé ag imirt leis na daoine fásta. Ar ndóigh, níor éist aon duine léi, agus is cuimhneach liom Daid ag rá go mbeinn ceart agus ligean liom. Níorbh aon rud as an ngnách a bhí ann – bhí Caoimhín Terry Mac Donnchadha, a bhí bliain níos sine ná mise, ag imirt leis an bhfoireann cheana féin, agus fuair Caoimhín Ó hEaghra agus roinnt leaids óga eile a bhí ar fhoireann na mionúr chomh maith cuireadh ag an am céanna liomsa teacht ag traenáil leis na fir.

Ní mórán ratha a bhí ar an gCeathrú Rua i dtús na seachtóidí, ach is cosúil go raibh an-spraoi ag gach duine a ghlac páirt ann: dá gcaillfidís ní bheidís buartha agus dá mbuafaidís, ní théidís as a meabhair. De réir a chéile, cuireadh níos mó oird agus eagair ar an gcumann agus bhuaigh an Cheathrú Rua sraith shóisear an iarthair i 1978 agus sraith shóisear Iar-Chonnacht i 1981. Ach ba é craobh shóisear an chontae an chéad bhua suntasach a bhí acu, i 1984, nuair a d'éirigh leo ardú céime a fháil go dtí an grád idirmhéanach tar éis bua ollmhór ar Mhuirbheach ar Pháirc an Spidéil. D'aimsigh Pádraig Sheáin Bhig ceithre chúl agus ceithre chúilín sa gcuiche sin, éacht scórála i stair an chlub. Níos mó dáiríreachta ba chúis leis an bhfeabhas seo, níos mó spéise i gcoitinne i measc na n-imreoirí, agus an borradh a bhraitheadar mar gheall ar an obair athchóirithe a bhí ar siúl ar Pháirc an Chathánaigh. Mar gheall ar an obair sin, sa tréimhse idir 1983–6, bhí ar pheileadóirí na Ceathrún Rua taisteal go Gaillimh ag traenáil, ar an bPáirc Theas, an *Swamp*, ach bhíodar sásta an íobairt sin a dhéanamh. Bhí ord agus eagar i bhfad níos fearr ar chúrsaí bainistíochta freisin; bhí an tAthair Ó Mainnín an-ghníomhach sna blianta sin agus is é a bhí ina bhainisteoir ar an bhfoireann i 1984, le Cóilín Ó Domhnaill.

An bhrionglóid mhór a bhí ann tar éis an éachta sin i 1984, stádas sinsearach a bhaint amach, agus cé nach raibh an tuiscint chéanna agamsa mar dhéagóir ar an dúil ná an uaillmhian a bhí ag na himreoirí a bhí ag saighdiúireacht don chlub ar feadh i bhfad, bhí ríméad orm a bheith páirteach san aistear. Ba é Máirtín Óg Mac Donnacha, a d'imir le Gaillimh i gcluiche ceannais na hÉireann faoi 21 ag tús na n-ochtóidí, a bhí ina bhainisteoir ar fhoireann idirmheánach na Ceathrún Rua nuair a thosaigh mise ag imirt dóibh. Pearsa láidir atá ann agus bhí sé tioncharach ar an bpáirc – bhí sé fós ag imirt an t-am sin – agus taobh amuigh den pháirc. Luath go leor i rith fheachtas na craoibhe i 1987, labhair seisean le Daid – tar éis don fhoireann mhionúr a bheith corónaithe mar churaidh sraithe an iarthair – agus b'in mar a thosaigh turas taibhsiúil do leaid óg, saonta. D'imir mé ceithre chluiche sa gcraobh idirmheánach a mbeidh cuimhne agam orthu go deo.

Chun a bheith san iomaíocht sa gcraobh, bhí orainn cáiliú ón ngrúpa ina raibh muid – imríodh na chéad bhabhtaí ar bhonn sraithe – agus caitheadh isteach mise san imirt don chluiche deiridh grúpa, i gcoinne ár sean-naimhde Naomh Anna Leitir Móir. Cluiche mór a bhí ansin, ar ndóigh, a imríodh i Staid an Phiarsaigh, agus bhí orainn é a bhuachan má bhí muid chun leanacht ar aghaidh. Bhí mé ag imirt sa líne leath-thosaigh agus scóráil mé dhá chúilín. Ní dhéanfaidh mé dearmad go brách ar an teannas a bhí le brath mórthimpeall na láithreach agus ar pháirc na himeartha. Mar leaid óg i measc na bhfear, bhí orm a bheith tapaidh agus sciliúil chun na buillí fisiciúla – agus bhíodar ann – a sheachaint, ach d'éirigh linn iad a bhualadh ar deireadh le trí chúilín, 0-15 in aghaidh 1-9. Is cuimhneach liom na leaids ar an bhfoireann ag ceiliúradh sa seomra feistis tar éis an chluiche, agus Pádraicín Conroy as Leitir Móir, a d'imir do Ghaillimh i gcluiche leathcheannais na hÉireann in aghaidh Chiarraí i 1984, ag teacht isteach chun tréaslú le foireann s'againne. Aisteach go leor, múinim a mhac anois, togha peileadóra, ach tá an mianach ann ar ndóigh.

Le bheith fírinneach, níor thuig mise cén fáth a raibh an oiread corraí ann tar éis an chluiche sin – bhí mise den tuairim nach raibh an freasúra chomh maith sin in aon chor, agus gur éagóir a bheadh ann mura mbuailfeadh muid iad. Níor thuig mé fós an tábhacht a bhaineann le móiminteam a bheith ag foireann, agus cinnte tar éis buachan ar Naomh

Anna Leitir Móir, agus an oiread ag brath ar an gcoimhlint, bhí sodar agus fuinneamh nua le brath i measc fhir na Ceathrún Rua. Bhí muid anois i gcluiche ceathrú ceannais an chontae, in aghaidh Chumann an Athar Ó Gríofa – foireann sóisear iad sin anois, rud a léiríonn an ghéariomaíocht i gcúrsaí peile i nGaillimh. Imríodh an cluiche sin ar an Spidéal; d'imir mé sna tosaithe arís, agus bhí farasbarr dhá chúilín againn ag a dheireadh, 1-10 in aghaidh 1-8. Bhí muid anois sa gcluiche leathcheannais, agus diaidh ar ndiaidh bhí sé ag dul i bhfeidhm orm chomh tábhachtach agus a bhí an feachtas seo. Ach b'fhéidir nach ndeachaigh sé i bhfeidhm sách mór orm. Bhí mise tar éis mo chéad deoch a ól faoi seo, tar éis d'fhoireann mhionúr na Gaillimhe cailleadh in aghaidh Chorcaí i gcluiche leathcheannais na hÉireann i 1987, agus bhí cúpla deoch agam an oíche roimh an gcath le Cumann an Athar Ó Gríofa. Nach mé a bhí seafóideach, ach bhí an cultúr iomlán difriúil ag an am le hais mar atá anois.

Sa gcluiche leathcheannais, in aghaidh Chill Aithnín, arís i Staid an Phiarsaigh, bhí farasbarr millteanach dhá chúilín déag nó trí chúilín déag ag an bhfreasúra ag leath ama. Níor imir muid go maith ar chor ar bith, ach bhí cóir na gaoithe againne sa dara leath, agus ní raibh oiread is imreoir amháin nach raibh dóchas aige go bhféadfadh muid marc eicínt a dhéanamh go fóill sa gcluiche. Nuair a chuimhním siar air, nach iontach go deo an spiorad agus an díograis a bhí sa bpainéal sin. Cinnte, chruthaigh muid nach raibh aon easpa diongbháilteachta sa ngrúpa, ach an rud a sheasann amach i m'intinn faoin gcluiche leathcheannais, agus faoin gcaint ag leath ama go háirithe, ná nár mhothaigh mé aon bhrú, fiú nuair a bhí muid chomh fada sin ar cúl. Ní raibh aon lochtú ann ná aon cháineadh, ach gach duine gríosaithe ar son na cúise.

B'fhéidir gurbh in é an fáth, ag tús an dara leath, nuair a

fuair mise seilbh ar an liathróid i lár na páirce nach raibh aon fhaitíos orm dul ar ruathar aonair, agus ó cúig slata fichead b'fhéidir, fuair mé cúl taibhseach – b'fhéidir an cúl is fearr a fuair mé riamh, le bheith macánta! Ar aon chuma, an-spreagadh a bhí ansin domsa agus don fhoireann ar fad, agus ar deireadh bhuaigh muid le dhá chúilín, 2-11 in aghaidh 3-6. Is cuimhneach liom sa seomra feistis tar éis an bhua sin, lánchúlaí s'againne, ar thug chuile dhuine 'Weatherman' air – ní raibh a fhios agam cén t-ainm ceart a bhí air agus ní chuirfinn an cheist, mar bhí faitíos an domhain orm roimhe – ag teacht i mo threo agus cuma an-dáiríre air. Chroith sé lámh liom, níor dhúirt sé tada, agus chuaigh agus shuigh ina chúinne go ciúin, a dhá shúil dúnta. Ar ndóigh, ba é Stiofán Mac Donnchadha a bhí ann, gruaig fhada fhionn air agus croiméal, agus bhí cáil air sa mbaile agus i gcéin ní hamháin mar gheall ar a theacht i láthair – chuirfeadh sé dia Lochlannach i gcuimhne duit – ach freisin mar gheall ar chomh cróga, neamhghéilliúil is a bhí sé mar chosantóir. Ní dhearna Weatherman – cá bhfios cá bhfuair sé an leasainm – mórán cainte riamh, ach bhí guth cumhachtach aige nuair a labhair sé agus údarás nadúrtha, agus chuir sé uafás agus iontas ar leaid óg cosúil liomsa.

Ar an bpainéal sin freisin bhí Máirtín Ó Gábháin, Gearóid Ó Cualáin, Nollaig Ó Domhnaill, Tomás Ó Flatharta (Tom Mhiko), Seán Breathnach (Seáinín Tommy), Caoimhín Ó hEaghra, Caoimhín Terry Mac Donnchadha, Aodán agus Rónán Ó Sé, Pádraig Ó Lorcáin agus Micheál Ó Lorcáin, Daithí Ruiséil sa gcúl, Tomás Ó Ceallaigh, P. J. Ó Conghaile agus Seosamh Ó Conghaile – agus chuile dhuine acu, idir óg agus beagán níos aosta, dírithe ar cheann scríbe a bhaint amach.

Bhí mise anois san Ardteist agus faoin am a mbeadh an cluiche ceannais ar siúl sa bhfómhar, bheinn ar ais ar scoil i dTuaim. An uair sin ní raibh sé an-éasca cead a fháil an scoil a fhágáil, agus bhí ar mo thuismitheoirí iarratas a dhéanamh ar mo shon go bhféadfainn teacht abhaile ar an Satharn, an oíche roimh an gcluiche mór i Staid an Phiarsaigh, in aghaidh Átha Cinn. Aisteach go leor, ní cuimhneach liom móran faoin gcluiche sin seachas gur lá fliuch a bhí ann agus gur bhuaigh muid le cúilín amháin, 0-12 in aghaidh 2-5. Níor scóráil mé tada, sílim, ach níor imir mé go dona ach oiread agus bhí mé sásta go maith le mo thaispeántas.

Tá sé deacair cur síos ar an gceiliúradh a tharla tar éis an bhua sin. Ní dheachaigh mé ar ais ar scoil go dtí an Luain, agus oíche Dé Domhnaigh bhí cúpla deoch agam Tigh Terry i Ros an Mhíl, mar go raibh a fhios agam go mbeadh m'athair ar an gCeathrú Rua agus drochsheans go bhfaigheadh sé amach go raibh mé ag ól. Bhí sé níos ciúine ansin i Ros an Mhíl b'fhéidir, le hais mar a bhí ar an gCeathrú Rua an oíche chéanna, ach ní mórán é, agus bhí daoine imithe craiceáilte le háthas agus gliondar croí. Dúirt Máirtín Óg liom ag an am nár thuig mé an t-éacht a bhí déanta, agus ar bhealach bhí an ceart aige. Bhí seisean agus na himreoirí eile tar éis bheith ag obair i dtreo na sprice sin leis na blianta fada – bhí mise tar éis ceithre chluiche a imirt leis na daoine fásta – agus bhí stádas sinsearach bainte amach. Cén chaoi a bhféadfainn an tuiscint chéanna a bheith agam ar thábhacht an bhua, ní hamháin do na himreoirí ach do mhuintir na háite i gcoitinne? Ní raibh ionam ach gasúr ar go leor bealaí go fóill.

Sílim gur cluiche sraithe i gcoinne Naomh Pádraig, An Fhairche, i 1988, an chéad chluiche riamh a d'imir an Cheathrú Rua i ngrád na sinsear. Ócáid speisialta a bhí ansin.

Ar ndóigh, ba éacht ann féin é stádas sinsearach a bhaint amach taobh istigh de thrí bliana sa ngrád idirmheánach agus ba chéim mhór ar aghaidh é. Bheadh an club anois ag déileáil le foirne a bhí ar chaighdeán i bhfad níos fearr – foirne nár casadh orainn go dtí sin ar aon bhonn rialta le fiche bliain anuas. Ainneoin an dúshláin sin agus na deacrachtaí a d'eascair as, go háirithe i dtús ama i ngrád na sinsear, creidim go bhfuil aitheantas tuillte ag an gclub i measc mhórfhoirne an chontae.

Bhain mise an-taitneamh as na cluichí sin a d'imir mé le foireann idirmheánach na Ceathrún Rua i 1987. Triail áirithe a bhí sa gcoimhlint do leaid óg. Bhí an-teannas agus comhrac nimhneach i gceist, ach ar bhealach bhí na cluichí sin an-chosúil leis na cluichí a d'imir mé ina dhiaidh sin leis an bhfoireann idirnáisiúnta: is é sin nuair a d'imir mé don Cheathrú Rua agus mé i mo dhéagóir bhí a fhios agam go raibh an freasúra níos láidre ná mé ach go raibh buanna eile agamsa a thabharfadh buntáiste dom. Nuair a bhí mé ag imirt d'Éirinn, bhí mé i mo mháistir ar an liathróid i gcomparáid leis na hAstrálaigh. Bhíodar níos láidre, seans, ach bhí mise níos sciliúla ná iad agus ar mo chompord nuair a bhí seilbh ar an liathróid agam. Ar an gcuma chéanna, sna cluichí idirmheánacha a d'imir mé don Cheathrú Rua bhí mé níos aclaí agus níos sciobtha ná go leor den fhreasúra, agus bhí mé in ann spás agus am a chruthú dom féin nuair ba ghá. Agus múineann gá seift: sna cluichí sin d'fhoghlaim mé go raibh sé indéanta an comhrac fisiciúil a sheachaint dá mbeinn sách cliste, agus b'in ceacht arbh fhiú é a fhoghlaim.

Cé gur bhain mé ardtaitneamh as an tréimhse sin de mo chuid imeartha níl aon dabht faoi ach go raibh Máirtín Óg ceart: níor thuig mé an t-éacht a bhí déanta ag an bhfoireann. An Luan tar éis an bhua ar Áth Cinn chuaigh mé ar ais ar scoil, d'inis mé do mo chairde ansin go mbeadh an Cheathrú

Rua ag imirt peil shinsearach an bhliain dár gcionn, agus dhírigh me ansin ar fheachtas sraithe na gcoláistí. Cén fáth nach raibh mé ar bís faoin mbua? Lean an ceiliúradh sa mbaile go dtí an Nollaig agus thart ar an am céanna bhí coinbhinsiún bliantúil bhord an chontae ar an gCeathrú Rua, ócáid stairiúil eile. Thug seo uilig spreagadh agus misneach ní hamháin do na himreoirí ach do mhuintir na háite. Mar leaid óg sé bliana déag d'aois, áfach, níor smaoinigh mé air sin. Níor oibrigh mise i dtreo na sprice mar a rinne imreoirí níos sine, ar feadh na mblianta. Ní raibh na híobairtí céanna déanta agamsa, ná an iarracht chéanna ceann scríbe a bhaint amach. Ba é bun agus barr an scéil ná nach raibh mé tar éis fulaingt ar an gcuma chéanna agus a bhí na himreoirí eile, agus dá bharr ní dheachaigh an bua i bhfeidhm chomh mór orm go pearsanta. Aisteach go leor, nuair a bhuaigh Gaillimh Craobh na hÉireann i 1998, rinne mé machnamh arís ar an mbua idirmheánach sin agus ar ráiteas Mháirtín Óig. Thuig mé an t-am sin céard a bhí i gceist aige, mar leis an bhfoireann idirchontae bhí mé tar éis fulaingt leis na blianta. Agus dá bharr bhain mé b'fhéidir níos mó sásaimh as an mbua stairiúil ar Chill Dara ná na leaids óga, leithéidí Phádraic Joyce agus Derek Savage, a bhí díreach tar éis teacht ar an bpainéal.

Is dóigh gur chóir tagairt a dhéanamh anseo don aon chluiche sóisear amháin a d'imir mé ag tús mo chuid imeartha. Ar ndóigh, ó tharla go raibh mé ag imirt don fhoireann idirmheánach an samhradh sin – 1987 – bhí mé i dteideal imirt leis an bhfoireann sóisear chomh maith. Cluiche craoibhe a bhí ann seans, cé nach bhfuilim iomlán cinnte. Is cuimhneach liom go maith, áfach, go raibh muid trí chúilín taobh thiar agus fiche soicind fanta agus gur thug an réiteoir cic saor dúinn ceithre slata déag ón gcúl. D'iarr mise air cé mhéad ama a bhí fágtha agus dúirt sé liom gurbh é an cic saor an cic deiridh. Dúirt mé é sin leis an bhfear a bhí á thógáil, ag iarraidh a chur ina luí air gur chóir iarracht a dhéanamh ar chúl ach ba é an freagra a thug sé orm, 'Cuirfidh mé thar an trasnán í.' Agus sin a rinne sé, mise ag breathnú air, ag croitheadh mo chloiginn. Shéid an réiteoir an fheadóg agus bhí an cluiche thart, é caillte againn le dhá chúilín! Ach bhí mo dhuine ar chlár na scórála agus bhí seisean sásta, mura raibh aon duine eile. Tharlá sé sin os cionn scór bliain ó shin agus déanaim gáire fós faoi.

Nach aisteach mar a shleamhnaíonn na blianta thart: mise ag caint ar a bheith ag imirt don Cheathrú Rua mar dhéagóir agus an dea-chlú orm ag an staid seo de mo shaol go bhfuilim ag imirt peil shinsearach don chlub níos faide ná aon duine eile ar an gCeathrú Rua – fiche bliain. Mise anois an seansaighdiúir. Tá chuile dhuine a bhí ag imirt i 1987 éirithe as, agus fiú Caoimhín Terry Mac Donnchadha, nach bhfuil mórán níos sine ná mé féin, tá feachtas caillte aige anseo agus ansiúd le blianta anuas. Ní i gcónaí a ndearna mé mo mharc don chlub, ach tá mé bródúil as an éacht sin.

Rinne mé tagairt ar ball don athchóiriú a rinneadh ar Pháirc an Chathánaigh sna hochtóidí agus an borradh a tháinig faoi CLG, An Cheathrú Rua, dá bharr agus is fiú beagán níos mó tráchta a dhéanamh air sin, mar tá stair an-suimiúil ag baint, ní hamháin leis an tréimhse sin ó 1983–6, ach le stair na páirce go ginearálta.

Tá an Cheathrú Rua beagán eisceachtúil mar chlub, sa méid is gur páirc pobail a úsáideann muid. Coimín a bhí sa talamh sin i dtús ama, ach sna tríochaidí is comhairleoir contae as an gCeathrú Rua, Seán Ó Catháin, a bheadh ina

Theachta Dála ina dhiaidh sin, a chinntigh go gceannófaí an stráice talún, cúig acra, le n-úsáid ar mhaithe leis an bpobal agus leis an bparóiste. Spéisiúil go leor, sa bhfothoghchán a bhuaigh Seán Ó Catháin i 1940 (d'Fhianna Fáil), ba é iarrthóir Chlann na Talmhan, Mick Donnellan, an duine mór a bhí ina choinne. B'as an Dún Mór Donnellan, seanathair Mhicheal Donnellan, a bhuaigh bonn Uile Éireann le Gaillimh i 1998, agus athair John agus Pat Donnellan a bhí ar fhoireann na Gaillimhe sna seascaidí. Fuair Seán Ó Catháin bás ar an 3 Feabhra 1948. B'in an lá roimh olltoghchán na bliana sin, agus má bhí sé básaithe féin fuair sé os cionn dhá mhíle vóta. Ag óráidíocht i gCamas a bhí sé nuair a bhuail taom croí é agus, ar ndóigh, ní raibh na meáin chomh héifeachtach an t-am sin agus atá inniu, agus ní raibh a fhios ag go leor daoine go raibh an fear caillte.

Tar éis an olltoghcháin tháinig comhrialtas i gcumhacht. Bhí Mick Donnellan ina Aire Stáit, agus cheadaigh sé deontas £1,500 chun Páirc an Chathánaigh a fhorbairt. Thuig Donnellan gurbh fhiú é a dhéanamh ar son an spóirt, agus go dtí an lá atá inniu ann is páirc pobail í Páirc an Chathánaigh. Lúnasa 1950 a osclaíodh é, agus is díol suime é gur £4-1-6 a chosain sé deoch a thabhairt do phéire de na foirne – Micheál Breathnach agus Erin's Hope – a ghlac páirt san oscailt. Os cionn céad buidéal pórtair agus ceathracha buidéal mianraí a d'ól an dá fhoireann eatarthu – is cinnte nach seasfadh an méid céanna airgid ná portair i bhfad sa lá atá inniu ann!

Ar ndóigh, níor bunaíodh CLG ar an gCeathrú Rua go dtí 1967, ach bhí lucht CLG áitiúil an-ghníomhach sa bhfeachtas chun athchóiriú a dhéanamh ar an bpáirc sna hochtóidí, nuair a cuireadh fad agus leithead leis mar aon le córas nua-aimseartha draenála agus dromchla nua. Tógadh na seomraí feistis, seomra réiteora, ionad craolta, leithris phoiblí, fál timpeall an charrchlóis agus clár scóranna. Bhailigh m'athair féin os cionn £8,000 don chiste, suim mhór airgid ag an am. Dá bharr sin, ainmníodh é mar Uachtarán na Ceathrún Rua ar feadh bliana, agus bhí sé taobh le hAire na Gaeltachta, Pádraig Ó Tuathail, nuair a athosclaíodh an pháirc go hoifigiúil ar an 22 Meitheamh 1986. Go deimhin tá an dea-chlú ar Sheán de Paor gurbh é an chéad uachtarán é riamh ar an gCeathrú Rua, agus an t-aon uachtarán riamh freisin!

Níor éirigh le foireann na Ceathrún Rua faoi 21 aon rud suntasach a bhuachan fad is a bhí mise ag imirt leo – d'éirigh linn dul chomh fada le cluiche ceannais chraobh Bhord an Iarthair i gcoinne Chill Aithnín, an bhliain deiridh a raibh mé ag imirt, ach buaileadh muid. Bhí mé gortaithe an lá céanna, ach ainneoin sin d'imir mé, agus cuimhním ar an lántosaí a bhí ag an bhfreasúra, leaid darbh ainm Johnny Kelly, fear breá ard, láidir, a scóráil dó nó trí de chúil inár n-aghaidh. Drochsheans gur imir sé chomh maith céanna riamh arís. Más buan mo chuimhne, chuaigh Cill Aithnín ar aghaidh chun craobh an chontae a bhuachan an bhliain sin – deis eile caillte ag an bPaorach.

Faoin am sin, ag tús na naochaidí, bhí mise ag imirt d'fhoireann sinsear na Ceathrún Rua le cúpla bliain, agus sa tréimhse sin tar éis 1987 bhí an fócas ar fad ar an stádas a bhí buaite ag an gclub a chosaint. Ní mórán béime a bhí ar an gcraobh shinsear dá bharr. Bhí bua nó dhó suntasach againn, cinnte, ach ní raibh an taithí ná an gliceas againn mórán dul chun cinn a dhéanamh i dtús ama. Is dóigh gur dhírigh muid ar ár spriocanna de réir tosaíochta agus ba mhinic brú orainn an cluiche deiridh sraithe a bhuachan chun fanacht i ngrád na sinsear. Deir sé rud eicínt faoi mhianach na leaids gur éirigh linn é sin a dhéanamh gach aon uair. Is cuimhneach liom bliain amháin go raibh orainn dul go hEanach Dhúin agus buachan ansin, agus rinne muid é; agus bliain eile go raibh orainn Uachtar Ard a imirt ar an gCeathrú Rua agus an ceann is fearr a fháil orthu, agus arís d'éirigh linn. Ba iad leithéidí Mháirtín Óig Mhic Dhonnacha, Mháirtín Uí Ghábháin agus Mháirtín Uí Mheachair na bainisteoirí a bhí againn an chéad chúpla bliain sa ngrád, agus rinne siad uilig, mar aon leis na leaids, tréaniarracht. Ach sna laethanta sin, cé gur bhuaigh muid craobh shinsear an chontae i gComórtas Peile na Gaeltachta i 1989 agus i 1992, ar an iomlán ní dheachaigh muid i bhfeidhm ar chúrsaí peile na Gaillimhe.

I mí Feabhra 1991 d'imir mise d'fhoireann sinsear na Gaillimhe den chéad uair – John Tobin a bhí ina bhainisteoir – agus caithfidh mé a admháil, mar gheall go raibh mo chuid fócais anois á tharraingt sa treo sin, gur fhulaing an Cheathrú Rua dá bharr. Léiríonn sé easpa aibíochta agus meon nach bhfuilim bródúil as, ach bhí mé óg agus níor thuig mé fós an chaoi le cothromaíocht a bhunú i mo chuid imeartha, is é sin an chaoi le gach duine timpeall orm a shásamh. Dhéanfainn tréaniarracht leis an bhfoireann idirchontae, ag traenáil go rialta, ag tabhairt aire dom féin, ag déanamh na n-íobairtí uilig a chaithfear a dhéanamh más peileadóir idirchontae tú, agus ansin bhuailtí Gaillimh sa gcéad bhabhta den chraobh, mar a tharla bliain i ndiaidh bliana ag tús na naochaidí. Thosaíodh craobh peile na Gaillimhe an tseachtain dár gcionn de ghnáth, ach idir an dá linn bhínnse amuigh ag ragairneacht. Chreid me mar gheall go raibh mé aclaí nach ndéanfadh sé aon difríocht do mo thaispeántas. Is cuimhneach liom a bheith amuigh fiú an oíche roimh chluiche craoibhe don Cheathrú Rua agus leaids ag fiafraí díom sa dioscó cén fáth sin agus cluiche mór agam an lá dár gcionn. Nach mé a bhí i m'amadán – tá náire orm anois ag cuimhneamh siar ar an dímheas a léirigh mé don chlub, agus thógfadh sé roinnt mhaith blianta sula ndéanfainn aisíoc cuí.

Bhí mé chomh mí-aibí agus chomh haineolach go ndeachaigh mé uair amháin ag ól oíche roimh chluiche tábhachtach craoibhe Tigh Sé ar an mbaile, agus is cuimhneach liom Rónán Ó Sé ag rá liom go raibh mo dhóthain ólta agam. Bliain eile bhuail mé le Máirtín Óg sa leithreas sa teach tábhairne, agus dúirt sé amach díreach liom gur mhór an náire mé agus go raibh mé ag teip ar an gclub. Bhí an ceart aige. Bhí mé ag imirt sách maith sách rialta don chontae faoi seo, cé nach raibh muid ag déanamh mórán dul chun cinn ó fheachtas go feachtas, ach don Cheathrú Rua is go fíorannamh a d'fhéadfainn a bheith sásta le mo thaispeántas. Bíonn lucht tacaíochta ag súil le go leor ó pheileadóirí idirchontae, agus níor chabhraigh sé nach raibh an fócas cuí agam ar chor ar bith.

Níor athraigh an meon sin ar feadh i bhfad, caithfidh mé a admháil. Fiú sa mbliain 1996, nuair a bhuaigh an Cheathrú Rua 'An Sionnach', mar a thugtar ar Chorn Frank Fox, a théann le craobh shinsear peile na Gaillimhe, thaistil mé go Meiriceá ar feadh deich lá tar éis do Ghaillimh a bheith buailte i gcluiche ceannais Chonnacht an samhradh sin. Bhí na leaids sa mbaile ag traenáil go dian ag an am, ach rinne mé mo rogha rud agus tháinig mé abhaile cloch níos troime. Ba é Seán Breathnach (Seáinín Tommy) a bhí ina bhainisteoir ar an bhfoireann an bhliain sin, agus tar éis cluiche amháin agus taispeántas díomách eile tugtha agam, tháinig sé anonn go dtí mé. Dúirt sé liom go raibh sé in am agam mo mheon a athrú agus díriú ar an sprioc, agus rinne mé níos mó iarrachta ina dhiaidh sin.

Nílim bródúil as an dímheas a léirigh mé don Cheathrú Rua ó am go chéile, ach ní sotal ná uabhar a bhí i gceist. I

1995 bhí craobh Chonnacht buaite ag Gaillimh den chéad uair ó 1987 agus cé gur buaileadh muid sa gcluiche leathcheannais – fuair Tír Eoghain an ceann is fearr orainn i bPáirc an Chrócaigh – bhí súil ag go leor daoine, mise ina measc, go raibh ré nua ag tosú don chontae agus go raibh deireadh ag teacht leis an nganntan. Ach i samhradh na bliana 1996 níor éirigh linn aon dul chun cinn a dhéanamh: chaill muid in aghaidh Mhaigh Eo i gcluiche ceannais an chúige. Ar ndóigh, d'éirigh le Maigh Eo dul chomh fada le cluiche ceannais na hÉireann agus chailleadar tar éis athimeartha in aghaidh Chontae na Mí.

Bhí mise tar éis oiread iarrachta a dhéanamh ag ullmhú d'fheachtas na Gaillimhe ar feadh míonna fada go raibh sé an-deacair a bheith dearfach agus fuinniúil faoin dúshlán nua a bhí os mo chomhair leis an gCeathrú Rua. Bhí mé in ísle brí, agus is dóigh gur fhulaing an club dá bharr. Bíonn gaol cineál aisteach ag go leor imreoirí idirchontae – ní gach imreoir ach go leor díobh – lena gclub féin. Bíonn lucht tacaíochta ag súil le go leor uathu ar an bpáirc nuair a imríonn siad don chlub, ach de ghnáth is ag an bhfoireann idirchontae atá tús áite agus dílseacht fad is atá siad ag caitheamh an gheansaí. Níor dhúirt sé tada riamh liom faoi, agus déarfainn gur chosain sé mé uair nó dhó ó chasaoid, ach tá mé cinnte gur ghoill an dearcadh a bhí agam ag an am ar Dhaid, mar cé gur thug sé tacaíocht i gcónaí don chontae agus gur bhain sé taitneamh as aon bhua suntasach, ba é CLG, An Cheathrú Rua, a bhí sa bhfuil aige.

Ní thagann ciall roimh aois, deirtear, agus, ní nach ionadh, tá an taoille casta uilig anois. Má chloisimse faoi na leaids óga ag dul amach ag ól seachtain roimh chluiche tábhachtach don Cheathrú Rua bím spréachta, cé go raibh mé féin níos measa ná aon duine acu. Ar ndóigh, tá an cultúr difriúil inniu ach ní haon leithscéal é sin agus tá a fhios agamsa go maith é.

Má bhí ceist ann faoin bhfócas a bhí agamsa ar dhul chun cinn CLG, An Cheathrú Rua, ní raibh maidir leis na leaids eile, a bhí gríosaithe ar son na cúise. Céim mhór ar aghaidh a bhí ann nuair a bhuaigh an Cheathrú Rua sraith shinsear an chontae i 1994, agus ina theannta sin bhí muid tar éis ionadaíocht a dhéanamh do Ghaillimh i gComórtas Peile na Gaeltachta i 1989, 1992, 1994, 1995 agus arís i samhradh na bliana 1996. Comórtas náisiúnta é Comórtas Peile na Gaeltachta atá á reachtáil ó 1969 i leith d'fhoirne na nGaeltachtaí ar fad. Reachtáltar na comórtais de réir contae ar dtús agus bíonn na babhtaí náisiúnta ar siúl thar dheireadh seachtaine na Cincíse. Bhí sé ar siúl ar an gCeathrú Rua i 1988 agus arís i 1997 – an t-aon bhliain atá sé buaite againn, go deimhin – ach le blianta beaga roimhe sin bhí sé le brath go raibh borradh nua faoin gclub, agus ainneoin an dúshláin i ngrád na sinsear, bhí dóchas agus misneach níos mó ag teacht ar na himreoirí. Faoi shamhradh na bliana 1996, bhí buanna go leor ag an gCeathrú Rua – bhí imreoirí óga, sciliúla againn, ina measc Caoimhín Terry Mac Donnchadha, Seán Ó Domhnaill, Pádraig Mac Donncha agus Micheál Chóilín Ó Domhnaill, agus bhí leaids le níos mó taithí agus gliceas dá réir, leithéidí Aodáin Uí Shé agus Phádraig Uí Lorcáin. Bhí bainisteoir maith againn, Seáinín Tommy, a bhí fad-bhreathnaitheach agus údarásach, agus oifigigh éifeachtacha chomh maith. Ach an bhliain chéanna, tháinig beirt nua ar an bpainéal a rinne difríocht mhór. Ba iad sin Pat Comer, iar-chúl báire na Gaillimhe, agus Anthony Finnerty as Maigh Eo.

Tá scéal Phat suimiúil go maith. Chuaigh sé siar ar cuairt ag Aodán Ó Sé, is cosúil, lenar imir sé do Ghaillimh, agus bhí sé i gceist aige fanacht ar an gCeathrú Rua don deireadh seachtaine. Bhain sé an-sult as an gcuairt agus d'fhan sé seachtain. Faoi dheireadh na seachtaine sin dúirt sé le hAodán gur thaithin an áit leis agus go raibh sé le teach a thógáil ar cíos agus cónaí sa gceantar ar feadh cúpla mí. Ar deireadh bhí sé lonnaithe thiar ar feadh cúpla bliain san iomlán. De réir cosúlachta ní raibh iontas ar bith ar Aodán faoi gach ar eascair as an gcuairt sin, mar bhí eolas maith aige ar phearsa Pat – bhí sé riamh neamhspleách, eisceachtúil, aislingeach.

Is as áit bheag ar a dtugtar Maigh Ghamhnach, cóngarach do Bhéal an Átha i gContae Mhaigh Eo, do Anthony Finnerty. Bhí seisean pósta le bean a bhí ag múineadh leis na blianta ar an gCeathrú Rua, Gráinne Ward, ach bhíodar ina gcónaí i nGaillimh. Chaith sé seal ag imirt do Mhaigh Cuilinn ach, arís, bhí aithne aige ar Aodán agus Pat, agus d'aistrigh sé siar go dtí an Cheathrú Rua roimh 1996. D'imir Anthony Finnerty le Maigh Eo i gcluiche ceannais na hÉireann i 1989, agus arís is pearsa láidir a bhí ann chomh maith le peileadóir cumasach. Nuair a thosaigh sé ag imirt don Cheathrú Rua bhí sé fós ar phainéal Mhaigh Eo, agus d'éirigh le Maigh Eo dul chomh fada le cluiche ceannais na hÉireann i 1996, rud a d'fhág nach mbíodh sé ag an traenáil leis an gCeathrú Rua go rómhinic, ach bhíodh sé ag imirt don chlub, agus ba mhór an tionchar a bhíodh aige orthu. Ní raibh Pat ag imirt do Ghaillimh ní ba mhó faoin am seo, agus bhí sé lonnaithe ar an gCeathrú Rua; dá bhrí sin b'fhéidir go raibh níos mó tionchair aigesan ó lá go lá, ach ar aon chuma níl aon dabht ach gur rud iontach dearfach a bhí i gceist go raibh an bheirt seo ag imirt leis an gclub agus gur thug sé misneach do na leaids áitiúla, agus spreagadh nua i dtús an tséasúir sin.

Aon uair a mbíonn foireann buach, caithfidh pearsana láidre a bheith feiceálach. Bhí siadsan ag an gCeathrú Rua i lár na naochaidí: seachas Pat Comer agus Anthony Finnerty, bhí Aodán Ó Sé iontach tioncharach, agus ansin bhí leithéidí Mhichíl Chóilín Uí Dhomhnaill agus Chaoimhín Terry Mhic Dhonnchadha, beirt a léirigh ceannaireacht nádúrtha sa seomra feistis agus ar an bpáirc. Bhí spiorad iontach i measc na leaids agus meon dearfach le brath. Tús na bliana sin, i mí Feabhra, ghlac muid páirt i gComórtas Pháidí Uí Shé, agus chuaigh muid chomh fada leis an gcluiche ceannais. B'in an chéad chluiche a d'imir Pat Comer leis an gCeathrú Rua, ar bhruach na farraige i nGallaras i gcroílár Gaeltacht Chiarraí. Bhí sé ina stoirm agus d'imir muid Gaeil Bhaile Shíomóin agus buaileadh muid, 0-4 in aghaidh 0-2. Ainneoin sin bhain muid an-sult as an deireadh seachtaine, agus cothaíodh dlúthspiorad i measc na leaids. Meitheamh na bliana céanna bhí Comórtas Peile na Gaeltachta ar siúl i mBaile Bhuirne i nGaeltacht Chorcaí, agus cé gur buaileadh muid sa gcéad bhabhta, bhí an traenáil ag dul ar aghaidh go maith i gcaitheamh an ama faoi stiúir Sheáinín Tommy Bhreathnaigh, Chóilín Uí Domhnaill, Sheáin Mhic Dhonnchadha agus Mhichíl Mhicho Uí Dhomhnaill, agus dóchas i gcoitinne le brath maidir leis an bhfeachtas craoibhe a bhí amach romhainn. Spreag an fuinneamh agus an díograis, a bhí chomh feiceálach sin sa mbainisteoir agus a chuid roghnóirí, na himreoirí timpeall orthu chun a ndícheall a dhéanamh. Bhí fios a ghnó ag Seáinín Tommy, agus bhí seantaithí ag Cóilín Ó Domhnaill. Traenálaí oilte a bhí i Seán Mac Donnchadha agus fuair sé cabhair mhaith ó Mhicheál Mhicho Ó Domhnaill. Bhíodar araon beomhar, bríomhar agus lándílis don chlub agus spreag sé sin na leaids ar an bpainéal sárú ar na dúshlán a tháinig ina dtreo an samhradh sin.

I rith fheachtas fhadálach craoibhe na bliana 1996, rinneadh tástáil ar an uaillmhian sin. D'imir muid Mionlach faoi dhó agus Maigh Cuilinn faoi dhó, sula bhfuair muid an ceann is fearr ar an bhfreasúra. Maidin na hathimeartha in aghaidh Mhaigh Cuilinn – cluiche ceathrú ceannais in Indreabhán – buaileadh tinn Pádraig Mac Donncha, captaen na foirne. Aipindicíteas a bhí ag cur as dó, agus b'éigean do na bainisteoirí dul ag athstruchtúrú go tapaidh. Athrú suntasach a rinne siad, Caoimhín Terry Mac Donnchadha a aistriú siar mar lánchúlaí, athrú a d'oibrigh go héifeachtach mar a tharla. Sa seomra feistis roimh an gcluiche sin ghoill sé ar na leaids ar fad go raibh Pádraig tinn, agus gheall chuile dhuine go rachaidís amach agus go mbuafaidís an cluiche ar a shon, rud a rinne, 1-6 in aghaidh 1-2.

Bhí an Dún Mór fós romhainn sa gcluiche leathcheannais, thíos i dTuaim, agus bhí dianchoimhlint ansin. Bhí drochthús againn (0-7 in aghaidh 0-3 ag leath ama), mar a bhí i roinnt de na cluichí sa bhfeachtas, ach d'éirigh linn teacht tríd. An lá céanna, bhí Órán Mór–Mearaí tar éis Cill Fhir Iarainn a bhualadh, rud a chinntigh go mbeadh dhá fhoireann nár bhuaigh an Sionnach riamh, i gcraobh peile an chontae i 1996. Bhí an-chaint faoin gcluiche dá bharr, agus ní dóigh liomsa gur sáraíodh an tinreamh ar ócáid an chluiche ceannais sin fós – bhí os cionn ocht míle duine bailithe isteach ar an láthair i dTuaim, 22 Deireadh Fómhair 1996, nuair a fuair muid an ceann is fearr ar fhoireann Gerry Fahy. B'eisean a bhí ina bhainisteoir ar mhionúir na Gaillimhe nuair a bhuaigh siad Craobh na hÉireann i 1986, agus bhí sé ina roghnóir le foireann sinsear na Gaillimhe i 1996–7, agus ina dhiaidh sin ina bhainisteoir ar shinsir Uíbh Fhailí, nuair a bhuaigh siad roinn a dó na sraithe sa mbliain 2004.

Cluiche corraitheach a bhí i gcluiche ceannais an chontae i 1996. Le hais cluichí eile sa bhfeachtas, thosaigh muid amach go maith, 0-6 in aghaidh 0-1 chun cinn ag teannadh le leath ama, rud a thug an-dóchas dár lucht tacaíochta – bhí na sluaite acu tar éis taisteal ón gCeathrú Rua – ach tháinig Órán Mór–Mearaí ar ais, agus bhí géarchoimhlint idir an dá fhoireann. D'imir mise mar leath-thosaí láir sa bhfeachtas craoibhe sin agus sa gcluiche ceannais bhí mé sásta go maith leis an taispeántas a thug mé agus sásta go háirithe go raibh baint agam leis an gcúl cinniúnach. Feicim as seo an liathróid ard ó Sheán Ó Domhnaill, isteach ó lár na páirce agus muid chun deiridh, 0-10, 0-8 agus gan fágtha ach sé nóiméad. Thit sí ar thaobh na láimhe deise den chearnóg, rug Ciarán Ó hIarnáin uirthi, agus chaith sé chugamsa í. Bhí mé tuairim is fiche slat ón gcúl agus na cosantóirí dírithe ormsa nuair a thug mé faoi deara ruathar déanta ag mo sheanchara Garry Mac Donncha. Dorn sciobtha, rug sé uirthi agus bhí an liathróid istigh i gcúl na heangaí. Bhí na sluaite ar bís, muid chun cinn anois le cúilín amháin agus an móiminteam linne uaidh sin go dtí an fheadóg dheiridh, cé nár ghéill an freasúra riamh. D'éirigh Garry as an bpeil go luath tar éis an fheachtais sin. Níor thuig mé an cinneadh mar bhí sé an-óg fós ach, mar a dúirt sé liom ag an am, ní bheadh bliain chomh maith ná cluiche chomh maith aige go brách arís – agus bhí an ceart aige, mar go brách na mbrách beidh aithne air mar an té a d'aimsigh an cúl cinniúnach nuair a bhuaigh an Cheathrú Rua craobh shinsear an chontae den chéad uair, 1-11 againne, 0-10 ag Órán Mór–Mearaí.

Ba iad an Cheathrú Rua an chéad fhoireann Ghaeltachta riamh a bhuaigh craobh shinsear an chontae i nGaillimh agus b'in éacht stairiúil. Má bhí rírá agus rúille búille sa gceantar roimh an gcoimhlint sin in aghaidh Óráin Mhóir–Mhearaí – ní dhéanfaidh mé dearmad go brách ar an líne carranna ag dul soir go Tuaim agus na bratacha agus an dath agus an t-atmaisféar – bhí an ceiliúradh i ndiaidh an bhua iontach uilig agus lean sé ar aghaidh ar feadh míonna fada. D'aithneofá gur thug sé misneach agus onóir don phobal, go ndearna sé leas do shean agus óg sa bparóiste i gcoitinne. Ní raibh mise i mo chónaí ar an gCeathrú Rua, ná ag obair ann, agus dá bhrí sin b'fhéidir gur chaill mé amach beagán ar an gcraic.

Anois agus mé ag dul in aois, tá meas agus bród i m'áit dúchais tar éis dul i dtreise – anois agus mé sé bliana is tríocha tá sprioc amháin fanta agam: craobh eile peile a bhuachan leis an gCeathrú Rua, ag imirt taobh le mo chuid deartháireacha Ciarán agus Cillín. I 1996 – os cionn deich mbliana ó shin anois – seans gurbh é an dearcadh a bhí agam ar an mbua ar Órán Mór–Mearaí ná gur éacht eile a bhí ann ar mo CV peile. Éacht suntasach gan dabht, agus bhí mé fíorbhródúil, go háirithe nuair a bhuaigh mé an gradam Peileadóir na Bliana sa gcumann agus sa gcontae dá bharr, ach sílim dá mbeinn in ann craobh shinsear amháin eile a bhuachan leis an gCeathrú Rua sula n-éirím as ar fad – agus creidim go bhfuil an mianach sa bhfoireann – bheadh sásamh ar leith ag baint le héacht mar é.

Tá stádas áirithe ag an gcomórtas idirchlubanna sa lá atá inniu ann, ach nuair a bhuaigh an Cheathrú Rua craobh shinsear an chontae i 1996, níor leagadh mórán béime ar chraobh Chonnacht ar chor ar bith, agus níor thuig muid i ndáiríre na féidearthachtaí a d'eascair as an mbua. An tseachtain dár gcionn, mar shampla, d'imir muid seaimpíní Ros Comáin, Clann na nGael, agus bhí bua cuimsitheach acu orainn, ní nach ionadh nuair a chuimhnítear ar an gceiliúradh ar fad a rinne na leaids idir an dá linn. Is é an t-aiféala is mó atá orm ag breathnú siar anois air ná nár éirigh linn mar ghrúpa imreoirí tógáil ar an dul chun cinn a rinne an club. Creidim go raibh foireann sách maith againn marc mór a dhéanamh i gcúrsaí peile, ní hamháin i nGaillimh ach sa gcúige freisin, ach níor éirigh linn é sin a dhéanamh, ar roinnt cúiseanna. I 1997 bhuaigh muid Comórtas Peile na Gaeltachta den chéad uair – ar an gCeathrú Rua a bhí sé ar siúl agus ócáid na gcéadta bliain a bhí ansin, ceann de na hócáidí móra áitiúla murarbh é an ceann ba mhó riamh é – ach theip orainn aon dul chun cinn a dhéanamh an samhradh sin i gcraobh shinsear an chontae, agus bhuaigh Mionlach orainn sa gcéad bhabhta.

I 1998 agus 1999 d'éirigh linn dul chomh fada le cluiche ceannais an chontae, ach chaill muid an dá chraobh as a chéile: i 1998 i gcoinne Chora Finne, agus an bhliain dár gcionn chaill muid tar éis athimeartha in aghaidh Chill Fhir Iarainn. Sin é an spórt: is féidir leis a bheith cruálach – feicim as seo an liathróid ard a tháinig isteach i mbéal an chúil i gcluiche ceannais 1998, bhuail in aghaidh na bpostaí agus thit síos isteach i lámha fhear Chora Finne, Michael Kenny, is dóigh liom. Chas seisean agus threoraigh isteach sa gcúl í, agus chas an taoille i bhfabhar Chora Finne, tar éis go raibh muide ag imirt go maith. Ach bhíodarsan críonna agus na seanchleasanna ar fad acu – ní nach ionadh agus iad tar éis Craobh Chlubanna na hÉireann a bhuachan an bhliain roimhe sin. Bhíodar in ann an imirt a mhoilliú: bhí gortuithe orthu a mbeifeá in amhras fúthu, bhí siad ag argóint leis an réiteoir – an cineál sin ruda. Agus lig muid leo, agus níor chóir dúinn, mar níorbh in í an chéad uair againn a bheith ag imirt i dTuaim, ná in aghaidh Chora Finne, ná a bheith i gcluiche ceannais an chontae, ach shílfeá go raibh muid soineanta agus bhí an bua acu ar deireadh.

An bhliain dár gcionn – cuireann sé as fós dom nár bhuail muid Cill Fhir Iarainn sa gcluiche ceannais, is é sin sa gcéad chluiche, mar bhí an lámh in uachtar againn ar feadh tréimhsí fada, ach chaill muid an iomarca deiseanna scórála agus scaoil muid uainn an liathróid rómhinic ar an bpáirc. B'fhéidir go raibh muid beagán neirbhíseach; bhí brú orainn mar bhí muid anois tar éis cluiche ceannais amháin a bhuachan agus cluiche ceannais amháin a chailleadh, agus an ceann a chaill muid, ba é an ceann ba dheireanaí é. I rith an fheachtais chraoibhe sin bhí mise ag imirt mar leathchúlaí ar chlé – cé gur ghnách dom imirt sna tosaithe don Cheathrú Rua – má bhí féin, in aghaidh Chora Finne sa gcluiche ceathrú ceannais d'éirigh liom dhá chúilín a aimsiú. Arís sa gcluiche leathcheannais, in aghaidh Choláiste na hOllscoile, Gaillimh, bhí mé ag caitheamh geansaí uimhir a seacht, ach thug mé tacaíocht do na tosaithe agus scóráil mé dhá chúilín. Ag an am céanna bhí mé sásta go raibh an príomhdhualgas comhlíonta agam agus go raibh cosaint mhaith déanta. Bhí caint ann go n-imreoinn sna tosaithe don chluiche ceannais, mar níor bhraith muid go raibh an baol céanna ó thosaithe Chill Fhir Iarainn, cé go raibh Pádraic Joyce ag imirt dóibh agus go mbeadh gá a bheith airdeallach faoi. Is cuimhneach liom Seáinín Tommy agus Cóilín Ó Domhnaill ag fiafraí díom céard a cheap mé agus dúirt mé go bhfágfainn fúthu féin an cinneadh. Tá aiféala orm anois nach raibh mé níos ceannasaí, mar b'fhéidir go mbeadh difríocht déanta agam chun tosaigh sa gcluiche sin agus go mbeadh athrú ar an scéal dá mbeinn aistrithe. Ar aon chuma, chríochnaigh an choimhlint ar comhscór, ach bhí an seans caillte agus bhí bua maith ag Cill Fhir Iarainn orainn san athimirt agus, déanta na fírinne, é tuillte acu.

Bua amháin as trí iarracht – ní staitistic rómhaith í sin agus goilleann sé fós orm. Agus níor imir muid i gcluiche ceannais ó shin. Ní gan corraí a bhí na feachtais chraoibhe idir an dá linn áfach. I 2002 bhí conspóid mhór ann nuair a chríochnaigh muid ar comhscór le Cill Fhir Iarainn i gcluiche ceathrú ceannais na craoibhe agus dhiúltaigh siadsan am breise a imirt. Bhí leaids na Ceathrún Rua, faoi stiúir Mháirtín Uí Ghríofa faoi seo, fanta ar an bpáirc ach nuair nach raibh aon radharc ar an bhfreasúra, d'aimsigh Risteard Ó hEaghra cúl, ar chomhairle an réiteora, agus séideadh an fheadóg. Bhí an bua ag an gCeathrú Rua, nó an raibh? Rinne Cill Fhir Iarainn achomharc, agus ar deireadh chuaigh an cás chun cúirte. Rinne sé cinnlínte náisiúnta ag an am, ach níor éirigh aon nimh idir an dá chumann dá bharr, buíochas le Dia. Ar deireadh caitheadh Cill Fhir Iarainn amach as an gcomórtas, ach mar a tharla níor éirigh linn dul aon chéim ní b'fhaide ar aghaidh, mar buaileadh muid sa gcluiche leathcheannais. D'éirigh linn dul chomh fada leis an gcluiche leathcheannais arís i 2004 – bhí mise gortaithe agus níor fhéad mé imirt – ach chaill muid in aghaidh Bhóthar na Trá–Cnoc na Cathrach. Agus ní raibh aon rath orainn ó shin.

Tá súil agam go dtiocfaidh athrú ar an scéal. Éiríonn go leor leaids as an bpeil faoin am go mbíonn siad sé bliana is tríocha ach tá mise ag saighdiúireacht liom leis an gclub i gcónaí – ainneoin an tseancholainn a bheith ag lagú – mar go gcreidim go bhfuil tallann agus cumas ag foireann na Ceathrún Rua faoi láthair. Tá foireann s'againne chomh maith, dar liom, le mórfhoirne na Gaillimhe, dá mbeadh creideamh i gcoitinne againn. Ach tá na leaids óga ar a bhfuil an club ag brath mar a bhí mise ag an aois sin – is é sin níl an bá acu lena n-áit dúchais atá riachtanach chun a bheith buach. Nuair a athróidh an meon sin, de réir mar a éireoidh siad beagán níos sine agus níos aibí, d'fhéadfadh an Cheathrú Rua dul chun cinn suntasach a dhéanamh i gcúrsaí peile sa gcontae agus, go deimhin, taobh amuigh den chontae, agus ba bhreá liomsa a bheith fós ag imirt nuair a tharlóidh sé sin.

## An Cheathrú Rua: Craobh Idirmheánach an Chontae 1987

Daithí Ruiséil

| Máirtín Ó Gábháin | Tomás Ó Flatharta | Stiofán Mac Donnchadha |
|---|---|---|

| Tomás Ó Ceallaigh | Rónán Ó Sé | Noel Ó Domhnaill |
|---|---|---|

Gearóid Ó Cualáin        Caoimhín Terry Mac Donnchadha

| Caoimhín Ó Gionnáin | Micheál Ó Lorcáin | Seán Óg de Paor |
|---|---|---|

| Josie Ó Conghaile | Seán Breathnach | Caoimhín Ó hEaghra |
|---|---|---|

Ionadaithe: Pádraig Mac Donncha, Miko Ó Conghaile, Máirtín Óg Mac Donnacha, P. J. Ó Conghaile, Pádraig Ó Lorcáin, Máirtín Ó Meachair, Micheál Mac Donnchadha, Aodán Ó Sé, Micheál Ó Máille.

## An Cheathrú Rua: Craobh Shinsear an Chontae 1996

Pat Comer

| Rónán Ó Sé | C. Terry Mac Donnchadha | Dara Ó Flaithearta |
|---|---|---|

| Micheál Ó Domhnaill | Aodán Ó Sé | P. J. Ó Conghaile |
|---|---|---|

Iarlaith Ó Sé        Seán Ó Domhnaill

| Micheál Ó Lorcáin | Seán Óg de Paor | Ciarán Ó hIarnáin |
|---|---|---|

| Garry Mac Donncha | Peadar Ó Sé | Anthony Finnerty |
|---|---|---|

## Laochra Gaeltachta na Mílaoise

Micheál Ó Críodáin
(Baile Bhuirne)

Páidí Ó Sé            Seán S. Ó Dochartaigh    Micheál Ó Scanaill
(Corca Dhuibhne)     (Gleann Cholm Cille)      (Baile Bhuirne)

Antóin Ó Cearbhaill      Micheál Ó Sé          Seán Óg de Paor
(Gaoth Dobhair)         (Corca Dhuibhne)      (An Cheathrú Rua)

Dairmuid Ó Loinsigh       Liam Seosamh Mac Pháidín
(Baile Bhuirne)           ( Béal an Mhuirthead)

Dara Ó Cinnéide       Máirtín Mac Aodha    Aodh Mac Laifeartaigh
(Corca Dhuibhne)      (Cill Chárthaigh)         (Na Dúnaibh)

Stiofán Seoighe           Seán Ó Drisceoil          Niall Ó Gallchóir
(An Fhairche)       (Béal Átha an Ghaorthaidh)  (Gaoth Dobhair)

# 6

# Ag Imirt do Shinsir na Gaillimhe

Nach mé a bhí soineanta nuair a thosaigh mé ag imirt d'fhoireann sinsear na Gaillimhe ag tús na naochaidí. Cluiche sraithe a bhí ann, i gcoinne Chontae Lú, mí Feabhra, 1991. Bhí mé i mo sheasamh i siopa Eason's sa gcathair ag léamh an pháipéir – nós a bhíodh ag mic léinn ollscoile – nuair a chonaic mé m'ainm luaite i measc na dtosaithe don Domhnach dár gcionn i réamhthuairisc sa *Tuam Herald*. Bhí mé tar éis teacht isteach mar ionadaí roimh an Nollaig in aghaidh Uíbh Fhailí sa bhfeachtas sraithe céanna, ach ba é seo an chéad uair a ainmníodh ar an bhfoireann mé, agus bhí ríméad orm.

John Tobin a bhí ina bhainisteoir ar an bhfoireann an uair sin. Bhíodh Gaillimh ag traenáil ag an am in ionad fhoireann rugbaí Corinthians ar bhóthar Thuama. Bhíodh sé dorcha – bhí na tuilsoilse lag – agus an dromchla ina bhogach. Rinne muid go leor ritheachta, agus is cuimhneach liom m'anáil a bheith i mbarr mo ghoib sna chéad seisiúin ar fhreastail mé orthu, cheal taithí ar an sórt sin diantraenála. Ní raibh mé láidir mo dhóthain ach oiread agus bhí sé éasca mé a leagan sa ngreamú. I dtús ama le Gaillimh bhí mé ar an imeall mar imreoir, agus thuig mé go maith go raibh. Bhíodh sé de nós ag Tobin ag na seisiúin traenála leaids a tharraingt ar leataobh chun labhairt leo maidir lena ról ar an bhfoireann, ach níor tháinig sé ar mo thóirse go ceann i bhfad. Bhí foighid agam, áfach, agus choinnigh mé orm ag treabhadh liom, agus faoi dheireadh fuair mé mo sheans. Ní cuimhneach liom go ndearna mé mórán de mharc sna cluichí sraithe ar dtús, ach caithfidh go bhfaca an bainisteoir cumas eicínt ionam, mar cúpla mí ina dhiaidh sin thosaigh mé mo chéad chluiche craoibhe, in aghaidh Mhaigh Eo i gCaisleán an Bharraigh. D'imir mé go hainnis: cuireadh ionadaí isteach i m'áit sa dara leath, buaileadh Gaillimh agus b'in an feachtas craoibhe thart don bhliain sin.

Bhí mé san ollscoil ag an am seo, sa dara bliain, agus bhí tuiscint idir Tobin agus bainisteoir fhoireann sinsear na hollscoile, Tony Regan. Fad is a bhíodh muid ag traenáil d'fheachtas Chorn Mhic Shigiúir, ní bhíodh orainn páirt a ghlacadh i ngach seisiún traenála idirchontae. Bhíodh sé de nós againn a bheith ag faire orthu, áfach, ní i gconaí le bheith ag foghlaim caithfidh mé a admháil, ach chun dul leis an bpainéal go dtí bialann an Wayside ar bhóthar Thuama tar éis traenála, áit a n-itheadh muid béile breá mór, carnán sceallóga, anlann agus milseog ina dhiaidh – Black Forest Gateau más cuimhneach liom. Mic léinn bhochta, ar ndóigh, bhí súil againn ar an dinnéar in aisce. Cén t-iontas go raibh mé ag cur suas meáchain ag an am, ach ó tharla nach raibh mé ag ól mórán agus mé ag traenáil, níor thuig mé cén fáth. Níor thuig mé an tábhacht atá le haiste bia folláin: bhínn ag ithe ceapairí le daba mór maonáise, crisps agus seacláid gan srian. Cheap mé mar gur staon mé ón ól ar feadh tréimhsí fada agus go raibh mé ag traenáil go rialta nach raibh aon rud eile a d'fhéadfainn a dhéanamh chun ullmhú don imirt. B'in an tuiscint a bhí i nGaillimh agus in go leor contaetha eile ag an am sin, le bheith macánta faoi, ach faillí a bhí á déanamh.

Ina theannta sin, ní raibh a leithéid de rud ann agus clár crochta meáchan a chur i dtoll a chéile don phainéal. Ní hé nár thuig Tobin an leas a d'fhéadfaí a bhaint as clár mar é. Go deimhin bhíodh sé ag labhairt linn faoi ó thráth go chéile agus ag iarraidh a chur ina luí orainn gur rud tairbheach a bheadh ann – tá mé cinnte go raibh corrdhuine ag freastal ar ghiomnáisiam ag an am, mar shampla – ach níor leagadh síos aon struchtúr i gcoitinne, agus b'in a bhí ag teastáil. I mo chás féin, gan clár crochta meáchan a leanacht nuair a thosaigh mé ag imirt do Ghaillimh, ní raibh mé baol ar a bheith sách láidir don pheil idirchontae, agus toisc an aiste bia a bhí agam ag an am ní raibh mé sa gcruth go bhféadfainn tógáil ar a raibh mé a dhéanamh sa traenáil.

I measc na leaids nuair a tháinig mise ar an bpainéal, bhí daoine ar nós Gay McManus agus Tomás Tierney, peileadóirí a mbeadh an-mheas agamsa orthu. Le blianta beaga anuas a chuir mé aithne orthu – duine lách cineálta é Gay McManus, mar shampla – ach nuair a bhí an bheirt againne ag imirt do Ghaillimh, diabhal mórán a bhíodh le rá aige liomsa, ná agamsa leis. Bhí mé óg agus bhí mé cúthail i measc peileadóirí a raibh seilbh fhada acu ar gheansaí na Gaillimhe. Bhíodar siúd cleachtach ar a chéile agus dírithe ar an sprioc agus ní raibh sé de nós acu mórán fáilte a chur roimh dhuine nua. B'in rud a bhí in easnamh sa bpainéal: cairdeas agus comhthuiscint i measc na n-imreoirí. B'fhéidir gur orm féin a bhí an locht, ach níor bhraith mé go raibh spiorad maith sa bhfoireann – bhí leithleachas le brath ann – agus nuair nach bhfuil caidreamh dearfach i measc grúpa imreoirí, drochsheans go mbeidh aon rath orthu.

Is cuimhneach liom cruinniú foirne amháin, roimh chluiche craoibhe thíos i dTuaim, nuair a d'iarr Tobin orainn an raibh aon rud le rá ag aon duine. Seo tar éis dó féin a chuid a rá. Anois, ní minic a labhróinnse amach ar thada ach labhair mé an lá sin. Is é a dúirt mé go raibh muid mar fhoireann seachtain ó chluiche craoibhe agus go raibh leaids sa seomra nach raibh aithne agam orthu go fóill, agus mar gheall air sin go raibh sé deacair a bheith muiníneach go n-éireodh linn sa gcoimhlint, ná go dtarraingeodh muid ar fad le chéile ar son na cúise ar pháirc na himeartha. Níor thaithin an rud a bhí ráite agam le go leor sa seomra; níor thuig roinnt eile céard a bhí i gceist agam ar chor ar bith; agus níor oscail mé mo bhéal arís i measc an ghrúpa áirithe sin, ach blianta ina dhiaidh sin agus muid ag ullmhú don chraobh i 1998 bhí difríocht ollmhór le brath sa seomra feistis. Bhí a fhios agam go díreach cén obair a bhí déanta ag gach duine ann chun a bheith réidh don chomhrac, agus cén íobairt phearsanta agus phroifisiúnta a rinne siad. Bhí lánmhuinín agam as an duine a bhí in aice liom; dá mbeinnse i dtrioblóid ar an bpáirc go dtiocfadh sé i gcabhair orm. Agus bhí gach duine sa seomra céanna ar aon intinn. Spreagann sé sin foireann agus b'in a bhí i gceist agam nuair a labhair mé os comhair an tslua siar i bhfad, ach is dóigh nár éirigh liom an rud a bhí i mo cheann a chur in iúl ar bhealach inghlactha, agus cheap daoine go raibh mé á gcáineadh, nuair nach in a bhí i gceist agam ar chor ar bith.

Thaithin Tobin go mór liom, ainneoin sin. Bhí sé lách, cothrom mar fhear. Ceapadh é ina bhainisteoir i bhfómhar na bliana 1989, agus an samhradh dár gcionn d'ainmnigh sé mise i m'fhear ionaid do chluiche leathcheannais Chonnacht. Ní raibh mé ach naoi mbliana déag d'aois, agus bhí ríméad orm. Cheap mé go raibh seans agam imirt, ach tuigim anois nár ainmnigh an bainisteoir mé ach chun taithí a thabhairt dom ar an ócáid mhór, díreach mar a rinne sé trí bliana roimhe sin i 1987, nuair a thug sé cuireadh dom a bheith ar phainéal mionúr na Gaillimhe do chluiche leathcheannais na hÉireann.

Ar aon chuma, bhuaigh Gaillimh cluiche leathcheannais Chonnacht i 1990. Níor imir mise, agus don chluiche ceannais ainmníodh leaids óga eile ina bhfir ionaid agus ní raibh áit ar bith domsa ar an mbinse. Mar a chonaic mise é ag an am, bhí mé fágtha ar lár ag Tobin; dá bhrí sin caithfidh sé nach raibh sé sásta liom ar chúis eicínt, ach ní hin a bhí i gceist aige ar chor ar bith. Is éard a bhí ar intinn aige anois an deis chéanna a bhí faighte agamsa a thabhairt d'imreoirí eile, ach níor thuig mé é sin ag an am agus bhí mé trína chéile ar fad. Bhí cead agam suí in aice leis na fir ionaid ach ní raibh mé feistithe agus ní raibh m'ainm ar an gclár. Buille a bhí ann, agus mhothaigh mé nach raibh lámh ar bith agam san iarracht.

An bhliain dár gcionn fuair mé mo sheans, nuair a thosaigh mé i gcoinne Mhaigh Eo sa gcraobh. Mar atá ráite agam, níor éirigh liom aon mharc a dhéanamh agus tógadh den pháirc mé. I 1992 ba é Tobin a bhí ina bhainisteoir arís, agus dála an tsamhraidh roimhe d'imir muid in aghaidh Mhaigh Eo sa gcéad bhabhta, i dTuaim. D'imir mé mar leath-thosaí ach ní raibh mé ach measartha i gcoimhlint a chríochnaigh ar comhscór. Is cuimhneach liom gur tháinig Ja Fallon isteach san imirt an lá sin agus bheadh an cluiche caillte againn murach é, ach bhí Maigh Eo i bhfad rómhaith dúinn san athimirt. Theip orm aon imprisean a dhéanamh sa gcluiche sin agus tháinig fear ionad isteach i m'áit an-luath ar fad, tar éis cúig nóiméad fhichead imeartha. Agus b'in feachtas eile craoibhe thart.

Faoi bhainistíocht Tobin a d'imir mé sna cúlaithe do Ghaillimh den chéad uair d'fhoireann na sinsear. B'in sa gcraobh i 1993, i gcoinne Liatroma i dTuaim. Chaith mé geansaí uimhir a seacht agus cé gur buaileadh muid, is cuimhneach liom gur imir mé go maith agus go raibh mé sásta. An bhliain roimhe sin, i gcluiche sraithe in aghaidh Bhaile Átha Cliath, aistríodh siar i measc na gcosantóirí mé sa dara leath – d'fhonn tástála – agus thug mé taispeántas maith.

Ach don chraobh an samhradh sin ainmníodh mé sna tosaithe arís. Níl a fhios agam cén fáth ar chloígh Tobin liom sa leath sin den pháirc, mar ní raibh mé ag déanamh aon mharc suntasach mar chruinnaimsitheoir scóranna, agus bhí sé soiléir domsa go mbeinn i bhfad níos éifeachtaí mar leathchúlaí, áit ar imir mé do Choláiste Iarfhlatha. Faoi dheireadh fuair mé mo sheans, mí Aibreáin nó Bealtaine 1993, cúpla seachtain roimh an gcéad bhabhta den chraobh, nuair a d'imir muid cluiche dúshláin in aghaidh Chiarraí agus d'imir mise ag uimhir a seacht. Thug mé taispeántas fuinniúil, bríomhar ar an lá. Suas an cliathán liom ar an ionsaí chomh minic agus a d'fhéadfainn, agus tar éis an chluiche dúirt Tobin liom, *'That's your best position.'*

Mar a tharla, an chéad chluiche craoibhe a d'imir mé mar leathchúlaí ar chlé, geansaí uimhir a seacht ar mo dhroim, cé a bhí ar an gcliathán eile ach Aodán Ó Sé – beirt as an gCeathrú Rua sa líne leathchúil do Ghaillimh. B'in an cluiche deiridh a d'imir Aodán don chontae; buaileadh muid agus d'éirigh sé as go luath ina dhiaidh sin. Chaith Aodán go cineálta liom i gcónaí – shíneadh sé nóta deich bpunt chugam nuair a bhíodh muid amuigh leis an bhfoireann, mise i mo mhac léinn bocht, agus ní dhéanfaidh mé dearmad air sin go deo. Imreoir diongbháilte, dúthrachtach a bhí in Aodán, agus bhí meas mór air i measc na n-imreoirí eile. Níl aon dabht i m'intinn dá mbeadh sé cúpla bliain níos óige agus fós ag imirt nuair a ceapadh O'Mahony ina bhainisteoir, go mbeadh sé ar an bhfoireann. Bhí sé láidir, fisiciúil, tapaidh, agus dhéanadh sé tréaniarracht i gcónaí; bhí an sórt meoin aige a thaitin le O'Mahony, is cinnte sin.

Sílim gurbh in é an chéad chluiche maith a d'imir mé do Ghaillimh, sa gcraobh in aghaidh Liatroma i samhradh na bliana 1993. Cinnte ba é an chéad cluiche é a raibh mé sásta le mo thaispeántas ann. Dá bhrí sin, cé gur buaileadh muid, níor airigh mé ródhona. Ar bhealach mhothaigh mé gur dearnadh fear nua díom sa bhfeachtas áirithe sin, imreoir nua ar aon chuma. Bhí mé gortaithe ar feadh trí mhí tar éis na Nollag – gortú dróma – agus ní raibh mé aclaí ar chor ar bith nuair a thosaigh mé ag traenáil arís cúig nó sé seachtainí roimh an gcéad babhta, ach bhí mé muiníneach ag imirt mar leathchúlaí agus rinne sé sin an-difríocht ar fad ó thaobh meoin de. Anois agus Tobin éirithe as mar bhainisteoir agus Bosco McDermott ainmnithe ina áit, ba é an dúshlán a bhí romham greim a choinneáil ar gheansaí uimhir a seacht.

Bím ag gáire faoi anois ach bhí mé thar a bheith soineanta i dtús ama le Gaillimh. Sa gcluiche sraithe inar imir mé in aghaidh Bhaile Átha Cliath i 1992, bhí laochra ar nós Phaul Curran agus Keith Barr ag imirt don fhreasúra, peileadóirí a raibh taithí acu ar chluichí móra tábhachtacha, agus bhíodar ag magadh fúinne, dream neamhurchóideach ón iarthar. Agus ní chuirfinn aon mhilleán orthu, mar cinnte ní mórán glicis a bhí ionamsa ar chor ar bith. Am eicínt sa gcéad leath tháinig liathróid isteach chugamsa sna tosaithe – sular aistríodh siar mé – ach bhí an pas róláidir agus amach leis thar an líne cúil. Amach liomsa á lorg, ar nós amadáin, agus nuair a fuair mé seilbh uirthi chas mé i dtreo an chúl báire, John O'Leary, chun í a chaitheamh chuige. Ar ndóigh, bhí an cic amach tógtha ag O'Leary fiche soicind roimhe sin agus bhí sé ina sheasamh ansin ag gáire fúm! Bhí mé náirithe ceart.

Ní hé nach ndearna Tobin iarracht oideachas a chur orainn. Tá cleamhnas aige leis an gCiarraíoch clúiteach Mickey Ned O'Sullivan agus dá bhrí sin thuig sé an chaoi a riaradh an fhoireann peile ba mhó cáil sa tír. Deireadh sé linn go mbíodh leaids Chiarraí, tar éis cluiche, seasta ag déanamh anailíse ar an gcaoi ar imir siad agus go labhraídís lena chéile faoi na laigeachtaí agus na láidreachtaí a nochtadh sa gcluiche áirithe a raibh siad á scrúdú. *'You don't discuss games at all,'* a dúirt Tobin linn, agus bhí an ceart uilig aige. Thugadh sé bileoga [sheet] dúinn le léamh freisin, ag cur síos ar an tsíceolaíocht agus an chaoi ar féidir leis feidhmiú i gcúrsaí spóirt, ach ba rud nua-aimseartha é sin ar fad ag an am, agus níor thuig go leor againn an ceangal [tie] a bhí idir an dá rud.

Blianta ina dhiaidh sin agus John O'Mahony ina bhainisteoir ar Ghaillimh, bhíodh an fhoireann ag taisteal anuas as Baile Átha Cliath ar an traein agus bhíodh grúpaí againn, triúr nó ceathrar i ngrúpa, agus bhíodh sé de nós againn labhairt faoin gcluiche a bhí muid tar éis a imirt agus comhairle a chur ar a chéile nó b'fhéidir clamhsán a dhéanamh le comrádaí maidir le heachtra áirithe a tharla i rith na coimhlinte. B'fhearr i bhfad é ar bhealach ná aon chruinniú foirne – bhí an ceart uilig ag Tobin maidir le fiúntas gnáis mar é ach thóg sé an-achar ormsa é sin a thuiscint.

Ba é Bosco McDermott a ceapadh ina bhainisteoir tar éis do John Tobin éirí as ag deireadh fheachtas craoibhe na bliana 1993. Bhí seanaithne agam air, ar ndóigh, mar go raibh sé ag traenáil foirne faoi 21 na Gaillimhe roimhe sin, agus chomh maith leis sin múinteoir a bhí ann i gColáiste Mhuire i nGaillimh, áit a raibh mé féin ag múineadh faoi seo, tar éis dom an tArd-Teastas san Oideachas a bhaint amach. Bhí Bosco traidisiúnta, agus modhanna traenála traidisiúnta a bhíodh aige, ach bhí caidreamh maith aige leis na himreoirí, agus bhíodh sé i gcónaí ag iarraidh go n-éireodh linn ár gcumas a bhaint amach. Bhí sé tréan mar dhuine agus dian ar a bhealach féin ach an-chineálta freisin, agus bhí an-mheas agam air.

Ní raibh aon rath suntasach orainn i rith 1994, agus bhí frustrachas orainn dá bharr. Bhuail muid Londain thall – an chéad chluiche craoibhe a bhuaigh mé le Gaillimh – agus chríochnaigh muid ar comhscór le Liatroim sa gcluiche leathcheannais. Ach buaileadh muid san athimirt. (D'éirigh le Liatroim craobh Chonnacht a bhuachan an samhradh céanna. Bua stairiúil a bhí ann, agus ba é John O'Mahony fear na stiúrach.) Go pearsanta, bhraith mé go raibh mé titithe siar beagán tar éis marc maith a dhéanamh ag uimhir a seacht an bhliain roimhe sin ach bhí sé deacair mo mhéar a leagan ar an bhfadhb. In aghaidh Londan agus Liatroma, bhí mé measartha – sin an rud is deise a d'fhéadfaí a rá faoi mo thaispeántas. Ní raibh dóthain tuisceana agam, ná taithí agam ag an leibhéal sin go fóill, b'fhéidir.

Ní raibh Bosco sásta liom ach oiread. Lá amháin in earrach na bliana 1995, shín sé banana chugam sa seomra foirne i gColáiste Mhuire. *'Peace offering,'* a dúirt sé. *'Why?'* a d'iarr mise. *'Because you're not starting on Sunday,'* a d'fhreagair sé. Cluiche sraithe a bhí i gceist, in aghaidh Chontae an Chláir. An cluiche deiridh sraithe a bhí ann sa bhfeachtas áirithe sin, agus ba chosúil nach raibh aon imprisean mór déanta agam ar an mbainisteoir ón Nollaig. Bhí meáchan curtha suas agam, ní raibh mé ag tabhairt aire dom féin agus dá bharr ní raibh mé ag imirt go maith. Ní hé go raibh mé ag ragairneacht, ach ní raibh mé ag coinneáil súile ar chéard a bhí mé a ithe ag an am, agus bhí sé le brath ar an bpáirc – easpa nirt, easpa aclaíochta, easpa luais. Ní raibh mé sásta go raibh m'áit caillte agam, ach céard a d'fhéadfainn a rá le Bosco? Ní raibh an dara rogha agam ach glacadh leis. Bhí mé i m'fhear ionaid don chluiche; caitheadh isteach san imirt mé agus scóráil mé cúilín, más cuimhneach liom i gceart. Sin an freagra a bhí riamh agam nuair a d'fhaigheadh duine eicínt locht ar m'imirt: scór a aimsiú agus cruthú nár chóir go mbeinn fágtha ar lár. B'fhéidir gurbh in é díreach an rud a bhí i gceist ag Bosco – dúshlán a chur os mo chomhair. Cá bhfios? Ar aon chuma, fuadar fúm, d'éirigh liom seilbh a fháil ar ais ar gheansaí uimhir a seacht faoin am ar thosaigh an chraobh an samhradh sin.

Go deimhin bhí mé spreagtha. Agus ba thráthúil mar a tháinig feabhas ar mo chuid imeartha. Cluiche leathcheannais Chonnacht 1995, in aghaidh Liatroma, ní dhéanfaidh mé dearmad go deo air, mar ní raibh sa slua mór ach mionlach an-bheag daoine a thaistil as Gaillimh chun tacú linn. Bhí an lámh in uachtar ag Liatroim ar feadh tréimhsí fada agus bhí muid dhá chúilín taobh thiar agus cúpla nóiméad le dhul, nuair a fuair Niall Finnegan, Ja Fallon agus mé féin trí chúilín as a chéile chun sárú ar an bhfreasúra, 0-12 in aghaidh 0-11. Bhí mé anois le n-imirt i gcluiche ceannais Chonnacht den chéad uair, in aghaidh an tsean-namhad, Maigh Eo. Lá breá te a bhí ann thíos i dTuaim; bhí sárchluiche ag Val Daly agus bhí bua cuimsitheach againn, 0-17 in aghaidh 1-7. Ba é an chéad chraobh Chonnacht é a bhuaigh Gaillimh ó 1987, an chéad uair le tréimhse fada go ndéanfaidís an t-aistear go Páirc an Chrócaigh, agus lean an ceiliúradh ar aghaidh i gcaitheamh na seachtaine – i measc na leaids ar chuma ar bith. Is cuimhneach liom a bheith amuigh oíche Dé Domhnaigh sa gcathair agus daoine ag cur ceisteanna orainn cárbh as dúinn agus céard a bhí buaite againn – ní mórán suime a chuir pobal na Gaillimhe sa bhfoireann ná sa bhfeachtas an t-am sin.

Tar éis an bhua ar Liatroim, cuireadh agallamh ar Bhosco a craoladh beo ar an teilifís. Cuireadh ceist air ar cheap sé go raibh seans againn in aghaidh Thír Eoghain i gcluiche leathcheannais na hÉireann. Dúirt sé nach raibh seans faoin spéir againn ach go mbeadh muid feistithe ar aon chuma. Bhí muid uilig cineál míshuaimhneach ag éisteacht leis seo, ach maidin na coimhlinte, tar éis dúinn freastal ar an aifreann – bhí leaids ar an bpainéal nach dtéadh chuig an aifreann riamh ach amháin roimh chluichí contae – rinne sé tagairt don agallamh. *'Lads,'* a dúirt sé, *'I have said publicly that I don't think we have a chance in hell today. But privately I'm saying to you here today that I have no doubt, absolutely no doubt in my mind, but that we are going to win this match.'* Bhí sé go deas é a chloisteáil, mar mura bhfuil muinín ag an mbainisteoir, tá sé deacair muinín a bheith ag na himreoirí. Roimh an gcluiche céanna, sa seomra feistis, dúirt sé linn suí síos, go raibh scéal aige le n-inseacht dúinn. *'A man was sitting in a bar,'* a thosaigh sé, muid uilig ag éisteacht go géar le haghaidh na comhairle a bhí le theacht. *'And his name was Johnny. A second man came into that bar looking for Johnny. "Where's Johnny?" he demanded. Johnny stood up. And the second man decked him with a fierce punch. Johnny crumpled to the ground, but despite his injury he got up, and he stood in front of his attacker and he was smiling.'* Agus b'in é an scéal, cuid mhaith. Is cosúil go raibh teachtaireacht ann dúinn faoin meon ar chóir a bheith againn ag dul chun páirce i gcoinne Thír Eoghain. Ní raibh aon chaint ar an bhfreasúra, chomh fada le mo chuimhne, nó diabhal mórán. B'in Bosco, fear as an ngnáth.

Ceann de na rudaí a chuaigh inár n-aghaidh an lá sin ná go raibh Tomás Mannion gortaithe. Ní raibh sé in ann a lámh dheas a ardú mórán os cionn a bhásta agus níor tháinig aon fheabhas ar an ngortú ag druidim i dtreo an chluiche. Ní nach ionadh, dúirt Bosco leis nach mbeadh sé ag imirt, agus bhí sé an-díomách agus frustrachas uafásach air. Ní thaitníonn sé le himreoir ar bith a bheith fágtha ar lár, ar chúis ar bith. Is sárimreoir a bhí in Tomás, níl aon dabht faoi sin, ach rinne Alan Mulholland, a d'imir ina áit, jab maith ar an lá.

Chaill muid an cluiche sin in aghaidh Thír Eoghain – le trí chúilín – de bharr easpa muiníne asainn féin, easpa taithí ar an ócáid mhór agus, ar an lá, ní raibh aon ádh orainn. An cúl a fuair siadsan sa gcéad leath, mar shampla, bhí sé in aghaidh na himeartha, agus ní raibh mórán tionchair ag Peter Canavan ar chúrsaí le hais an taispeántais a thug sé sa gcluiche ceannais in aghaidh Bhaile Átha Cliath níos deireanaí sa gcraobh. Ba é an phríomhfhadhb a bhí againne ná nár chreid muid go raibh muid sách maith leis an gcluiche a bhuachan. Chruthaigh muid go maith, le hais foirne eile as Gaillimh i bPáirc an Chrócaigh le blianta beaga anuas; cinnte níor dearnadh aon slad orainn, ach ní raibh aon mhuinín againn go bhféadfadh muid an ceann is fearr a fháil ar sheaimpíní Uladh. Léirigh muid díograis agus spiorad, agus ní raibh aon ghá náire a bheith orainn, ach i gcúl mo chinn ní raibh aon iontas orm gur buaileadh muid, agus dá bhrí sin níor airigh mé ródhona mar gheall ar an toradh. Bhí mé féin ag marcáil chaptaen Thír Eoghain, Ciarán Corr, agus d'imir mé sách maith, sílim.

Taithí a bhí ann, agus bhí sé i gceist agam a bheith ar ais i bPáirc an Chrócaigh, ach ar ndóigh b'in an meon iomlán mícheart le bheith ag duine roimh chluiche mór mar é. Is cuimhneach liom san óstán tar éis an chluiche agus muid uilig ag baint suilt as an ócáid, Pat Comer ag eascainí orainn. *'What the hell are you laughing about?'* a d'iarr sé. *'You lost!'* Ní raibh seisean fiú ar an bpainéal an t-am sin, ach bhí an dearcadh ceart aige. Bhí an chuid eile againn sásta go maith go bhfuair muid deis imirt ar an bpáirc ba chlúití sa tír, os comhair slua ollmhór, ar ócáid mhór, agus ní raibh aon bhriseadh croí orainn nár éirigh linn ar an lá. Cheap mise, mar gheall go raibh mé óg, go mbeadh neart deiseana eile agam i bPáirc an Chrócaigh, ach ní mar sin atá an saol. An bhliain dár gcionn buaileadh Gaillimh i gcluiche ceannais Chonnacht – fuair Maigh Eo an ceann is fearr orainn lá fliuch i gCaisleán an Bharraigh, 3-9 in aghaidh 1-11 – agus d'éirigh Bosco as mar bhainisteoir. Ré eile thart, ré eile ag tosú, agus gan a fhios ag duine ar bith céard a bhí i ndán dúinn.

Níl aon dabht ach go ndearna muid dul chun cinn mar fhoireann faoi stiúir Bhosco, ach b'fhéidir nár thuig mé é sin go dtí i bhfad ina dhiaidh sin. Cúpla uair le linn cluiche mór, idir 1998 agus 2001, na peileadóirí a bhí ag imirt do Ghaillimh nuair a bhí Bosco ina bhainisteoir – mise, Gary Fahey, Kevin Walsh nó Damian Mitchell – chuimhneodh muid ar rud eicínt a dúirt Bosco, agus díreach ag an bpointe sin thuigeadh muid an rud a bhí i gceist aige. Oíche amháin le linn ré Bhosco agus muid ag traenáil, mar shampla, lean muid orainn ag ritheacht go dtí go raibh chuile dhuine sínte ar an talamh, tinn. *'Now, lads,'* a dúirt Bosco, *'remember that pain, because that's the kind of pain you'll be feeling ten minutes into an All-Ireland final.'* Ar éigean a bhí mé in ann díriú ar an rud a bhí sé a rá ag an am, bhí mé chomh tugtha sin, ach tar éis an bhua ar Chill Dara i 1998 labhair mé féin agus Gary faoi agus d'aontaigh muid go raibh an ceart uilig ag Bosco – b'in díreach mar a mhothaigh muid agus deich nó cúig nóiméad déag den chluiche sin caite. Ar ndóigh, bhí a fhios ag Bosco céard faoi a bhí sé ag caint – nach raibh an cruthúnas aige, agus trí bhonn Uile Éireann.

Oíche eile bhí muid ag traenáil i gColáiste Mhuire, taobh istigh sa halla, áit a bhfuil rópaí ar crochadh ón tsíleáil, agus dúirt Bosco linn go mbeadh muid sách láidir peil idirchontae a imirt nuair a bheadh muid in ann dreapadh go barr, ag úsáid na lámha amháin. An t-am sin ní raibh mé in ann mé féin a ardú dhá throigh, ach blianta ina dhiaidh sin, am eicínt tar éis 1998, tharla sé go raibh muid ag traenáil san áit chéanna ar chúis eicínt. Chonaic mé an rópa agus chuimhnigh mé ar an rud a dúirt Bosco i bhfad siar. Suas liom go bhfeicfinn – an uair seo níor thóg sé ach leathnóiméad orm an barr a bhaint amach.

Ach le linn ré Bhosco níor chreid muid go bhféadfadh muid a bheith ag súil le cluiche ceannais na hÉireann, mar ní raibh an fhéinmhuinín againn. Ní raibh dearcadh ná meon dearfach againn ar chor ar bith, agus ba é an trua é. Rinne Bosco iarracht é sin a leigheas. Níl aon dabht faoi gur thuig sé céard a bhí ag teastáil chun go mbeadh rath ar an bhfoireann, ach níor éirigh leis é sin a chur ina luí ar na himreoirí ag an am. Go mion minic, mar shampla, ní bhíodh i láthair ag traenáil ach grúpa beag, seachtar nó ochtar. Maidin Dé Sathairn, is cuimhneach liom, ba mheasa. Bhíodh leithscéal eicínt ag an dream a bhí as láthair ach ba léir nár tugadh tús áite don pheil. Satharn amháin, is cuimhneach liom, imreoir amháin – ní luafaidh mé aon ainm – ag sroicheadh na scoile agus culaith air. Bhí sé ag bainis an lá roimhe agus ní dheachaigh sé a chodladh ar chor ar bith. Bhí sé fós óltach. Ní raibh feisteas ar bith aige, agus d'iarr sé ar na leaids geansaí, brístí gearra, bróga peile agus stocaí ar iasacht. Bhí chuile rud againn ach amháin an geansaí, agus amach leis ag traenáil sa léine a chaith sé ar an mbainis. Ar ndóigh, ní tharlódh a leithéid anois – samhlaigh é – ach níor chuir sé as mórán do Bhosco. Níor lig sé tada air féin, ach cén rogha a bhí aige? Fad a bhí muide ag traenáil, chuir sé an leaid seo ag ritheacht timpeall na páirce arís agus arís ar feadh uaire. Rinne muid gáire, ach léiríonn an eachtra sin an dearcadh a bhí i mbarr réime an t-am sin.

Rinne Bosco iarracht an dearcadh sin a athrú: tar éis

fheachtas na bliana 1995 bhí dinnéar againn uilig sa Sacre Coeur Hotel agus bhronn sé planda ar chuile dhuine againn. Mhol sé dúinn aire mhaith a thabhairt don phlanda agus cinntiú go bhfásfadh sé. Is dóigh gurbh é an smaoineamh a bhí aige go bhfásfadh muid féin mar pheileadóirí agus mar dhaoine sa tréimhse chéanna. Ar ndóigh, bhí roinnt de na leaids ag gáire, ach thug mise aire don phlanda agus tá sé agam i gcónaí. Bhí sé leath-throigh ar airde b'fhéidir nuair a thug Bosco dom é os cionn deich mbliana ó shin; tá sé anois beagnach chomh hard liom féin.

Ar bhealaí, mar sin, bhí Bosco i bhfad chun tosaigh ar bhainisteoirí eile, ach ar bhealaí eile bhí sé seanfhaiseanta. Tar éis traenála, mar shampla, piontaí bainne agus seacláid – Mars bars, más buan mo chuimhne – a bhíodh againn ina dhiaidh. D'fhéadfá a bheith ag dul abhaile le dhá phionta bainne ólta agat – ní raibh a leithéid de rud ann agus *low-fat*, ar ndóigh – agus seacht nó ocht de Mhars bars, dá mbeifeá buach sna ráib le linn an tseisiúin. Agus mise ag déanamh iontais ag an am cén fáth a raibh mé fós ag titim i bhfeoil agus mé ag traenáil go dian! Léiríonn sé chomh haineolach is a bhí muid uilig maidir leis an ullmhúchán ceart. Agus cinnte, i mo chás-sa ar aon chuma, bhí frustrachas mór ag baint leis seo.

Faoi seo bhí mé tar éis bonn sinsear Chonnacht a bhuachan agus bhí mé tar éis seilbh a ghlacadh ar gheansaí uimhir a seacht. Bhí mé tar éis imirt i gcluiche leathcheannais na hÉireann freisin, agus cé go bhfaca mé go raibh mé in ann ag an gcaighdeán sin – thuill mé ainmniú mar *All-Star* den chéad uair i 1995 – ní raibh mé sásta go raibh mé tar éis cruthú mar pheileadóir sármhaith. Bhí a fhios agam i mo chroí istigh go raibh tallann agam, ach ar roinnt cúiseanna bhí ag teip orm a bheith chomh tionchrach sa gcoimhlint agus a theastaigh uaim a bheith. Tar éis don Cheathrú Rua Corn Frank Fox a bhuachan an fómhar sin – 1996 – thuig mé go raibh sé in am agam cinneadh a dhéanamh.

Mí na Samhna 1996 dúirt mé liom féin go gcaithfinn níos mó iarrachta a dhéanamh, níos mó íobairtí a dhéanamh, má bhí mé chun an sprioc a bhí agam le foireann na Gaillimhe a bhaint amach. Nó níorbh fhiú dom leanacht leis. Bhí mé seasta céasta ag gortuithe beaga, agus bhí mé cinnte gur de bharr mé a bheith níos troime ná ba chóir ba chúis leo. B'fhéidir toisc go raibh mé le bheith i mo chaptaen ar Ghaillimh don chraobh i 1997 a rinne mé an cinneadh sin, ach cinnte bhí uair na cinniúna buailte liom agus bhí a fhios agam nach raibh mé sásta leanacht ar aghaidh mar a bhí go dtí sin. Bhí blas faighte agam ar a bheith buach leis an gclub agus theastaigh uaim blaiseadh de na mothúcháin chéanna mar imreoir contae – an bród, an meidhréis, an gliondar croí. Uaidh sin amach leag mé béim ollmhór ar aiste bia sláintiúil, folláin, agus cheannaigh mé ballraíocht sa Galway City Gym agus thosaigh mé ag traenáil ann liom féin go rialta, taobh amuigh den ghnáthsceideal traenála. Bhí mé cúig bliana fichead, agus ainneoin roinnt sásaimh – bonn Chonnacht le Gaillimh i 1995, craobh peile an chontae leis an gCeathrú Rua i 1996 – mhothaigh mé go raibh deiseana ag sleamhnú tharam. Ní raibh mé ag iarraidh go mbeadh aiféala orm ag deireadh mo chuid imeartha, ach go mbeinn in ann a rá go ndearna mé gach iarracht ceann scríbe a bhaint amach. Dá bhrí sin bhí athrú meoin ag teastáil, i dteannta le hathrú gnáthaimh, agus thug mé faoin dúshlán nua le fuinneamh. Bheadh gach rud eile i mo shaol anois tánaisteach, agus níorbh fhada gur bhain mé sochar as an iarracht a bhí mé a dhéanamh.

Trí mhí níos deireanaí bhí mé sa mbaile ar an gCeathrú Rua don deireadh seachtaine agus bhí an oiread sin meáchain caillte agam – suas le dhá chloch – gur cheistigh na comharsana an raibh mé tinn. B'éigean dom culaith éadaigh nua a cheannacht thart ar an am céanna mar go raibh gach rud a bhínn a chaitheamh roimhe sin ag titim díom. Idir an dá rud, an traenáil agus an fócas nua, mhothaigh mé láidir, muiníneach agus réidh d'fheachtas 1997.

Ainmníodh mar chaptaen ar Ghaillimh mé don chraobh i 1997 mar thoradh ar éachtaí na Ceathrún Rua an samhradh roimhe sin, nuair a bhuaigh siad craobh shinsear an chontae. Cé gur onóir mhór a bhí ann domsa, ní córas é an córas ainmniúcháin i nGaillimh a n-aontaím leis. Níl ciall leis, dar liom, nuair a chuirtear san áireamh an ghairmiúlacht atá riachtanach i ngach gné eile d'ullmhúchán foirne idirchontae; is féidir leis fadhbanna a chothú agus má tá foireann le bheith buach, caithfear fadhbanna a sheachaint más féidir ar chor ar bith é. I mbliain an dá mhíle, i nGaillimh ba iad Cora Finne seaimpíní an chontae, ach ní raibh aon ionadaí acu a thosódh ar fhoireann na Gaillimhe sa gcraobh an bhliain dár gcionn ach Kieran Fitzgerald, nach raibh ach bliain is fiche ag an am agus a cheap go raibh sé ró-óg chun glacadh leis an bhfreagracht. Dá bharr sin ba é Kieran Comer a bhí ina chaptaen ach ní raibh seisean sa gcúigear déag a rachadh chun páirce nuair a thosaigh an chraobh. Sa deireadh ainmníodh Gary Fahey mar chaptaen – bí ag caint ar scéal casta! Ach b'fhéidir gur eisceacht a bhí ansin, le bheith cóir. Cinnte, níl mise ag clamhsán go bhfuair mé an deis – bhí mé i gcónaí ciúin le hais daoine eile sa seomra feistis b'fhéidir – ach rinne mé iarracht sampla dearfach a thabhairt ar an bpáirc agus, ó lár na naochaidí, taobh amuigh den imirt freisin. Mar a tharla, ainmníodh mar chaptaen arís mé don tsraith i 2004 nuair a shroich muid an cluiche ceannais, mar gheall go raibh Pádraic Joyce, a bhí i dteideal na honóra, ag tógáil sosa ón bpeil ag an am. Seans go raibh mé níos glóraí faoin am sin, ach thóg sé an-fhada sula mbeinn ar mo shuaimhneas ag labhairt os comhair slua.

Ba é Val Daly a ceapadh ina bhainisteoir tar éis do Bhosco éirí as ag deireadh fheachtas 1996, agus is cuimhneach liom ag an gcéad chruinniú foirne a bhí againn leis, i Muine Mheá i mí Dheireadh Fómhair, eisean ag labhairt linne agus ag leagan amach na spriocanna a bhí aige. Bhí mé i mo shuí, droim le balla, mo shúile dúnta mar ba ghnách liom nuair a bhínn ag tabhairt airde ar chainteoir, agus go tobann stop sé ag óráidíocht agus dúirt go borb, *'De Paor, are you listening?'* Baineadh geit asam, bhreathnaigh mé go géar air agus dúirt go raibh. Níorbh in tús maith. Ach b'in an rud le Val: bhí claonadh ann aighneas agus teannas a tharraingt air féin, dar liom, nuair nach raibh aon ghá leis. On tús bhíodh sé ag troid le bord an chontae ar chúis amháin nó ar cúis eile, agus nuair a bhíodh muid ag traenáil mhothaigh mé nach raibh tada sách maith riamh – ní raibh muid tapaidh ár ndóthain, aclaí ár ndóthain, ag déanamh ár ndóthain iarrachta. Bhí sé dian, agus b'fhéidir gurbh in a bhí ag teastáil ó Ghaillimh, ach caithfidh tú daoine a thabhairt leat, a mhealladh, má tá rath le bheith ar an ngrúpa. Bhí daoine ann a bhíodh ag déanamh chuile íobairt don fhoireann, agus ní mórán buíochais ná aitheantas a fuair siad dá bharr. Ghoill sé sin ar na leaids, agus seans gur fhulaing an spiorad inár measc dá bharr.

Ach ní hé sin le rá nach raibh Val fadbhreathnaitheach, mar bhí. Sa mbliain nua chuaigh muid go Malaga ar feadh seachtaine agus is dóigh go raibh Val ar dhuine de na chéad bhainisteoirí a d'eagraigh an cineál sin turais. Ach, ag taisteal amach go dtí an Spáinn, ní raibh a fhios ag na leaids céard a bhí i gceist ag an mbainistíocht – an traenáil a bhí i ndán dúinn, nó dlúthú? Níor leagadh síos aon rialacha agus, ar ndóigh, thosaigh an chraic ansin. Oíche amháin ghearr leaid a chos ar ghloine taobh amuigh den dioscó agus an lá dár gcionn bhí Val ag clamhsán, ag rá gur mhór an náire muid uilig. Tháinig sé chugamsa, ag iarraidh na leaids a ghríosú, ach bhí mise ar buile, mar go dtí sin bhíodh sé féin amuigh ag ól linn. Ní raibh aon leanúnachas ann, bhraith mé, agus chothaigh sé sin fadhbanna, i dteannta le mí-aibíocht na leaids. Ba é an trua é nach raibh an fhéinmhuinín agam ag an am é sin a mhíniú don bhainistíocht, ach ní raibh. Cuir é sin i gcomparáid le Ray Silke: nuair a bhí seisean ina chaptaen ar Ghaillimh i 1998, dá mbeadh aon rud le rá aige le haon duine de na himreoirí bheadh sé ráite aige, agus dá mbeadh aon ghearán le déanamh aige leis an mbainistíocht thar ceann na foirne ní raibh drogall ar bith air é sin a dhéanamh go poiblí ach oiread. Easpa cumarsáide an laigeacht ba mhó le linn ré Val, seans.

B'fhéidir nach raibh mórán taithí bainistíochta ag Val ach, lena cheart a thabhairt dó, níl aon dabht ach go raibh sé féin spreagtha agus ag iarraidh dul chun cinn a dhéanamh. Gerry Fahy a bhí mar roghnóir leis, Gay Mitchell agus Tommy Joe Gilmore, fir uaisle uilig, ach cuireadh am amú in aighneas le bord an chontae agus caitheadh an-chuid ama ag caint faoi seo leis na himreoirí. Mar shampla, bhí Val ag iarraidh urraitheoir nua a thabhairt isteach agus labhraíodh sé go fuinniúil ar na fáthanna i gcruinnithe foirne. Ba cheart go mbeadh a fhios aige gur cuma sa diabhal le peileadóirí faoin gcineál sin gnó, agus nach bhfuil uathu ach a bheith ag imirt agus ag ullmhú don imirt.

Ach tar éis an méid sin, seans nach ndearna muide mar imreoirí comhoibriú i gcónaí sa tréimhse seo mar ba cheart. I mo chás féin, is cuimhneach liom eachtra amháin le linn ré Val a léiríonn chomh mí-aibí is a d'fhéadfainn féin a bheith. Tuairim is sé seachtainí roimh an gcéad bhabhta craoibhe i 1997, d'fhan muid thar oíche i mBun Dobhráin, agus ar maidin Dé Sathairn d'imir muid cluiche dúshláin in aghaidh Dhún na nGall. Ba é an plean a bhí ann go mbeadh seans ag daoine beagán gailf a imirt tar éis an chluiche agus go gcasfadh muid ar a chéile le béile ag a seacht tráthnóna. Níor imir mé féin ná roinnt de na leaids eile aon ghalf, ach chuaigh muid ag spaisteoireacht. Ní raibh aon deoir ólta agamsa le fada, agus nuair a tháinig muid ar ais chuig an óstan ag a leathuair tar éis a sé bhí mé súgach go maith. Cé a bheadh ansin romhainn ach foireann Mhaigh Eo, ar a mbealach chun faire ar chluiche leathcheannais na hÉireann faoi 21 idir Maigh Eo agus Doire. Bhí náire an domhain ormsa: bhí a fhios agam go raibh mé tar éis amadán a dhéanamh díom féin os comhair an fhreasúra.

Nílim bródúil as an eachtra – ní raibh sé ag teacht leis an uaillmhian a bhí agam féin – agus thug mé aghaidh ar an traenáil le fuinneamh nua idir sin agus an chéad bhabhta den chraobh. Ach ní bheadh an lá linn. Bhí roinnt cúiseanna leis seo. Shocraigh Val go raibh sé féin chun imirt in aghaidh Mhaigh Eo. Botún a bhí ansin, sílim féin. Sa lá atá inniu ann ní féidir le duine a bheith ina bhainisteoir agus ina imreoir ag an am céanna: tá an iomarca le déanamh ag an mbainisteoir chun a chinntiú go bhfuil gach rud i gceart, seachas a bheith ag smaoineamh ar a thaispeántas féin chomh maith. B'fhéidir go bhfuil sé éasca é sin a rá anois agus mé ar bhóithrín na smaointe, ach ní dóigh liom gur rud dearfach é gur imir Val an lá sin, cé gur aimsigh sé cúilín gleoite sa dara leath.

Insítear scéal faoin gcluiche seo, a léiríonn go soiléir an

bearna a fágadh nuair nach raibh an bainisteoir ar an taobhlíne. Mar go raibh Val ag tosú, socraíodh go mbeadh súil eile sa seastán, a bheadh ag faire ar an imirt agus a bheadh i dteagmháil leis an taobhlíne ar raidió. Taobh istigh de naoi nóiméad bhí cúl agus ceithre chúilín aimsithe ag Maigh Eo, agus ní raibh aon scór ag Gaillimh. Níor tháinig de chomhairle ón seastán ach *'Tell the backs to be tight.'* Is féidir gáire faoi anois, is dócha.

Chaill muid, 1-16 in aghaidh 0-15, go deimhin an chéad uair ó 1951 a bhuaigh Maigh Eo cluiche craoibhe i dTuaim. Anonn liom féin go Meiriceá, áit a raibh mo dheirfiúracha Aisling agus Aoife ag obair don samhradh. D'imir mé leis na Connemara Gaels i mBoston agus bhain mé an-taitneamh as. Caithfidh mé a rá go raibh mé sásta go raibh an iarracht phearsanta a bhí déanta agam le bliain anuas le feiceáil sa gcluiche sin in aghaidh Mhaigh Eo – bhí mé aclaí, muiníneach agus d'imir mé go maith le geansaí uimhir a cúig ar mo dhroim – ach bhí díomá orm faoin toradh agus nár éirigh le Gaillimh, agus mise i mo chaptaen, aon dul chun cinn a dhéanamh i bhfeachtas na craoibhe. Fad is a bhí mé thar lear chuala mé gurbh é John O'Mahony a ceapadh ina bhainisteoir in áit Val Daly. Ba é an rud aisteach faoi ná go raibh Val ag iarraidh leanacht ar aghaidh agus tabhairt faoin dúshlán ar feadh bliana eile, ach ó tharla an oiread teannais a bheith ann idir é féin agus bord an chontae, seans gurbh in é an fáth nach bhfuair sé an deis.

Is dóigh de bharr go raibh mise go hoifigiúil fós i mo chaptaen ar an bhfoireann a chuir John O'Mahony glaoch ar an mbaile, agus fuair mé an teachtaireacht i Meiriceá. Chuir mé glaoch air ó Bhoston agus mhínigh mé dó go mbeinn sa mbaile arís i mí Lúnasa agus go raibh mé ag súil tabhairt faoi arís le Gaillimh ar feadh bliana eile. Níor mhair an comhrá i bhfad ach réitigh muid go maith lena chéile, cheap mé.

Chuir O'Mahony litir chuig chuile dhuine ar an bpainéal, ag tabhairt cuiridh dóibh chuig cruinniú sa Sacre Coeur Hotel i mí Mheán Fómhair. Bhí muid le casadh leis ag a hocht a chlog, is cuimhneach liom. Shroich mise an áit ag cúig nóiméad chun a hocht agus ba mé an chéad duine ar an láthair, seachas an bainisteoir é féin, a bhí ina shuí sa mbeár ag fanacht orainn. Chuir mé fáilte roimhe. Bhí an-mheas agam ar John O'Mahony mar gheall ar a chuid éachtaí le Maigh Eo agus le Liatroim agus bhí mé sórt ar bís féachaint céard a tharlódh faoina stiúir. Ar ndóigh, an t-am sin ní raibh an oiread cáile air agus atá anois, ainneoin a chuid éachtaí le Maigh Eo, ach bhí mothú eicínt a bhraith mé uaidh an chéad oíche sin – fócas tréan, dáiríreacht – agus chuaigh sé i bhfeidhm orm.

Níor fhreastail gach duine a bhí ar an bpainéal an bhliain roimhe ar an gcruinniú agus beidh aiféala go deo ar chuid acu dá bharr. Chuir Alan Mulholland glaoch ar O'Mahony agus d'inis sé dó nach mbeadh sé ann, mar go raibh sé ag iarraidh sos a thógáil go dtí tar éis na Nollag. Níor imir sé do Ghaillimh arís – ní raibh aon duine le deachtóireacht a dhéanamh ar O'Mahony agus d'fhoghlaim muid an-tapaidh cé go raibh sé ciúin go raibh sé ceanntréan chomh maith. Bhí teacht i láthair díocasach ann, bhí sé sin soiléir ón tús. Ag an gcruinniú sin an chéad oíche, dúirt sé go raibh sé ag tabhairt cuiridh dúinn teacht ar aistear, nach raibh aon gheallúint ag a dheireadh ach go mbeadh an t-aistear corraitheach, dúshlánach, agus b'in díreach mar a thit rudaí amach.

Thosaigh ré O'Mahony le seisiún traenála i Muine Mheá,

áit a ndearna muid an-chuid traenála ina dhiaidh sin mar gurbh é an t-aon pháirc é a raibh tuilsoilse ann ag an am. Ag iarraidh an bonn aclaíochta i gcoitinne a fheabhsú a bhí an bainisteoir – ritheacht agus tuilleadh ritheachta, oícheanta fliucha, puiteach fúinn. Is dóigh go raibh sé dár dtástáil ar roinnt bealaí, i ndáiríre. Mar gheall ar an traenáil a bhí mise a dhéanamh go pearsanta, bhínn i gcónaí i measc na leaids ba thapaidh sna rásaí agus bhain mé féin an-sásamh as na seisiúin. D'fhulaing leaids eile ach tá mé ag ceapadh gur mhothaigh gach duine gurbh fhiú an iarracht.

Chuir O'Mahony an-bhéim ar thinreamh ón tús. Thagadh na leaids a bhí ag obair i mBaile Átha Cliath, leithéidí Thomáis Meehan agus Niall Finnegan agus Fergal Gavin, abhaile oíche amháin in aghaidh na seachtaine le freastal ar an traenáil, agus ag an deireadh seachtaine freisin. Ní raibh sé sin éasca orthu, ach ní dhearna siad aon chlamhsán. Insítear scéal faoi Kevin Walsh thart ar an am seo, freisin, a léiríonn chomh dáiríre is a bhí O'Mahony go ndéanfaí freastal maith ar an traenáil. Chuir Walsh glaoch air tráthnóna amháin chun a mhíniú dó go raibh sé ag obair go dtí a naoi a chlog – thosaíodh an seisiún ag a leathuair tar éis a seacht – agus nach bhféadfadh sé a bheith i láthair. Garda a bhí ann. *'Fine, you're finished work at nine. I'll see you at the pitch at nine thirty,'* a dúirt O'Mahony. Bhí an traenáil againne mar ba ghnách, agus nuair a bhí muid ag réiteach le dhul abhaile tháinig Kevin isteach sa seomra feistis, chun ullmhú don dúshlán. Rinne sé gach rud beo a bhí déanta againne agus chríochnaigh sé ag a ceathrú chun a haon déag an oíche sin. D'fhan O'Mahony leis ar feadh an ama. Uaidh sin amach d'fhreastail Kevin ar na seisiúin ag an am céanna le gach duine eile, agus níor tháinig an obair trasna orthu ní ba mhó.

Bhí O'Mahony dian ar an aiste bia freisin ón tús. Théadh

muid chuig an Woodside tar éis traenála le haghaidh ceapairí agus tae, ach ní bhíodh aon mhaonáis ar na ceapairí agus is as arán donn a bhídís déanta. Bhíodh uisce agus torthaí ann freisin – suipéar simplí go leor ach folláin. Agus nuair a bhíodh muid ag ithe béile as baile bhíodh sé airdeallach freisin. Is cuimhneach liom tar éis cluiche i Luimneach agus muid ag ithe an dinnéir ina dhiaidh gur iarr Richie Fahey sceallóga ar an bhfreastalaí. Tháinig na sceallóga amach, ach nuair a chonaic O'Mahony iad dúirt sé leis an gcailín iad a thógáil ar ais, nach mbeadh Richie ná aon duine eile ag ithe sceallóga. B'in rud nua ar fad do go leor de na leaids, ach de réir a chéile chonaic siad go raibh siad ag baint leasa an an aiste bia nua agus ghlac siad leis.

Bhí údarás ag O'Mahony, níl aon dabht faoi sin. Chuir sé cosc orainn na nuachtáin a léamh roimh chluichí craoibhe, agus nuair a chuir Brian Silke ceist air roimh aistear traenach go Baile Átha Cliath an bhféadfadh sé páipéar a thabhairt leis ach na leathanaigh spóirt a stróiceadh as, eitíodh é. Ag an am céanna, áfach, d'úsáideadh sé altanna a bhí scríofa fúinn ag fáil lochta ar an bhfoireann, chun muid a ghríosú le cruthú níos fearr. Bhí sé críonna, agus nuair a tháinig an fhaill rug sé air.

Ba é an rud faoi O'Mahony, bhí sé eagraithe – is éard a deireadh sé i gcónaí ná gur fearr plean ná easpa plean. Mar sin, bhí struchtúr ar an gclár traenála: ritheacht i rith na seachtaine, ag díriú ar an aclaíocht; agus ar an Satharn bhíodh an fócas ar bheartaíocht nó taiticí de ghnáth. Bhí sé sin nua freisin i ndáiríre, cé go raibh mé anois ag imirt do Ghaillimh le seacht nó ocht de bhlianta. Nuair a bhí mé i mo mhionúr bhí an fhealsúnacht chéanna ag Mattie McDonagh, ach ar leibhéal eile ar fad a bhí an t-oideachas a fuair mé faoi O'Mahony. Scrúdaíodh muid na féidearthachtaí ar fad a d'fhéadfadh teacht aníos i gcluiche agus, mar shampla, míníodh domsa cén áit ar chóir dom a bheith i mo sheasamh don chic amach. Níor mhínigh aon bhainisteoir eile é sin riamh dom. In aghaidh an fhreasúra, dá bhrí sin, bhí a fhios ag gach duine cé na dualgais áirithe a bhí le comhlíonadh aigesean.

Chabhraigh sé, is dóigh, an bhliain sin, gur réitigh na himreoirí go maith lena chéile. Réitigh na seanfhondúirí go maith leo siúd a bhí níos óige, agus bhí sé sin tábhachtach. Bhí féinmhuinín an diabhail ag cuid díobh siúd a bhí díreach tar éis teacht ar an bpainéal agus b'fhéidir nach raibh aon treoir ag teastáil uathu, ach bhí spiorad maith le brath sa ngrúpa agus rinne muide a bhí níos sine iarracht cabhrú leis na hógánaigh ar chuile bhealach a d'fhéadfadh muid. Bhí ceathrar leaids as an gCeathrú Rua ar an bpainéal i 1998, ábhar bróid agus iontais domsa – mé féin, Caoimhín Terry, Pat Comer agus Seán Ó Domhnaill. Bhí Michael Geoghegan as Tír an Fhia ar an bpainéal chomh maith, agus Micheál Ó Clochartaigh as Carna.

Rud eile a rinne O'Mahony go maith, le hais bhainistíocht na bliana roimhe b'fhéidir, thug sé dualgais speisialta d'oifigigh bhord an chontae, agus mar thoradh air sin bhraith siad go rabhadar ag tabhairt lámh chuidithe sa bhfeachtas. Ba é an ról a bhí ag Tommy Kelly, mar shampla, seasamh ag doras an tseomra feistis tar éis cluichí agus ligean nó gan ligean do dhaoine teacht isteach. Bhí Tommy ar dhuine de na hoifigigh ab fhaide seirbhís ar choiste peile na Gaillimhe agus bhí seisean agus na hoifigigh eile sásta go raibh freagracht tugtha dóibh. B'in bua a bhí ag O'Mahony: gach duine – peileadóirí, bainistíocht, oifigigh, lucht tacaíochta – a tharraingt le chéile ar son na cúise.

Agus borradh nua fúinn, thug muid taispeántas maith sa tsraith an bhliain sin: d'éirigh linn dul chomh fada leis an gcluiche ceathrú ceannais in aghaidh Uíbh Fhailí, ach buaileadh muid. D'aimsigh an fear a bhí i m'aghaidhse, Colm

Quinn, 1-2, agus bhí mé in ísle brí dá bharr, ach an lá dár gcionn fuair mé glaoch ón mbainisteoir: *'Don't worry about what is past. We're facing into the championship now and I want you to be focused on that.'* Ní mé an t-aon duine a ndearna sé teagmháil leis an Luan sin, mar b'in é an bealach a bhí aige, agus thug sé ardú meanman dúinn uilig.

Rud eile spéisiúil faoi ré O'Mahony: ón tús, i rith na sraithe mar shampla, thug mé faoi deara an tsuim mhór agus an dóchas mór a bhí sa bpobal maidir le foireann na Gaillimhe. B'fhéidir gur eascair sé as an mbua stairiúil a bhí ag Cora Finne i gcraobh na gclubanna Lá 'le Pádraig, ach fiú roimhe sin bhí sluaite móra ag teacht chuig na cluichí sraithe, rud nach bhfaca mise riamh cheana. Thug sé an-spreagadh domsa bratach na Gaillimhe a fheiceáil ar foluain ar na foirgnimh thart ar an gcathair. In earrach na bliana 1998 bhí corraíl san aer, agus ag druidim i dtreo an chéad bhabhta den chraobh, in aghaidh Mhaigh Eo, bhí an chorraíl sin le brath sa gcontae. Bhí pobal CLG, ní hamháin san iarthar ach ar fud na tíre, ag súil go mór leis an gcoimhlint. Bhí sean-naimhdeas idir an dá fhoireann agus, ar ndóigh, bhí Maigh Eo tar éis imirt in dhá chluiche ceannais peile i ndiaidh a chéile, i 1996 agus 1997. Cé nar éirigh leo ceann scríbe a bhaint amach, bhí ardchlú orthu mar ghrúpa imreoirí. Ach bhí dóchas ag muintir na Gaillimhe go bhféadfaí iad a shárú. B'in an cluiche ba shuntasaí le linn ré O'Mahony, dar liom féin. Bhí gach rud ag brath ar thoradh an chatha sin agus, ó mo thaobhsa de, ní cuimhneach liom riamh tar éis aon chluiche eile le linn mo chuid imeartha cumhacht na mothúchán a bhraith mé – iontas, faoiseamh, dóchas – nuair a shéid an réiteoir Eddie Neary an fheadóg, agus – creid é nó ná creid – áirím ansin a bheith buach in dhá chluiche ceannais Uile Éireann.

Le linn domsa a bheith ag imirt do Ghaillimh (idir 1995–2005) chas muid féin agus Maigh Eo ar a chéile sa gcraobh aon uair déag. Chríochnaigh an dá fhoireann ar comhscór babhta amháin, i 1992; bhuaigh Gaillimh cúig chluiche, 1995, 1998, 2002, 2003, 2005; agus bhuaigh Maigh Eo cúig chluiche, 1991, 1992, 1996, 1997, 1999. Is é an rud faoi Mhaigh Eo, le hais na bhfoirne eile i gConnacht seans, níl aon fhaitíos orthu roimh pheileadóirí na Gaillimhe. Dá mbeadh an dearcadh céanna acu taobh amuigh den chúige bheadh Craobh na hÉireann buaite acu i bhfad níos minicí, dar liom, ach ar chúis eicínt ní bhíonn an mhuinín acu.

Is é mo thuairim phearsanta nár imir mé go maith in aghaidh Mhaigh Eo riamh – seachas b'fhéidir i 1997 – agus níl aon iontas orm nach mbeadh oiread sin measa ag lucht leanta peile i Maigh Eo ormsa mar pheileadóir. An buille ba mhíthrócairí a fuair mé riamh ar pháirc na himeartha, in aghaidh Mhaigh Eo a tharla sé, i gcraobh Chonnacht 1998. Gualainn a bhí ann ó Noel Connelly; bhí sé féaráilte ach thóg sé seachtain orm teacht chugam féin i gceart ina dhiaidh.

Tá an-mheas agam ar pheileadóirí Mhaigh Eo, agus táim cairdiúil le roinnt acu taobh amuigh den pheil, leithéidí Maurice Sheridan go háirithe. Bheadh caidreamh maith agam freisin le David Heaney, James Nallen agus Pat Fallon. Tá an fhealsúnacht chéanna peile ag imreoirí Mhaigh Eo agus atá ag peileadóirí na Gaillimhe, is é sin déanann siad iarracht a bheith dearfach ina n-imirt. Tá cosúlachtaí eadrainn, mar sin, ach bíonn teannas idir an dá chontae ar pháirc na himeartha agus go deimhin taobh amuigh den pháirc freisin, ag dul siar i bhfad, rud a d'fhág nach raibh mé in ann i mo chroí istigh tacú le Maigh Eo i gcluiche ceannais na hÉireann i 1996 ná 1997, ná go deimhin i 2004 ná 2006. Tá an choimhlint róghéar.

Buaicphointí san iomaíocht sin in imeacht na mblianta?

Ócáidí móra a bhí ann i 1997, 1998 (ar ndóigh!) agus 1999. John Maughan a bhí i gceannas ar Mhaigh Eo i 1999 nuair a d'éirigh leosan an ceann is fearr a fháil ar sheaimpíní na hÉireann. Ansin, i 2003 agus 2005 i Staid an Phiarsaigh, bhí dhá bhua mhaithe ag Gaillimh ar a sean-namhaid. Ó thaobh cluichí craoibhe de, is é Gaillimh i gcoinne Mhaigh Eo an ceann is mó le rá, níl aon dabht i m'intinn faoi sin: is é an cluiche é a mbíonn tú, mar imreoir, ag súil go mór leis; is é an cluiche é a mbíonn an lucht tacaíochta sa dá chontae, tá mé cinnte, ag súil leis freisin.

Nuair a thosaigh mise ag imirt do Ghaillimh, bhí an pheil sa gcontae in ísle brí, agus lucht tacaíochta an-bheag a bhíodh ag na cluichí de ghnáth. Insítear scéal faoin gcluiche craoibhe in aghaidh Liatroma i gCora Droma Rúisc i samhradh na bliana 1995, nuair nár dhíol bord an chontae ach beagán os cionn caoga ticéad i nGaillimh roimh ré. Le hais lucht tacaíochta Mhaigh Eo, atá dílis, is féidir le lucht leanta na Gaillimhe a bheith guagach. Chonaic mise an dá thaobh: d'imir mé ag am nuair nach mbíodh ag tacú leis an bhfoireann ach muintir na n-imreoirí; ach os a choinne sin d'imir mé freisin sa gcluiche craoibhe in aghaidh Mhaigh Eo i samhradh na bliana 1998, nuair a bhí an slua ar fheabhas, agus cluichí ceannais na hÉireann i 1998 agus 2000 agus 2001, nuair a thaistil na mílte as Gaillimh chun tacaíocht a thabhairt don fhoireann. Ba iontach agus ba thioncharach a bhí a nglór, agus thug siad an-mhisneach do na himreoirí agus muid i mbun catha.

Nuair a bhí an feachtas sraithe thart in earrach na bliana 1998 bhí sos againn ar feadh seachtaine, agus ag an gcéad chruinniú roimh an gcraobh, i mBéal Átha na Sluaighe, chuir O'Mahony faoi deara dúinn ceistneoir a líonadh amach. Ar an gceistneoir d'iarr sé orainn cén sprioc a bhí againn don bhliain, agus gheall sé dúinn gurbh eisean amháin a léifeadh na freagraí. Scríobh mise go raibh mé ag iarraidh bonn Uile Éireann a bhuachan agus gradam *All-Star*. Níl a fhios agam ar chreid mé go dtarlódh ceachtar den dá rud, ach bhí mé sásta go mbeadh mo chuid smaointe ar phár ar aon chuma.

Ag an gcruinniú céanna bhí fear ann chun labhairt linn. Dúradh linn gur Bill an t-ainm a bhí air agus ní raibh mé riamh cinnte cén sloinne a bhí air. Ba é an ról a bhí aigesean an bóthar a réiteach dúinn sa gcaoi is go mbainfeadh muid an sprioc a bhí againn amach – diabhal mórán a bhí ar eolas aige faoin bpeil, ach chabhraigh sé linn a bheith macánta lena chéile mar ghrúpa, agus chabhraigh sé chun muinín agus dlúthú i measc an ghrúpa leaids a chothú – *facilitator* a thabharfaí ar an jab a bhí aige, i mBéarla. Ba é seo an chéad uair a bhfaca mise a leithéid ag gníomhú agus bhí roinnt leaids sa ngrúpa, mar a bheadh in aon ghrúpa mór, nach raibh aon mheas acu ar an gcineál seo ruda. Ba é an dearcadh a bhí agamsa faoi, dá bhféadfadh rud cabhrú linn b'fhiú é a thriail. Ach bhí daoine eile ann a bhí ar mhalairt tuairime. Is cuimhneach liom ag cruinniú amháin roimh chluiche ceannais na hÉireann 1998 agus Gary Fahey ag caint faoi dhath na liathróide agus dath na ngeansaithe ar lucht tacaíochta Chill Dara a bheadh ar Hill 16, agus an baol go gcaillfeadh muid radharc ar an liathróid de bharr í a bheith bán freisin – bhí súil eile ag Gary riamh – agus chas Pádraic Joyce i mo threo agus dúirt faoina anáil, '*What the hell is he on about?*' Mar atá a fhios ag an saol mór, ar an bpáirc imeartha a rinne Pádraic a chuid cainte ar fad.

Ainneoin na ceiste faoi thairbhe Bhill, níl aon dabht ach gur cothaíodh spiorad maith i measc an ghrúpa ag druidim i dtreo na craoibhe i 1998. Chuir O'Mahony an-bhéim ar seo ní hamháin an samhradh sin ach le linn a ré ar fad. Sula dtosaíodh an chraobh gach bliain, mar shampla, bhíodh nós ann go n-imíodh an painéal áit eicínt faoin tír don deireadh seachtaine. Traenáil a bhí i gceist, cruinnithe, agus cluiche dúshláin – bhíodh sé an-eagraithe. Bliain amháin, is cuimhneach liom, fuair uncail le Pádraic agus Tommie Joyce bás, agus bhí an tsochraid le bheith ar an Aoine a raibh muid ag taisteal, ach an oíche sin, ainneoin na tubaiste, bhí an bheirt linn, ní mar gheall gurbh in a theastaigh uathu ach mar gheall go bhféadfadh O'Mahony a bheith an-mhealltach. Aisteach go leor, an chéad deireadh seachtaine riamh ar thaistil muid mar ghrúpa faoi stiúir O'Mahony, roimh an gcluiche i gcoinne Mhaigh Eo i 1998, chuaigh muid go Maigh Nuad agus d'fhan muid ansin. Oíche Dé Sathairn dúirt O'Mahony go raibh cead ag chuile dhuine deoch amháin a bheith acu, ach chuaigh mise a chodladh – ní raibh mé ag ól in aon chor na laethanta sin. Ní raibh O'Mahony le feiceáil ach oiread; is cosúil go ndeachaigh seisean é féin a chodladh luath. Tharla go raibh Brush Shiels ag seinm san óstán an oíche chéanna, agus nuair nach raibh an bainisteoir thart bhí an-oíche ag na leaids. An mhaidin dár gcionn, níor tháinig chuig an mbricfeasta ach mé féin agus Tomás Meehan, an t-aon bheirt nach raibh ag ól. Deir na leaids eile go raibh tábhacht ar leith ag baint leis an gcraic a bhí acu an oíche sin leis an spiorad a bhí le feiceáil in aghaidh Mhaigh Eo roinnt seachtainí ina dhiaidh a chothú – níl a fhios agam céard a deir sé sin faoin ról a bhí agamsa ná Tomás ar an bhfoireann – agus b'fhéidir gur thuig O'Mahony é sin freisin, mar níor smachtaigh sé aon duine cé nach duine é a bhíodh sásta riamh go gceisteofaí a chuid údaráis.

Ba é seo an gnás a bhíodh ann ag druidim i dtreo cluiche craoibhe: ar an Déardaoin, deich lá roimh an gcoimhlint, bhíodh an diantraenáil thart; ar an Satharn bhíodh cluiche dúshláin inmheánach ann i measc an phainéil; ar an Domhnach, seacht lá roimh an gcluiche, bhíodh muid saor agus mholtaí dúinn scíth a ligean; ansin bhíodh muid ar ais ag traenáil arís ar an gCéadaoin nuair a théadh muid siar ar na taicticí a bheadh in úsáid againn. Dé Céadaoin, freisin, bhíodh cruinniú againn; d'fhógraítí an fhoireann, agus thaispeántaí físeán ann ag díriú ar láidreachtaí agus laigeachtaí an fhreasúra. Labhraíodh muid fúthu agus bhíodh a fhios ag gach duine an ról a bhí le n-imirt aigesean. Ar an Satharn, an lá roimh an gcoimhlint, arís théadh muid siar ar an bplean a bhí againn agus thaispeántaí físeán eile, an uair seo ag díriú ar ár bhfoireann féin agus ár láidreachtaí. Ar an mbus ar an Domhnach ag dul ag cluiche bhíodh uisce agus torthaí ar fáil, téip ag casadh ceol spreagúil agus Garda ag treorú an bhealaigh. Chuile shórt eagraithe!

Is cuma cé chomh hullmhaithe is atá tú, áfach, nó cén dúil atá agat, uaireanta ní chruthaíonn peileadóir go maith; in aghaidh Mhaigh Eo, i gCaisleán an Bharraigh ar an 24 Bealtaine 1998, d'imir mé go hainnis don chéad fiche nóiméad. Bíonn Maurice Sheridan fós ag spochadh asam faoin bpas álainn a thug mé dó – d'aimsigh sé cúilín as freisin – ach buíochas le Dia d'fheabhsaigh mé sa dara leath. Chabhraigh sé ag leath ama, agus an dá fhoireann ar comhscór tar éis coimhlint chorraitheach, go raibh O'Mahony socair, staidéarach. Go fíorannamh a dhéanfadh sé eascainí ar aon chuma, ach tháinig misneach nua chugamsa agus chuig na leaids eile ag éisteacht lena comhairle, agus nuair a chuaigh muid amach sa dara leath bhí gach duine réidh chun catha. Chosain muid go tréan, bhí Kevin Walsh agus Seán Ó Domhnaill tioncharach i lár na páirce agus d'imir Pádraic Joyce, Derek Savage agus Niall Finnegan ar fheabhas ar fad chun tosaigh. Ag a dheireadh agus tar éis sáriarracht foirne bhí farasbarr ceithre chúilín againn, 1-13 in aghaidh 2-6. Mhothaigh mé an oiread sásaimh an cluiche áirithe sin a bhuachan, b'fhéidir mar gheall ar an ngéariomaíocht idir an dá chontae le blianta anuas. Chroith mé lámh le Maurice nuair a shéid an fheadóg agus cé go raibh sé róluath a bheith ag machnamh ar a raibh i ndán dúinn sa todhchaí, i gcúl mo chinn thuig mé go raibh an freasúra tar éis imirt in dhá chluiche ceannais le dhá bhliain anuas, agus go raibh siad buailte againne anois. Thug sé sin an-mhuinín domsa go pearsanta agus, creidim, don fhoireann ar fad.

Leagadh O'Mahony go leor béime ar cheiliúradh a dhéanamh mar ghrúpa má bhí rud eicínt buaite, agus thaistil muid uilig ar ais go Gaillimh ar an mbus. San am a caitheadh ní rud é sin a bhíodh coitianta: bhíodh gach duine scaipthe i gcarranna éagsúla de ghnáth agus ní bhíodh aon teacht le chéile ann ach ar bhonn neamheagraithe. Ach i 1998 cuireadh beoir ar fáil ar an mbus, bhí gach duine ag canadh, ag comhrá, ag ceiliúradh, agus bhí atmaisféar iontach ann. An bus féin, cuimhneoidh daoine air: bhí brat na Gaillimhe air agus comhartha mór, 'Galway '98', agus bhraith tú go raibh tú ar aistear, agus go raibh tú i mbun gnó agus tú i do shuí ann. Bhí an chraic iontach an oíche sin i nGaillimh – fiú sa gclub oíche bhí daoine ag dul thart agus geansaithe na Gaillimhe orthu, agus cinnte ní raibh an dílseacht ná an bród sin feicthe agamsa i measc an lucht tacaíochta riamh cheana. Le hais 1995, nuair a bhuaigh muid craobh Chonnacht, bhí an t-atmaisféar iomlán difriúil: chuaigh an bua seo i bhfeidhm ar an bpobal; trí bliana roimhe sin ní fhéadfá é sin a rá. Bhí ríméad ar na leaids uilig – caitheadh linn mar laochra agus thaithin sé sin linn.

Bhí muid i bhfad rómhaith do Liatroim sa gcluiche

leathcheannais ar Pháirc Sheáin Mhic Dhiarmada trí seachtainí ina dhiaidh sin, lá álainn te is cuimhneach liom. Bhí sé mar aidhm agamsa imirt níos fearr ná mar a d'imir mé in aghaidh Mhaigh Eo, agus sílim gur éirigh liom tionchar níos mó a a bheith agam ar an gcluiche seo. D'aimsigh mé cúilín sa dara leath, agus thug sé sin muinín dom. Bhuaigh muid go héasca, 1-16 in aghaidh 0-5. Ba é an t-aon rud suntasach faoin gcluiche sin i ndáiríre ná gur gortaíodh Paul Clancy. Ní imreodh sé arís go dtí cluiche ceannais na hÉireann. An leaid céanna, is cara maith liom é anois, agus le himeacht na mblianta tá sé éasca dearmad a dhéanamh gur mhúin mé é i gColáiste Mhuire nuair a bhí sé san Ardteist! Le linn fheachtas 1998, áfach, bhí fios maith agam, agus a leithéid anois tagtha ar phainéal na Gaillimhe, go raibh mé ag éirí níos sine agus go raibh an t-am ag sleamhnú thart. B'fhéidir gurbh in é an fáth gur bhain mé an oiread suilt as an samhradh sin dá bharr.

Ag siúl trí shráideanna na Gaillimhe tar éis an dá chluiche in aghaidh Mhaigh Eo agus Liatroma, thug mé faoi deara go raibh aird an pobal ar imreoirí an chontae, agus suim iontu nach raibh le tabhairt faoi deara cheana. Bhí na cluichí á gcraoladh, ar ndóigh, agus thóg sé tamall dul i dtaithí ar an aitheantas seo a fuair duine. Arís, bhí mise i gcónaí ag déanamh comparáide – blianta roimhe sin bhíodh daoine ag gáire fút agus ag caitheamh anuas ort mar gur imir tú le Gaillimh; anois a mhalairt ar fad a bhí i gceist agus bhí an slua ag iarraidh aithne a chur ort. B'fhéidir go ndeachaigh sé sin i bhfeidhm beagán ar roinnt daoine ar an bpainéal, agus mar a léiríodh i gcluiche ceannais Chonnacht bhí sé riachtanach go mbeadh gach duine dírithe ar an tasc a bhí romhainn.

In aghaidh Ros Comáin ar an 19 Iúil i dTuaim bhí an t-ádh orainn. Bhí sé ag dórtadh báistí, agus níor shocraigh muid síos ar chor ar bith, cibé cén fáth. Bhí farasbarr cúilín amháin ag an bhfreasúra sna soicindí deiridh, nuair a thug an réiteoir, Séamus Prior, cic saor dúinn. Scóráil Niall Finnegan agus bheadh athimirt ann, buíochas mór le Dia. Dúradh gur chóir go mbeadh cic saor faighte ag Ros Comáin cúpla nóiméad roimhe sin mar gur phioc Gary Fahey an liathróid glan ón talamh – séanann sé é, agus ní fhaca mise é, ach is dóigh go raibh an t-ádh orainn nach bhfaca an réiteoir tada as bealach.

San athimirt i bPáirc de hÍde coicís ina dhiaidh sin, d'imir mé chomh maith agus a d'imir mé i gcaitheamh na bliana. Bhí mé fuinniúil, lán le muinín, agus fócas damanta agam. Tarlaíonn sé mar sin uaireanta, ach is go fíorannamh, i ndáiríre, a bhíonn tú iomlán sásta le d'iarracht. Aisíoc b'fhéidir domsa a bhí ann don obair ar fad, an íobairt ar fad, le dhá bhliain anuas agus roimhe sin freisin. Ar aon chuma, agus tar éis coimhlint mhillteanach eile idir an dá fhoireann, d'éirigh liom, mar a shíl mé ag an am, an cúilín cinniúnach a aimsiú, ach nuair a bhí nóiméad fanta fuair siadsan cic saor: chuir Eddie Lohan thar an trasnán í agus bhí muid ar comhscór arís. Am breise, dúshlán nua, agus tháinig Ja Fallon chun cinn le trí chúilín gleoite ón imirt. Ag leath ama in am breise, bhí farasbarr dhá chúilín againn, 0-16 in aghaidh 0-14, agus nuair a d'aimsigh Michael Donnellan cúl tar éis leathnóiméid den dara tréimhse shílfeá go raibh muid ar mhuin na muice. Ach ní raibh sé i gceist ag Ros Comáin géilleadh go fóill. Fuair Lohan dhá chic saor agus d'aimsigh Nigel Dineen cúilín ón imirt, agus bhí teannas aisteach le brath sa láthair ag druidim i dtreo dheireadh an chluiche. Ach bhí na hiarrachtaí sin rómhall agus bhí an bua ag Gaillimh.

Má bhí an ceiliúradh tar éis buachan ar Mhaigh Eo go maith, bhí an-oíche againn tar éis an chluiche ceannais freisin. D'fhan mé i dTuaim, in óstán an Imperial, áit ar lean an chóisir go dtí a sé a chlog ar maidin. Fuair mé féin, Shay Walsh agus

Fergal Gavin tacsaí ar ais go Gaillimh ina dhiaidh sin, agus ní dhéanfaidh mé dearmad go deo ar an ngrian ag éirí an mhaidin sin, maidin gheal álainn, mise tuirseach traochta i gcúl an chairr ach sona sásta, an chéad chuspóir don bhliain curtha i gcrích agus féidearthachtaí taibhsiúla amach romham.

Níl aon dabht ach go raibh fuinneamh agus beocht nua i gcúrsaí peile i nGaillimh faoi stiúir John O'Mahony, ach chun aon dul chun cinn a chinntiú bhí íobairt le déanamh. Níor mhiste le haon duine de na himreoirí na híobairtí sin, mar go raibh an t-aisíoc chomh sásúil, agus an t-aisíoc is mó ar fad – bonn Uile Éireann – bhí sé ag teastáil uainn uilig. Ach bhí cinneadh le déanamh, ní hamháin ó thaobh an mhéid ama a chaith tú leis an bhfoireann, ag traenáil, ag freastal ar chruinnithe, imithe ar feadh deireadh seachtaine – ach fiú nuair nach raibh tú i gcomhluadar na leaids, bhí géarghá cloí le gnáthamh dian traenála. Dá bharr ní raibh an oiread ama agat le caitheamh le do mhuintir, agus caithfidh go raibh sé thar a bheith dian ar na leaids a bhí pósta, leithéidí Kevin Walsh, agus a raibh gasúir acu. Mar ní fhéadfá a bheith páirteach in ócáidí clainne nuair ba mhian leat é – cuireadh gach rud eile agus gach duine eile sa dara háit, agus bhí tús áite ag an bpeil. Chaithfeá a bheith leithleasach, aonarach, agus chothaigh sé sin fadhbanna ó am go chéile i do shaol pearsanta. Bhí an t-ádh ormsa riamh go raibh mo mhuintir féin chomh sáite sin sa bpeil agus fuair mé tacaíocht iontach uathu. Tar éis gach cluiche sraithe agus craoibhe, bhídís ag fanacht liom taobh amuigh den seomra feistis, agus nuair a bhí moladh ag teastáil, bhíodh sé le fáil. Uaireanta bhínn in ísle brí tar éis cluiche a chailleadh agus ní theastaíodh uaim aon duine a fheiceáil, ach thuiginn go raibh beagnach an oiread céanna fuinnimh caite acusan ag faire ar an gcoimhlint agus a bhí caite agamsa ag imirt agus nach raibh uathu ach cinntiú go raibh mé ar mo shuaimhneas. Suimiúil go leor, mar gheall nach raibh Craobh na hÉireann buaite ag aon duine againn roimhe sin, na himreoirí ná go deimhin O'Mahony, ar bhealach ní raibh a fhios againn cé chomh crua agus a chaithfeá oibriú chun ceann scríbe a bhaint amach. Ceapaim anois go mb'fhéidir go mbeadh sé buaite againn agus gan an oiread déanta, ach ní raibh aon duine ag iarraidh dul sa seans agus duais chomh mór ag brath air.

Bhí spiorad maith i measc an phainéil ó thús ré O'Mahony agus caidreamh dearfach leis an mbainisteoir, ach ní hé sin le rá nár chuir aon duine ina aghaidh riamh agus nár éirigh beagán teannais dá bharr – bhí aighneas idir O'Mahony agus Seán Ó Domhnaill, mar shampla, nuair a dhiúltaigh Seán suí sa tochaltán leis na fir ionaid eile nuair a tógadh den pháirc é sa gcéad chluiche in aghaidh Ros Comáin i 1998. Ach réitigh O'Mahony an t-aighneas seo agus mheall sé Seán leis, éacht ann féin, mar is fear ann féin é Ó Domhnaill. Uair eile chuir an báireoir Martin McNamara, nó 'Mac', mar a thugadh muid air, glaoch ar O'Mahony ag rá nach bhféadfadh sé a bheith ag traenáil mar go raibh sé sáinnithe sa trácht thuas faoin tír. Chuala O'Mahony fógra á dhéanamh sa gcúlra, *'Winner all right'*, agus é ar an bhfón le Mac agus thuig sé gur ag rásaí capall a bhí an bithiúnach. Níl a fhios agam céard a dúradh le Mac ach ba é an rud faoi ná gur aithin an bainisteoir an chaoi ab fhearr déileáil le Mac le hais Sheáin, agus ar ndóigh bhí ról tábhachtach ag an mbeirt sin i bhfeachtas stairiúil na bliana 1998.

Ba é an rud iontach faoi O'Mahony ná gur éirigh leis, den chuid is mó, déileáil leis an teannas seo nuair a tháinig sé chun solais, go hinmheánach. Níor dearnadh aon argóint phoiblí i measc an ghrúpa – go fíorannamh a tharlaíodh a leithéid ar aon chuma – agus bhí sé sin tábhachtach. Chomh maith leis sin, níor dhuine é O'Mahony a bhíodh riamh diúltach – níorbh in an nádúr a bhí aige. Fear uasal a bhí ann agus fiú agus é ag míniú do dhuine go raibh sé lena fhágáil den fhoireann, bhí bealach aige sa gcaoi is gur mhothaigh tú dearfach, ainneoin an drochscéala. Thuig tú go raibh meas aige ort, agus bhí meas agat air dá bharr. Thuig sé daoine – is cuimhneach liom ócáid amháin agus mise imníoch nach raibh mé ag imirt go maith, agus seo b'fhéidir an tseachtain roimh chluiche mór craoibhe eicínt, agus tháinig sé chugam agus dúirt liom gan aon strus a a bheith orm, go mbeinn ag imirt agus go raibh gach muinín aige asam. Leis sin, bhí mé suaimhneach arís. Ar ndóigh, ní féidir gach duine a shásamh an t-am ar fad, agus bhí díomá ar dhaoine áirithe mar ní féidir le gach duine imirt, ach bheadh an-iontas orm dá mbeadh aon rud diúltach le rá ag aon duine ar an bpainéal faoin gcaoi ar chaith O'Mahony leo i 1998, mar bhí sé gnaíúil.

Le hais chluiche leathcheannais na hÉireann in aghaidh Thír Eoghain trí bliana roimhe sin, bhí meon iomlán difriúil agamsa ag druidim i dtreo na coimhlinte le Doire i Lúnasa 1998. Bhí mé ag iarraidh buachan, agus bhí na leaids eile a d'imir in aghaidh Thír Eoghain den tuairim chéanna. Thuig muid go mb'fhéidir nach bhfaigheadh muid an seans arís imirt i bPáirc an Chrócaigh. Leath an meon sin i measc an phainéil, ach na leaids óga cosúil le Pádraic Joyce, bhíodar chomh muiníneach nach raibh faitíos ar bith orthu roimh an bhfreasúra ná an choimhlint ná an dúshlán.

Mam agus Daid liomsa agus Aisling i mBaile Átha Cliath, tús na seachtóidí.

Mise agus Aisling, mise thart ar ocht mí d'aois.

Buaiteoirí Chorn Uí Chonaire, 1982 agus 1983: Ar cúl ó chlé: Garry Mac Donncha, Cóilín Ó Flatharta, Colm Mac Donnchadha, Caoimhín Ó hEaghra, Seán Ó Gábháin, Liam Mac Fhlanncha, Maitiú Ó Gríofa, Mícheál Ó Gaoithín, Pádraig Mac Donncha, Mícheál Ó Máille. Chun tosaigh: Seán Barra Ó Gríofa, Seán Mac Donnchadha, Jonathan

Foireann mhionúr na Ceathrún Rua a bhuaigh Sraith Bhord an Iarthair, 1986. Ar cúl ó chlé: Seán Óg de Paor, Peadar Ó Conghaile, Peadar Ó Sé, Brian Mac Donnacha, Caoimhín Ó hEaghra, Jonathan O'Neill, Liam Mac Fhlanncha, Pádraig Mac Donncha, Maitiú Ó Gríofa, Tomás Ó Gríofa, Micheál Ó Máille. Chun tosaigh: Pádraig Ó Máille, Seán Barra Ó Gríofa, Pádraig Ó Conghaile, Seán Mac Donnchadha, Stiofán Mac Donnchadha, Caoimhín Terry Mac Donnchadha, Gabriel Ó Fátharta, Liam Mac Dara Ó hEaghra, P. J. Ó Conghaile.

Le Joe Long, traenálaí fhoireann sinsear Choláiste Iarfhlatha. Bhí mise i mo chaptaen ar an bhfoireann nuair a bhí mé ag déanamh na hArdteiste. Bhuaigh muid an tsraith roimh Nollaig.

Peileadóir na Bliana, 1988.

# Tribune Sports Star of the Week

## SEAN DE PAOR

GALWAY minor footballers had to overcome a disastrous start at Hyde Park on Sunday when they conceeded two goals in the opening three minutes while playing with the wind, before they went on to win the Connacht title for the third consecutivce year.

Galway's fightback from that demoralising opening was achieved by sheer determination by a number of players but none contributed more than left half-back *Sean De Paor.*

The St. Jarlath's captain commanded his sector of the pitch with authority and was always willing to help out team-mates in trouble and his rock solid display contributed significantly to the Galway revival which ultimately resulted in the champions scoring their third successive final victory over Mayo.

The Clifden clubman was the unanimous choice for this week's *Tribune Sportstar of the Week* while the claims of two of his team-mates in that impressive defence *Paul Sammon and Ian O'Donoghue* were also considered.

*Connacht Tribune,* 1988. 'The Clifden Clubman'!

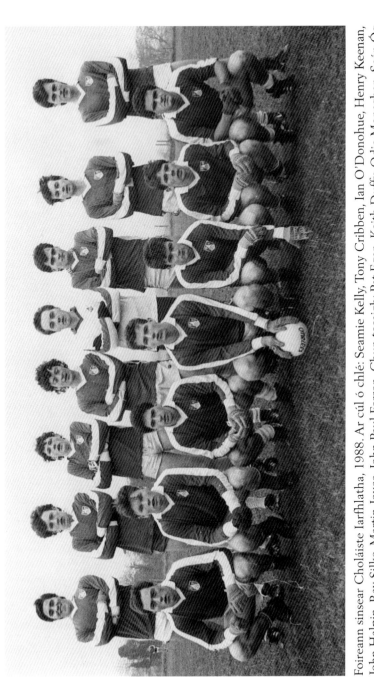

Foireann sinsear Choláiste Iarfhlatha, 1988. Ar cúl ó chlé: Seamie Kelly, Tony Cribben, Ian O'Donohue, Henry Keenan, John Halpin, Ray Silke, Martin Joyce, John Paul Ferron. Chun tosaigh: Pat Egan, Keith Duffy, Odie Monaghan, Seán Óg de Paor, Seán Mac Brien, Mike Devane, Peter Maher.

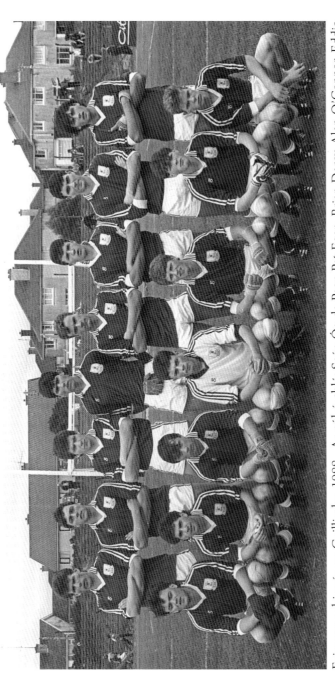

Foireann mhionúr na Gaillimhe, 1988. Ar cúl ó chlé: Seán Óg de Paor, Pat Egan, Brian Darcy, Alan O'Connor, Eddie Forde, Paul Sammon, Colm Tonge, Pat Costello. Chun tosaigh: Tommy Geraghty, Odie Monaghan, Seán Conlon, Cathal McGinley, Frank Quinn, Ian O'Donohue, Niall Finnegan. (*Connacht Tribune*)

Staid an Phiarsaigh sa seanam. Ag ritheacht amach ar an bpáirc do chluiche ceannais Chorn Mhic Shigiúir, 1992. Mise i mo chaptaen, Sylvie Maguire, Tony Maher, Mark O'Connor, Conor McGauran, Tom Ryan, Lorcan Dowd, Bryan Morkham do mo leanacht.

An fhoireann a bhuaigh Corn Mhic Shigiúir i 1992, in óstán an Ardilaun, 2002. Ar cúl ó chlé: Damian Mitchell, Mick Finnegan, Karl O'Mahony, Tom Ryan, Don Connellan, Brian Morkham, Niall Finnegan, Maurice Sheridan. Sa lár: Tony Regan, Mark O'Connor, Conor McGauran, Gary Fahey, Sylvie Maguire, Tom Crowe, Tony Maher, Fergal Gavin. Chun tosaigh: John Kilraine, Máirtín McDermott, Lorcan Dowd, Seán Óg de Paor, John Donnellan, Pádraig Oates, Tom Prendergast. (*Connacht Tribune*)

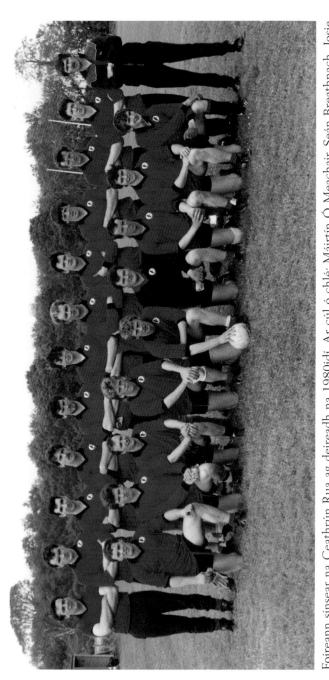

Foireann sinsear na Ceathrún Rua ag deireadh na 1980idí. Ar cúl ó chlé: Máirtín Ó Meachair, Seán Breathnach, Josie Ó Conghaile, Gearóid Ó Cualáin, Nollaig Ó Domhnaill, Pádraig Mac Donncha, Máirtín Ó Gábháin, Tomás Ó Ceallaigh, Máirtín Óg Mac Donnacha, Pádraig Ó Lorcáin, Caoimhín Ó hEaghra, Séamas Ó Loideáin. Chun tosaigh: Aodán Ó Sé, Seán Óg de Paor, Caoimhín Gannon, Caoimhín Terry Mac Donnchadha, Tomás Ó Flaithearta, Daithí Ruiséil, Micheál Ó Lorcáin, Rónán Ó Sé, Micheál Mac Donnchadha.

Cluiche craoibhe in aghaidh Eanach Dhúin am eicínt sna naochaidí.

Ag dul i ngleic leis an bhfreasúra, cluiche ceannais an chontae, 1996. An Cheathrú Rua i gcoinne Óráin Mhóir–Mhearaí. Mé féin, P. J. Ó Conghaile (uimh. a cúig) agus Micheál Ó Domhnaill (uimh. a seacht). (*Connacht Tribune*)

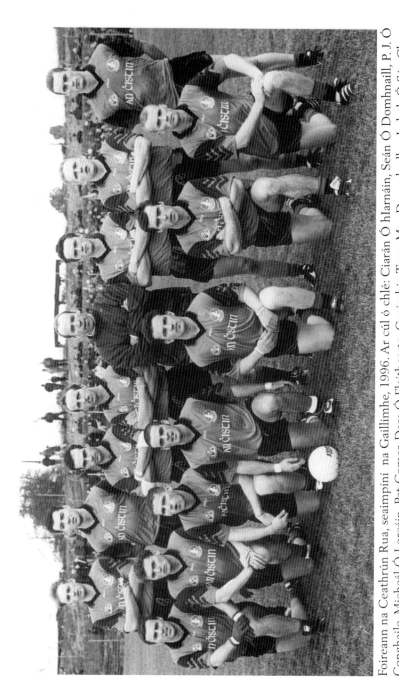

Foireann na Ceathrún Rua, seaimpíní na Gaillimhe, 1996. Ar cúl ó chlé: Ciarán Ó hIarnáin, Seán Ó Domhnaill, P. J. Ó Conghaile, Mícheál Ó Lorcáin, Pat Comer, Dara Ó Flaithearta, Caoimhín Terry Mac Donnchadha, Jarlath Ó Sé. Chun tosaigh: Aodán Ó Sé, Anthony Finnerty, Seán Óg de Paor, Mícheál Ó Domhnaill (captaen), Garry Mac Donncha, Rónán

Buaiteoirí Chomórtas Peile na Gaeltachta 1997. Ar cúl ó chlé: Cóilín Ó Domhnaill, Seán Breathnach, Seán Ó Domhnaill, Pádraig Mac Donncha, Peadar Ó Conghaile, Pat Comer, Dara Ó Flaithearta, Jarlath Ó Sé, Micheál (Mhicho) Ó Domhnaill. Chun tosaigh ó chlé: Aodán Ó Sé, Anthony Finnerty, Máirtín Ó Conghaile, Rónán Ó Sé, Micheál (Chóilín) Ó Domhnaill, Caoimhín Terry Mac Donnchadha, Peadar Ó Sé, Seán Óg de Paor.

Ag síniú. Roimh chluiche ceannais na hÉireann, 1998.

Karl O'Dwyer ag imeacht uaim.
Cluiche ceannais na hÉireann 1998. (Ray McManus, Sportsfile)

Ag imeacht ó Eddie McCormack.
Cluiche ceannais na hÉireann 1998. (Brendan Moran, Sportsfile)

Ag síniú *autographs* tar éis an bhua ar Chill Dara, 1998.

Tigh Nan Dooley ar an gCeathrú Rua i 1998 le Caoimhín Terry Mac
Donnchadha agus Seán Ó Domhnaill, agus Sam.

Lá Nollag 1998. Le Sam, Fionnuala, Aideen, Ciarán, Daid, Denise,
Ríona, mise, Cillín, Aisling, Aoife agus Mam.

Cluiche ceannais na hÉireann 2000. An fhoireann a chríochnaigh ar comhscór le Ciarraí. Ar cúl ó chlé: Ray Silke, Seán Ó Domhnaill, Joe Bergin, Gary Fahey, Michael Donnellan, Tomás Meehan, John Divilly. Chun tosaigh: Seán Óg de Paor, Paul Clancy, Derek Savage, Pádraic Joyce, Martin McNamara, Tommie Joyce, Niall Finnegan, Declan Meehan. (*Connacht Tribune*)

Darragh Ó Sé róthapa. Cluiche ceannais na hÉireann 2000.
Ní raibh an lá linn. (*Connacht Tribune*)

Croíbhriste tar éis chluiche ceannais na hÉireann 2000.
(Brendan Moran, Sportsfile)

Chas muid leis an aisteoir Woody Harrelson i nGaillimh roimh an gcluiche craoibhe in aghaidh Chorcaí i bhfeachtas 2001, agus thug muid geansaí na Gaillimhe dó. Mise agus mo dheartháir Ciarán leis.

Evan Kelly ag iarraidh éalú, cluiche ceannais na hÉireann 2001.
(Ray McManus, Sportsfile)

I ngleic le Evan Kelly arís, cluiche ceannais na hÉireann 2001.
(Ray McManus, Sportsfile)

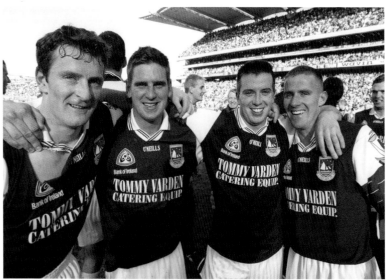

Sásamh. Ja Fallon, Paul Clancy, Tommie Joyce agus mise tar éis chluiche
ceannais na hÉireann in aghaidh Chontae na Mí, 2001.
(*Connacht Tribune*)

An mhaidin dár gcionn. Tar éis an bhua ar Chontae na Mí i 2001, mise
agus John O'Mahony taobh amuigh d'óstán an Citywest.
(Damien Eagers, Sportsfile)

Le Sam ag teacht anuas ar an traein tar éis chluiche ceannais na
hÉireann 2001. Shay Walsh, mise agus Derek Savage.

Ag fáil gradam *All-Star* ón Taoiseach in óstán an Citywest, 2001.
(Ray McManus, Sportsfile)

Mise agus Sarah, le Sam, 2001.

Mise agus Sarah, lá ár bpósta, Aibreán 2003. Ní liathróid é sin ach cáca!

Mise agus Sarah i San Diego leis na *All-Stars*, 2003.

Cluiche ceannais Chonnacht 2003, in aghaidh Mhaigh Eo. Ag croith-
eadh lámh leis an Uachtarán Máire Mhic Ghiolla Íosa.
(*Connacht Tribune*)

Cluiche ceannais Chonnacht 2003, i gcoinne Mhaigh Eo i Staid an
Phiarsaigh. (*Connacht Tribune*)

Mé gortaithe ag druidim i dtreo dheireadh chluiche ceannais Chonnacht, 2003. Cuireadh den pháirc Fergal Kelly as Maigh Eo dá bharr. (*Connacht Tribune*)

Ag ceiliúradh leis an bhfisiteiripeoir Mick Byrne tar éis an bhua ar Mhaigh Eo, cluiche ceannais Chonnacht, 2003. (Damien Eagers, Sportsfile)

Cluiche leathcheannais na sraithe 2004, in aghaidh Thír Eoghain. Owen Mulligan ar mo thóir. (*Connacht Tribune*)

Cluiche ceannanis na sraithe 2004. In iomaíocht le Séamus Moynihan.
(Damien Eagers, Sportsfile)

Roimh chluiche ceannais na sraithe 2004, mise i mo chaptaen agus brú orm freastal ar phreasócáid an tseachtain roimhe. Ciarán McManus agus Benny Coulter taobh liom; Uíbh Fhailí agus an Dún in aghaidh a chéile i gcluiche ceannais roinn a dó. (Brendan Moran, Sportsfile)

Declan Meehan, mise agus Ja Fallon, ag ithe béile, na hOileáin Chanáracha, Eanáir 2004.

Ionsaíonn Wayne Campbell na hAstráile mé, Páirc an Chrócaigh, 1998.
(Brendan Moran, Sportsfile)

Tar éis an dara teist i gcoinne na hAstráile in Adelaide, Deireadh
Fómhair 1999. Mise ag baint bindealáin díom, John McDermott ag ól
deoch agus Trevor Giles ag gáire. (Ray McManus, Sportsfile)

Mise agus Johnny Crowley ag traenáil i Melbourne, 2001.
(Ray McManus, Sportsfile)

Sos ón traenáil, Melbourne 2001. (Ray McManus, Sportsfile)

Ag traenáil le foireann na Gaillimhe. (*Connacht Tribune*)

An uair dheiridh a raibh mé bainteach le foireann na Gaillimhe, i mo mhaor uisce i gcluiche ceathrú ceannais na hÉireann 2005, in aghaidh Chorcaí. Buaileadh Gaillimh. (Brendan Moran, Sportsfile)

Clann de Paor: Fionnuala, Cillín, Ríona, Denise, Aoife, Aideen, Ciarán, Seán Óg, Daid, Mam, Aisling agus Sarah.

D'fhan muid sa mBerkeley Court Hotel an uair seo – samhlaigh an difríocht idir é sin agus an Aisling i 1995 – agus nuair a chuaigh muid suas chuig an seomra bhí torthaí, uisce agus nóta pearsanta ón mbainisteoir John Glynn ag cur fáilte romhainn. Bhí mise ag fanacht sa seomra céanna le John Divilly, agus níor chodail mé néal mar gheall ar an méid srannadh a rinne sé.

An oíche roimh chluiche mór mar é, ba é an gnás go mbíodh béile againn le chéile, agus ansin cruinniú foirne. Deireadh O'Mahony méid áirithe faoin bhfreasúra ag an gcruinniú sin, agus théadh muid tríd an bplean a bhí againn chun déiléail leis an mbagairt. Ag deireadh an chruinnithe thaispeántaí físeán gairid. Bhíodh gach duine ag súil leis, mar is é a bhíodh i gceist íomhánna dínn uilig ag imirt agus an t-iriseoir Tommy Gorman, cara le O'Mahony, ag déanamh na cainte. Íomhánna dearfacha, ar ndóigh, a bhíodh á dtaispeáint, agus b'fhéidir an té nach raibh ag imirt rómhaith ag druidim i dtreo an chluiche, bheadh sé an-fheiceálach ar an bhfíseán. Thug an léargas sin muinín don fhoireann, spreag sé na himreoirí agus b'in an aidhm a bhí leis.

Ní cluiche iontach a bhí ann in aghaidh Dhoire: ní raibh an lá go deas, bhí muid beagán neirbhíseach b'fhéidir, stopadh an cluiche go minic agus thug an réiteoir, John Bannon, suas le seasca cic saor san iomlán. Mar sin féin bhí muid rómhaith don fhreasúra agus d'imir leithéidí Ja Fallon agus Michael Donnellan agus go deimhin Martin McNamara ar fheabhas ar fad. Bhí mé sásta le mo thaispeántas féin freisin. Is cuimhneach liom go raibh na sluaite tar éis an t-aistear a dhéanamh as Gaillimh: bhí os cionn 38,000 i bPáirc an Chrócaigh ar an lá, agus bhí sé sin iontach. Fuair siadsan cúl – cic pionóis – sna nóiméid deiridh ach bhuaigh muid, 0-16 in aghaidh 1-8. Bua cuimsitheach, a bhuíochas don mhodh díreach: an liathróid a chur isteach chuig na tosaithe go tapaidh agus deis a thabhairt dóibhsean damáiste a dhéanamh. Ar deireadh d'aimsigh Pádraic Joyce 0-8, Ja Fallon 0-4, Michael Donnellan 0-2 agus Niall Finnegan agus Seán Ó Domhnaill cúilín an duine. Nuair a shéid an réiteoir an fheadóg, bhí ré nua tosaithe i ndáiríre. Bhí Gaillimh anois i gcluiche ceannais na hÉireann den chéad uair ó 1983. Ní fhéadfainn é a chreidiúint.

Bhí an cháil ar John O'Mahony riamh mar gheall ar a bheith dícheallach, dúthrachtach, mar go bhfuil sé airdeallach ar gach rud beo ag druidim i dtreo cluiche. Caitheadh go maith le gach duine den phainéal ag druidim le cluiche ceannais na hÉireann; fuair muid uilig fiche ticéad in aisce agus seans ar dheich gcinn eile a cheannacht. Ní bhfuair leaids Chill Dara a leathoiread sin, fuair mé amach ó shin. Aon rud a bhí uainn, tugadh dúinn é, a bhuíochas do O'Mahony agus bord an chontae, ach bhí caidreamh maith aige leis an mbord agus dá bhrí sin ní nach ionadh go rabhadar cabhrach ar gach aon bhealach.

Ag an am céanna bhí brú ar imreoirí. Ní fhéadfaí é sin a sheachaint, is dócha, agus cluiche chomh tábhachtach amach romhainn. Cinnte, mhothaigh mise brú, agus b'fhéidir gur nocht an brú sin ar bhealaí difriúla i leaids éagsúla. Chaith mise riamh bróga peile Adidas, mar shampla, ach bhí margadh déanta ag foireann na Gaillimhe le Puma. Ghoill sé go mór orm nach mbeinn ag caitheamh na mbróg a raibh taithí agam orthu don chluiche ceannais, agus chuaigh mé go dtí O'Mahony ag iarraidh réiteach ar an bhfadhb. Shocraigh muid go gcaithfinn mo bhróga féin, Adidas, ach go gcuirfinn dath dubh ar na stríocaí. Tá na bróga céanna sa mbaile i gcónaí, na stríocaí fós daite.

Maidir le ticéid, ar ndóigh bhí éileamh mór i nGaillimh roimh an gcluiche agus d'iarr go leor daoine ceann orm. Chuir sé sin leis an mbrú, mar ní fhéadfainn gach duine a shásamh. Ar feadh deich lá roimh an gcoimhlint bhí faitíos orm an teach a fhágáil – gach duine ag iarraidh labhairt faoin gcath agus bhí sé sin tuirsiúil ag am nuair a bhí sé riachtanach go mbeinn ag ligean mo scíthe. Mar ní fhéadfá a bheith macánta, ní fhéadfá a rá gur cheap tú go raibh Gaillimh chun buachan: chaithfeá a bheith discréideach an t-am ar fad agus an rud ceart a rá. Bhí mé faoi oiread brú ag an am gur iarr mé ar an rúnaí i gColáiste Mhuire, Maura Stankard, gan aon glaoch teileafóin a chur tríd chugam mura raibh aithne aici ar an té a bhí ag caint.

Ach má bhí rudaí beaga mar sin ag cur as dom, bhí mé muiníneach ar bhealaí eile. Bhí a fhios agam, mar shampla, cuma cé chomh traochta is a bheinn i rith na coimhlinte, nach gcaithfinn ach fanacht i mo thost ar feadh fiche soicind agus go mbeadh m'anáil faighte ar ais agam, b'in chomh haclaí is a bhí mé ag an am, agus thug sé sin an-spreagadh dom.

Ceann de na tréithe ba shuntasaí faoin ullmhúchán roimh chluiche ceannais 1998 ná na cluichí dúshláin idir foireann A, mar a thug muid air – is é sin an cúigear déag is cosúil a thosódh – agus foireann B, na leaids eile ar an bpainéal. Bhíodh na cluichí seo ar siúl roimh gach cluiche craoibhe, ach roimh an gcluiche ceannais bhí beocht agus teannas ar leith ag baint leo, ní nach ionadh. Chaitheadh foireann A geansaí na Gaillimhe agus chaitheadh foireann B geansaí an fhreasúra. Mar a dúirt mé, aird ar na mionsonraí, b'in bua O'Mahony.

Bhíodh an iomaíocht géar sna cluichí dúshláin, na leaids ar fhoireann A ag iarraidh seilbh a choinneáil ar an ngeansaí a bhí acu, na leaids ar fhoireann B ag iarraidh é a bhaint díobh. Go minic bhíodh argóintí ann, bhí an oiread ag brath ar na cluichí sin. Suimiúil go leor, níor buaileadh foireann B uair amháin i rith na bliana; fuair siad an ceann is fearr i ngach aon chluiche a d'imir muid – ach amháin an cluiche a d'imir muid roimh chluiche ceannais na hÉireann. Sa gcluiche sin, ar an Satharn, ocht lá roimh an gcluiche in aghaidh Chill Dara, bhí foireann A cúig chúilín chun tosaigh agus cúpla nóiméad le dhul, ach bhí Kevin Walsh pisreogach, agus mhol sé go ligfí cead d'fhoireann B dhá chúl a fháil ag a dheireadh, agus b'in a rinneadh. Léiríonn an staitistic sin chomh láidir agus a bhí an painéal i 1998 – leithéidí Mhichíl Geoghegan, Chaoimhín Terry Mhic Dhonnchadha, Pat Comer, Brian Silke, Mhichíl Uí Chlochartaigh, Declan Meehan, Paul Clancy agus Richie Fahey ag troid chun a bheith i measc na bhfear ionaid – ní bheadh an tairbhe céanna ag baint leis na cluichí dúshláin sin aon bhliain eile le linn ré O'Mahony, mar ní bheadh an neart céanna sa bpainéal arís.

Coicís roimh an gcluiche ceannais, d'fhan muid ar feadh deireadh seachtaine i Maigh Nuad. Chaith muid go leor ama an bhliain sin ag breathnú ar scannán faisnéise rugbaí faoi thuras na Lions san Afraic i 1997, agus bhí an-mheas againn i gcoitinne ar Keith Wood dá bharr. Cén fáth a raibh muid ag scrúdú an scannáin áirithe sin? Mar gur foireann iad na Lions ar éirigh leo – agus gan mórán súil leis – agus bhí muide ag iarraidh go n-éireodh linne, agus bhí muid ag iarraidh ceacht a fhoghlaim uathu dá bhféadfadh muid.

Bhí na soilse múchta sa seomra agus muid uilig ag faire ar an scannán – arís – agus nuair a bhí sé thart d'iarr O'Mahony na soilse a lasadh, agus cé a bhí ina sheasamh amach romhainn ach Keith Wood! Ba bheag nar thit mé as mo sheasamh. Labhair sé linn maidir le hullmhú do chluiche mór, agus chuaigh sé i gcion go mór orainn uilig. Ag a dheireadh d'iarr sé an raibh aon cheist ag aon duine, agus chuir Niall Finnegan suas a lámh. Bhídís ag magadh faoi Wood sa bhfíseán gur thaithin mná torracha leis, agus d'iarr Finnegan air an raibh sé sin fíor. Phléasc gach duine amach ag gáire – fear grinn a bhí in Finnegan riamh.

An deireadh seachtaine céanna, bhí muid uilig inár suí i gciorcal agus Bill sa lár. Shín sé píosa páipéir chuig gach duine againn agus d'iarr ar an gcéad duine againn an rud a bhí scríofa ar an bpíosa páipéir a léamh amach. Agus ar aghaidh mar sin, gan stad. Is éard a bhí ar an bpíosa páipéir an focal *'Win'*, nó an focal *'Sam'*, ceann nó an ceann eile. Bhí cumhacht thaibhseach ag baint leis an turgnamh sin, *'Win, Sam, Sam, Win, Win, Win, Sam, Sam . . .'* agus mar sin timpeall an chiorcail. Tá mé cinnte gur cheap duine nó beirt gur rud amaideach a bhí ann, ach b'fhiú é a thriail, dá gcabhródh sé linn. Bhí an píosa páipéir sin – *'Sam'* a bhí scríofa ar an gceann a síneadh chugamsa – i mo phóca ar feadh tréimhse fada tar éis 1998. Bhí an aidhm chéanna ag O'Mahony – na leaids a spreagadh – nuair a chroch sé teachtaireachtaí gairide: *'Discipline'*, *'Good start'*, *'Next five minutes'*, *'Next break'*, agus mar sin sa seomra feistis sna seachtainí roimh an gcluiche. Bhí na teachtaireachtaí céanna crochta agam féin timpeall an tí: in aice an chitil, greamaithe don scáthán, taobh leis an bpríomhdhoras, aon áit a bhfeicfinn go rialta iad. Téarmaí tábhachtacha a bhí pioctha amach againn féin i gcruinnithe a bhí iontu agus chabhraigh siad an fócas a dhaingniú.

Ar ndóigh, má bhí peileadóirí na Gaillimhe gríosaithe, níor thaise sin é do leaids Chill Dara. Go deimhin, tar éis dóibhsean craobh Laighean a bhuachan den chéad uair le dhá bhliain agus dhá scór, agus an ceann is fearr a fháil ar sheaimpíní na hÉireann, Ciarraí, sa gcluiche leathcheannais –

roimhe sin bhuadar ar churaidh 1996 (Contae na Mí) agus curaidh 1995 (Baile Átha Cliath) – agus ba iad rogha na coitiantachta iad. D'fheil sé sin do Ghaillimh. D'fheil sé dúinn freisin go raibh oiread dóchais i gCill Dara roimh an gcluiche ceannais – an chéad uair don fhoireann a bheith san iomaíocht ó 1935 – mar d'fhág sé nach raibh mórán brú orainne ar chor ar bith. Bhí an chaint uilig faoin bhfreasúra, agus d'fhéad muid leanacht orainn leis na hullmhúcháin gan aon rud ag cur isteach orainn.

Mura raibh brú ag teacht ó thaobh amuigh den ghrúpa, bhí eolas maith againn uilig mar imreoirí ar na staitisticí – ón mbliain 1966, nuair a bhuaigh Gaillimh Corn Sam Mhig Uidhir den tríú bliain as a chéile, bhí an cluiche ceannais caillte ceithre huaire: i 1971, 1973, 1974 agus 1983. Bhí imní ar go leor i nGaillimh go mbeadh sé sin mar bhac inár n-intinn agus muid ag ritheacht amach ar an bpáirc. Ba é an dearcadh a bhí agamsa ná go raibh peileadóirí sa gcontae a raibh bonn Uile Éireann buaite acu – cuid acu a raibh trí cinn acu go deimhin – agus nach raibh fáth ar bith ann nach bhféadfadh muide an t-éacht céanna a dhéanamh. Chreid mé go raibh muid sách maith agus go bhféadfadh an traidisiún peile a bhí i nGaillimh ar feadh na gcianta oibriú ar ár son. Cinnte, bhí roinnt cluichí mór le rá caillte ó na seascaidí, ach níor mhothaigh mise aon bhrú breise dá bharr.

Rinne mé machnamh ar éachtaí na Gaillimhe. Nuair a bhí mé ag freastal ar Choláiste Iarfhlatha bhíodh brat á iompar ag na cluichí uilig – 'Tradition Talks' a bhí scríofa air – agus níor thuig mé céard a bhí i gceist go dtí cluiche ceannais 1998, seans. Cheap mé roimhe sin nach raibh tábhacht dá laghad ag baint leis an rud a tharla i bhfad siar, nach raibh tábhachtach ach an rud a tharlódh ar an lá, ar an bpáirc. D'athraigh an meon sin ag druidim i dtreo chluiche ceannais 1998. Ní hé gur labhair muid mórán mar ghrúpa faoin bhfoireann a bhuaigh an chraobh i 1964, 1965 agus 1966 ach ó am go chéile ar na físeáin ar a mbreathnaíodh muid bhíodh roinnt íomhánna de na cluichí sin, Enda Colleran ag ardú Chorn Sam Mhig Uidhir b'fhéidir, agus bhínnse ag rá liom féin má bhí na leaids sin – Gaillimhigh – in ann ceann scríbe a bhaint amach, tá an grúpa leaids seo freisin. Le hais na Gaillimhe, bhínn ag rá, níl mórán de thraidisiún ag Cill Dara, ach ba iadsan rogha na coitiantachta. Thaispeáin O'Mahony íomhánna dúinn freisin den chluiche stairiúil idir Gaillimh agus Baile Átha Cliath i 1983, nuair a chaill ceathrar déag as Gaillimh in aghaidh dháréag as Baile Átha Cliath – ag iarraidh a chur ina luí orainn a bhí sé gurbh é seo an chéad seachtó nóiméad riamh againn ag imirt i gcluiche ceannais na hÉireann ach go bhféadfaí gurbh é an seachtó nóiméad deiridh againn i gcluiche ceannais na hÉireann é chomh maith. Ná ligígí tharaibh an seans, a bhí sa teachtaireacht. Agus spreag sé mé. I mo chroí istigh, chreid mé go huile agus go hiomlán dá n-imreodh muid go maith ar an lá in aghaidh Chill Dara go mbeadh an bua againn. Ní raibh aon amhras i m'intinn faoi sin.

An oíche roimh an gcluiche ceannais d'fhan muid sa mBerkeley Court, agus an uair seo bhí mé sa seomra céanna le Shay Walsh, cara mór liom ó shin i leith. Go deimhin tá cleamhnas agam leis: aintín liomsa, deirfiúr mo mháthar, atá pósta le huncail Shay. Ar aon chuma, bhí Shay ag iarraidh go múchfadh muid na soilse faoi 11.30, ach nuair a tháinig sé chomh fada leis sin ní raibh ceachtar againn tuirseach – bhí muid ag breathnú ar *Match of the Day*. B'in an lá ar bhrúigh Paolo di Canio an réiteoir i rith cluiche príomhroinne idir

Arsenal agus Sheffield United, agus bhí an scéal á phlé ar an gclár. Dúirt mise le Shay go mb'fhearr na soilse a mhúchadh nuair a bhí muid tuirseach agus ní roimh ré, ach ní shásódh tada Shay ach go mbeidís múchta roimh mheán oíche, mar bheadh sé neirbhíseach dá mbeidís fós lasta lá na cinniúna. Bhí mé i mo luí ansin ar feadh uair nó dhó sular thit mé i mo chodladh, agus bhí Shay – bhí seisean ag tosú an lá dár gcionn freisin – mar a chéile.

Aisteach go leor, níl aon chuimhní móra agam ar an gcluiche é féin – bhí easpa mothú ann, le bheith fírinneach; bhí sé ar nós a bheith ag breathnú ort féin ag imirt. Tá a fhios agam gur aimsigh mé cúilín luath go maith nuair a fuair mé pas deas ó Derek Savage: ba bheag nach ndeachaigh sé taobh amuigh de na postaí ach shleamhnaigh eatarthu ag an nóiméad deireanach. D'eascair an scór sin as ruathar aonair a rinne Michael Donnellan ó cheann ceann na páirce, ach ar ndóigh bhí féinmhuinín an diabhail ag Donnellan agus bhí sé taibhseach ar an lá. Ní raibh faitíos ar bith air a bheith ag imirt i bPáirc an Chrócaigh ar ócáid chomh mór, meon a d'eascair is cosúil as an stair atá sa gclann – bhí bonn Uile Éireann buaite ag athair agus uncail Mhichael sna seascaidí, agus ag a sheanathair roimhe.

Níor imir muid go maith sa gcéad leath, seachas tréimhse ghairid ag tús an chluiche. Leath bealaigh tríd d'aimsigh Dermot Earley cúl agus bhí an lámh in uachtar ag Cill Dara uaidh sin go leath ama agus farasbarr ceithre chúilín acu ag an mbriseadh. Isteach linn sa seomra feistis agus fios maith againn go raibh muid níos fearr ná mar a bhí muid tar éis a thaispeáint. Ach ní raibh aon anbhá le brath i measc an ghrúpa. Rinneadh déileáil le haon ghortuithe fánacha, chuaigh daoine chuig an leithreas, agus ansin labhair O'Mahony. Ní dhearna sé ach tagairt a dhéanamh don téama a bhí in go leor de na cainteanna a thug sé agus muid ag druidim leis an gcluiche, is é sin, *'Take the opportunity of a lifetime, in the lifetime of the opportunity.'* Ní raibh fanta ach tríocha cúig nóiméad, agus b'fhéidir gurbh é an uair dheireanach é a mbeadh muid ag imirt i gcluiche ceannais na hÉireann. B'in dóthain de spreagadh. D'fhág gach duine ansin, fiú O'Mahony, agus ní raibh fanta ach an fhoireann, na cúig dhuine dhéag a bhí ag imirt. Labhair Kevin Walsh agus Ja Fallon, na ceannairí a bhí againn. Labhair an captaen, Ray Silke. Amach linn, agus thug an chuid eile den phainéal – bhí siad ina seasamh sa bpasáiste – bualadh bos dúinn ar an mbealach. Bhí sé sin an-tioncharach, an-chumhachtach agus muid ag ritheacht amach ar an bpáirc.

Sa dara leath ní dhearna mé ach breathnú ar an taispeántas a thug na tosaithe – bhíodar ar fheabhas ar fad. Bhí cosaint áirithe le déanamh agus bhí an t-ádh orainn b'fhéidir uair nó dhó, ach tar éis do Phádraic Joyce cúl a aimsiú go luath tar éis an tsosa ní raibh aon dabht i m'intinn ach go raibh muid chun an cluiche a bhuachan. Bhí Ja Fallon ar fheabhas, bhí na leaids óga, Joyce, Derek Savage agus Michael Donnellan, lán le fuinneamh, agus ní raibh aon fhreagra ag Cill Dara orthu. Ach níor ghéill siad agus ba bheag nach bhfuair Dermot Earley cúl ag druidim i dtreo na críche, ach d'éirigh le Tomás Meehan an liathróid a threorú thar an trasnán. D'éirigh liom féin an scór deiridh a fháil do Ghaillimh, agus bhí an lá linn, 1-10 in aghaidh 1-4.

Nuair a shéid an réiteoir John Bannon an fheadóg, ní fhéadfainn é a chreidiúint, an nóiméad sin a bhí ina bhrionglóid agam riamh, bhí sé tagtha faoi dheireadh, agus chroch mé suas mo dhá lámh chuig Dia agus ghabh buíochas. Ba í mo dheirfiúr Aoife, agus ansin Aisling agus Fionnuala, a léim orm ar dtús ar an bpáirc, ach bhailigh na sluaite timpeall orainn ansin agus bhí deireadh leis an gcuideachta clainne. Ba iad na himreoirí, déarfainn, na daoine ba shocra i gceanncheathrú CLG faoin am sin, agus an lucht tacaíochta lúcháireach.

Suas linn in airde staighre Uí Ógáin, agus ghlac Ray Silke leis an gcorn ó Uachtarán CLG, Seosamh Mac Donncha, Gaillimheach eile. Bhí Robin Doyle ag caoineadh – bhí mí-ádh air nár thosaigh sé in aghaidh Mhaigh Eo agus tá mé cinnte go raibh sé ag caoineadh le brón chomh maith le háthas. Bhí orainn fanacht i seomra beag faoin seastán go dtí gur ghlan na sluaite agus ansin trasna na páirce linn go dtí an seomra feistis. Bhí mo dheartháir Ciarán agus athair Phádraic Joyce, Paddy, in éineacht liom agus nuair a shroich muid an seomra feistis bhí sórt gardaí ansin ag iarraidh bóthar a thabhairt don bheirt. *'This is my brother and he's coming in with me, and this is Pádraic Joyce's father and he's coming in too,'* a dúirt mé leo. Ní dhearna siad aon argóint liom, buíochas le Dia, mar ní raibh an fuinneamh agam a bheith ag coimhlint a thuilleadh.

Tháinig bainisteoir Chill Dara, Mick O'Dwyer, isteach ag labhairt linn agus thug sé óráid dheas, agus bhuail muid leis an bhfreasúra sa mbeár thuas staighre i bPáirc an Chrócaigh. Tá mé fós cairdiúil le cuid acu, leithéidí Glen Ryan mar shampla, ach is díol suime é go bhfuil siadsan, mar ghrúpa, níos cairdiúla anois ná mar atá leaids na Gaillimhe. Téann leaids Chill Dara ar laethanta saoire lena chéile agus an cineál sin ruda. Ní féidir an rud céanna a rá fúinne. Cén fáth sin, meas tú, agus an tuiscint a bhí eadrainn i rith an fheachtais chlúitigh sin? Is dóigh gurbh é an sprioc chomónta an rud a tharraing le chéile muid. Bhí muid uilig ag iarraidh buachan. Ach ní chiallaíonn sé sin gur réitigh gach duine lena chéile taobh amuigh den seomra feistis nó den pháirc imeartha. B'fhéidir nuair a bhí ceann scríbe bainte amach againn mar ghrúpa nach raibh aon rud ann le muid a cheangal a thuilleadh, agus go bhfuil sé chomh simplí leis sin. Tá mé cairdiúil le go leor de na leaids i gcónaí, agus buailim le roinnt acu go minic, ach tá leaids eile ann agus ní fheicim iad ó cheann ceann na bliana. Sin iad na daoine, agus nuair a chasfaidh mé leo ag ócáid chomórtha amach anseo beidh mé ag súil leis, mar bhuaigh muid craobh Uile Éireann lena chéile, agus ní féidir é sin a shárú. Suimiúil go leor, ba é an rud deireanach a dúirt O'Mahony linn mar ghrúpa agus muid ar an mbus sula ndeachaigh muid isteach in óstán an Burlington le haghaidh an cheiliúrtha oíche an chluiche ceannais ná go raibh sé deacair a bheith buailte, ach go raibh sé níos deacra fós déileáil le bua. Níor thuig mé céard a bhí i gceist aige ag an am, ach le himeacht na mblianta tá mé ag ceapadh go dtuigim an rud a bhí sé ag iarraidh a chur in iúl.

Bhí an oíche sin sa mBurlington fiáin, gach duine chomh sásta, chomh haerach, ach tar éis tamaill bhí mé chomh tuirseach is nach raibh uaim ach dul a chodladh. Is cuimhneach liom go raibh an banna ceoil na Sawdoctors san óstán agus gur chas siad cúpla amhrán as a stuaim féin. An lá dár gcionn níor shroich muid Gaillimh go dtí go raibh sé a ceathair ar maidin, agus is cuimhneach liom a bheith ag ithe dinnéir sa Sacre Coeur agus é ag maidneachan, agus chuile dhuine fós ag ceiliúradh. Bhí muid traochta, ach ní fhéadfaí an milleán a chur ar bhord an chontae – bhí dhá bhliain is tríocha ann ó bhuaigh foireann na Gaillimhe Corn Sam Mhig Uidhir agus bheadh sé deacair an teacht abhaile a eagrú ar aon bhealach níos éifeachtaí agus an oiread daoine ag iarraidh a bheith páirteach ann. Cé a dhéanfadh dearmad, mar shampla, ar John O'Mahony agus Ray Silke, an bainisteoir agus an captaen, ag iompar Sam trasna na Sionainne, nó na tinte cnámh i ngach aon pharóiste agus na sluaite ar na bóithre? Bhí sé tábhachtach an t-atmaisféar ar an tslí abhaile a shú isteach – ní raibh a fhios ag aon duine againn an dtarlódh a leithéid arís.

Bhí cóisirí i ngach áit sna seachtainí agus sna míonna tar éis an bhua ach ní fheadfá a bheith i ngach áit. Is cuimhneach liom, mar shampla, gur dhiúltaigh mé taisteal go Londain mar aoi speisialta na Sawdoctors a bhí ag casadh san Albert Hall, mar go raibh mé róthuirseach. Chuaigh Derek Savage agus John Divilly anonn, agus nuair a cuireadh in aithne don slua iad bhodhraigh an torann iad, bhí an oiread sin de mhuintir na Gaillimhe ann. Bhí orthu dhá liathróid peile a chiceáil amach ón stáitse, agus dúirt Savage go raibh an t-atmaisféar corraitheach.

Thug na Connemara Gaels cuireadh dom teacht go Boston le cuid de na leaids. D'imir mé féin agus Declan Meehan leis an gclub an samhradh roimhe sin, agus bhí siad ag iarraidh orainn an corn a thabhairt anonn ar cuairt. Agus muid ar an eitleán d'fhógair an captaen go raibh na seaimpíní peile ar an eitilt agus d'fháiltigh sé romhainn. Leis sin thug na paisinéirí ar fad bualadh bos dúinn. Thug an captaen ansin cuireadh dúinn teacht isteach sa gcábán. Tá faitíos an diabhail ormsa roimh eitilt, agus nuair a chonaic mé an bheirt phíolótaí, lámha fillte acu agus gan mórán airde acu ar na diaileanna ach ag iarraidh a bheith ag caint linne faoin gcluiche ceannais, níor tháinig aon laghdú ar mo chuid faitís.

I rith an fhiántais seo ar fad ní dhearna mé mórán machnaimh faoin gcluiche, i ndáiríre, ach ba chúis bróid a bhí ann gur cheap daoine i gcoitinne gur taispeántas maith peile a bhí tugtha ag an dá fhoireann agus gur labhair daoine faoin gcluiche ceannais ar bhealach dearfach. Bhí mé féin fíorbhródúil freisin agus thar a bheith sásta gur éirigh liom ar deireadh gradam *All-Star* a bhuachan bunaithe ar na taispeántais a thug mé i rith na bliana, tar éis a bheith ainmnithe dhá uair roimhe sin, i 1995 agus 1997. Uaillmhian mhór a bhí ann riamh dom an gradam sin a thabhairt liom. Ar ndóigh, bhí cairde ag O'Mahony sna meáin, agus fuair mé amach roimh ré go raibh an gradam buaite agam; bhí muid ag crochadh meáchan i mBóthar na Trá, mí na Samhna, nuair a fuair sé an dea-scéala agus d'inis sé dúinne é, an seachtar a bhí ainmnithe ar an bhfoireann. Bhí an-oíche againn oíche na cóisire, he hais an dá bhliain eile a fuair mé ainmniúchán.

I 1995, mar shampla, bhí mé i mo shuí don dinnéar in aice le roinnt peileadóirí as Baile Átha Cliath, agus bhí mé sásta a bheith i láthair ach ní raibh mé ar mo chompord. Bhí leaids Bhaile Átha Cliath, Craobh na hÉireann buaite acu ar ndóigh, chomh muiníneach, agus mise ansin ina measc agus faoi uafás. Ní raibh aithne agam ach ar Ja Fallon agus Val Daly, a bhí ainmnithe an bhliain sin freisin. Bhí mé liom féin i 1997 – an t-aon imreoir as Gaillimh a bhí ainmnithe agus, i ndáiríre, níl a fhios agam an raibh sé tuillte agam ar chor ar bith – dá bhrí sin i 1998 níl aon dabht faoi ach go raibh an-sásamh pearsanta i gceist nuair a bhuaigh mé an gradam. Bhí mé an-sásta gur bhuaigh mé ag uimhir a seacht, m'áit. Thug sé an-mhuinín dom gur chreid na moltóirí gur mé an leathchúlaí ar chlé ab fhearr sa tír an bhliain sin.

Sular bhuaigh mé bonn Uile Éireann, cheap mé dá mbuafainn ceann go mbeinn sásta éirí as an bpeil ag an bpointe sin. Dúirt mé é sin le O'Mahony uair eicínt a raibh muid ag caint agus níor aontaigh sé liom. Dar leis, nuair a bheadh ceann agam bheinn ag iarraidh ceann eile, agus mar a tharla bhí an ceart ar fad aige. Go deimhin bhí dúil níos mó agam an dara bonn a bhuachan, más féidir é sin a chreidiúint.

Ach bhí sé i bhfad róluath a bheith ag machnamh air sin go fóill, mar bhí ceiliúradh fós le déanamh. Sna seachtainí tar éis an chluiche ceannais, bhíodh ort Sam a chur in áirithe nuair a bhí tú ag iarraidh é a bhreith leat, mar bhí éileamh damanta air. Chuir mise an corn in áirithe le haghaidh Lá Nollag ar an gCeathrú Rua. Bhí an-chraic againn, mar nuair a scaip an scéal go raibh Sam sa teach againn ar Bhóthar an Chillín, tháinig na comharsana i gcéin agus i gcóngar chun grianghraif a thógáil. Roimhe sin bhí muid ar thrá an Dóilín, áit a dtéann daoine ag snámh anois gach bliain tar éis aifreann na Nollag chun airgead a bhailiú le haghaidh Tigh Nan Dooley ar an gCeathrú Rua, agus tógadh pictiúr ansin freisin. Siar abhaile linn le haghaidh an dinnéir, agus tháinig na sluaite ar cuairt. Ansin thosaigh an fón ag bualadh: an bhféadfadh muid Sam a thabhairt anseo, ansiúd agus go leor áiteanna eile, agus ar aghaidh leis an marcra, timpeall an tsráidbhaile, isteach tigh Chóilín Mhicil, tigh Sheáinín Tommy, Tigh Sé, tigh Mhicil Sheáin, tigh Mhicil Jack. Bhí an-oíche againn, agus ní dhéanfaidh mé dearmad go deo ar an mórtas agus an sásamh a bhí le brath i gcoitinne. Bhí an corn tar éis a bheith ar an gCeathrú Rua roimhe sin ar ndóigh, nuair a bhí oíche mhór cheiliúrtha ar an mbaile – óráidíocht, tinte cnámh, craic agus ceol – ach mhothaigh mise go raibh atmaisféar speisialta le brath Oíche Nollag, seans mar gur thuig mé go raibh an ceiliúradh ag teacht chun deiridh.

Díreach roimh an Nollaig, ar ndóigh, seoladh an scannán fáisnéise *A Year 'til Sunday*, a rinne Pat Comer. In Amharclann na Gaillimhe a seoladh é, agus bhain muid an-taitneamh as. Bhí muid tar éis ár gcéad chluiche mar sheaimpíní na hÉireann a chailleadh an Domhnach céanna – cluiche sraithe in aghaidh Ard Mhacha i dTuaim – ach ní raibh aon duine róbhuartha. Eisceacht amháin b'fhéidir: m'athair féin. Ag an mbeár an oíche sin chas sé chugam féin agus Paul Clancy agus dúirt, iomlán dáiríre, *'I wonder, lads, are we on the decline?'* Phléasc mé féin agus Paul amach ag gáire, ach bhí beagán den fhírinne sa rud a bhí ráite ag Daid. Nuair atá tú ar an mbarr, níl ach treo amháin ar féidir leat dul.

**Foireann na Gaillimhe: Cluiche Ceannais na hÉireann 1998**

Martin McNamara
(Cora Finne)

Tomás Meehan          Gary Fahey          Tomás Mannion
(An Chealtrach)    (Cill Aithnín)(M. Mheá/M. C. Muaidhe)

Ray Silke          John Divilly          Seán Óg de Paor
(Cora Finne)   (Cill Choirín/Cluain Bheirn)(An Cheathrú Rua)

Kevin Walsh          Seán Ó Domhnaill
(Cill Aithnín)       (An Cheathrú Rua)

Shay Walsh          Ja Fallon          Michael Donnellan
(Gleann na Madadh)    (Réalta Thuama)       (An Dún Mór)

Derek Savage          Pádraic Joyce          Niall Finnegan
(Seamróga Chartúin)  (Cill Fhir Iarainn)    (Bóthar na Trá)

**Ionadaithe**: Paul Clancy (Maigh Cuilinn) do Shay Walsh.

# 7

# AG IMIRT DO GHAILLIMH TAR ÉIS 1998

Tar éis an bhua stairiúil ar Chill Dara rinne John O'Mahony cinneadh nach mbeadh aon traenáil foirne ann go dtí an bhliain nua, agus creidim gur cinneadh críonna a bhí ansin. Bhí an oiread ag tarlú, daoine anseo is ansiúd leis an gcorn, rúille búille agus mar sin de, go mbeadh sé fíordheacair struchtúr a leagan síos a bheadh réalaíoch agus na cúinsí áirithe sin i gceist. Ach chomh maith leis sin, diabhal rogha eile a bhí aige, ach déarfainn go raibh sé féin traochta ar aon chuma agus go raibh an sos ag teastáil uaidhsean chomh maith linne. Bhí roinnt cluichí sraithe againn, ceart go leor. Bhuaigh muid ar Liatroim sa gcéad chluiche sraithe, is cuimhneach liom, agus chaill muid in aghaidh Ard Mhacha. I rith an ama, lean gach duine clár aonair crochta meáchan, agus bhí mé féin sách aireach nach gcaillfinn aon aclaíocht ar chor ar bith, ainneoin an cheiliúrtha a bhí fós ar siúl ar fud an chontae.

Rinne muid cinneadh freisin nach rachadh an fhoireann ar saoire lena chéile. Bhí mé beagán díomách faoi sin mar bhí mé den tuairim gur chóir dúinn an bua ar Chill Dara a cheiliúradh mar fhoireann. Mar a tharla, leis an dearbhán saoire a fuair muid uilig ó bhord an chontae, arbh fhiú thart ar £1,800 é, suim mhór go maith, chuaigh dream againn anonn don Spáinn ar feadh coicíse sa mbliain nua, agus bhí an-chraic againn ann.

Nuair a thosaigh muid ag traenáil arís tar éis na Nollag bhí sé deacair, ar go leor bealaí. Go fisiciúil bhí muid fós tuirseach. Ach freisin, tar éis dúinn an sprioc a bhaint amach bhí sé deacair an intinn a dhíriú ar dhúshlán nua. Ní raibh craobh Uile Éireann buaite ag aon duine den ghrúpa roimhe seo, O'Mahony ina measc, agus bhí tionchar ag an mbua ar dhaoine áirithe ar bhealaí difriúla. I mo chás féin, rinne mé an oiread céanna traenála le linn an fheachtais nua agus a bhí déanta agam an bhliain roimhe, liom féin agus leis an ngrúpa, agus bhí mé chomh haclaí céanna nuair a thosaigh an chraobh i samhradh na bliana 1999 agus a bhí an samhradh roimhe sin. Ach is dóigh nach raibh baileach an cíocras céanna ionam, ná an tsaint chéanna, a bhí le brath i 1998. Má bhí mise faillíoch, bhí leaids eile nach raibh an tsuim chéanna acu sa bhfeachtas nua ar chor ar bith, agus ní rabhadar ábálta an díocas cuí a léiriú. Dá bhrí sin bhí an dúil riachtanach sin in easnamh, agus má tá an laigeacht sin le brath níl aon seans a bheith buach, mar tá an iomaíocht róghéar i measc foirne idirchontae sa lá atá inniu ann.

Ag an am céanna, na leaids a bhí ag caitheamh geansaithe uimhir fiche ceathair, fiche cúig, fiche sé agus mar sin de an bhliain roimhe sin, ní rabhadar sásta an iarracht chéanna a dhéanamh mura raibh siad chun seans a fháil a bheith ag imirt, agus d'éirigh cuid acu as. Buille mór a bhí ansin, mar bhí ról thar cuimse ag na hionadaithe i 1998, cé nach bhfuair siad mórán buíochais ná aitheantais dá bharr, taobh amuigh den ghrúpa. Ní bheadh Corn Sam Mhig Uidhir buaite ag Gaillimh d'uireasa na leaids sin, agus murach an iarracht a rinneadarsan, na daoine a tháinig isteach mar fhir ionaid i gcluichí agus a ghlac freagracht ar an bpáirc peile in am an ghéibhinn, na daoine a chuir brú sa traenáil ar leaids eile chun an cumas a bhí iontu a thaispeáint agus a chruthú arís agus arís eile, na leaids a thug tacaíocht ar an oiread bealaí éagsúla, d'uireasa iadsan bhí an cruth a bhí ar an rud iomlán athraithe.

I Muine Mheá a bhí muid ag traenáil arís le linn fheachtas 1999 – bhí tuilsoilse ann, agus bhí sé lárnach freisin. Bhuel, bhí sé lárnach dóibh siúd a bhí ina gcónaí i nGaillimh nó i dtuaisceart an chontae. Dóibh siúd, ar nós Sheáin Uí Domhnaill, a bhí ag taisteal as Conamara, ní fhéadfaí é sin a rá. Go deimhin i gcaitheamh an ama a d'imir mise le Gaillimh, níor imríodh aon chluiche mór le rá i gceantar Chonamara, agus níor dearnadh aon traenáil sa gceantar seachas coicís i Maigh Cuilinn am eicínt le linn ré O'Mahony nuair a bhí mórobair á déanamh i Muine Mheá.

Ar aon chuma, ba é an dúshlán a bhí anois roimh O'Mahony agus muid uilig bailithe le chéile mar ghrúpa arís, smacht a dhaingniú, ach bhí sé sin fíordheacair. Is cuimhneach liomsa i Márta na bliana 1999, mar shampla, go raibh gradam le bronnadh orm san ollscoil i nGaillimh – gradam *Hall of Fame* – ach tháinig an ócáid trasna ar ghnáthsheisiún traenála. Ní raibh O'Mahony sásta go rachainn chuig an searmanas agus an traenáil a chailleadh. Scaoil sé ann mé ar deireadh, mar ghlac sé leis nach n-ólfainn aon deor, mar faoin am sin bhí sé ag iarraidh aire gach aon duine a dhíriú ar an sprioc a bhí os ár gcomhair, seachas a bheith fós ag ceiliúradh. Bhí sé sin beagnach dodhéanta, áfach, mar déanta na fírinne ní raibh an féinsmacht a bhí ag na himreoirí i gcoitinne i 1998 le brath a thuilleadh. Bhí cuid de na leaids an-óg, agus bonn Uile Éireann buaite acu an chéad bhliain dóibh ar phainéal sinsear na Gaillimhe. Céard leis a mbeadh duine ag súil ach go leanfadh an ragairneacht ar aghaidh ar feadh i bhfad, agus daoine ag tréaslú leo gach áit a ndeachaigh siad agus ag iarraidh deoch a cheannacht dóibh, agus chuile rud eile? Roinnt díobh, thug siad aghaidh ar an dúshlán faoi dheireadh, ach leaids eile níor luigh siad isteach ar an obair le lán fuinnimh ar chor ar bith le linn fheachtas na bliana sin.

Sa gcéad chluiche craoibhe, samhradh na bliana 1999, thug muid aghaidh ar Londain, thall. Bhíodar ar bís go raibh seaimpíní na hÉireann le n-imirt i Ruislip agus ócáid dheas a bhí ann, cinnte. Mar sheaimpíní, tá gach foireann eile sa tír ag iarraidh thú a bhualadh, ach ní raibh aon dabht riamh ach go raibh muid chun buachan ar an bhfoireann iasachta agus dá bhrí sin ní raibh aon bhrú ann. B'fhéidir gur drochrud a bhí ansin, mar thús feachtais. Bhí atmaisféar iontach i Londain, bhí an-chraic ag na leaids sa nGaltymore agus ina dhiaidh sin i dteach tábhairne Dicey Reilly's. An chraobh faoi lán seoil arís, buach arís, 1-18 in aghaidh 1-8 – ba chosúil nach mbeadh deireadh leis an gceiliúradh ná an chóisir go ceann tamaill. Tá mé cinnte gur mar sin a bhraith an chuid is mó againn in alt na huaire sin.

Seans gur de bharr go raibh an meon sin tar éis sleamhnú isteach sa ngrúpa gur bheag nár buaileadh Gaillimh sa gcéad bhabhta eile, in aghaidh Shligigh, as baile. An t-am sin ní raibh a leithéid de rud ann fós agus cúldoras, agus dhá nóiméad le dhul sa gcoimhlint bhí siadsan cúilín chun tosaigh tar éis do Bhrian Walsh cúl a fháil lena dhorn – an tríú cúl ag Sligeach ar an lá. Ba iad Paul Clancy agus Pádraic Joyce laochra na himeartha do Ghaillimh; murach iad bheadh an rás rite. Rinneadh feall ar Clancy agus é ar ruathar agus ba é Joyce, le cic saor, a chinntigh gur chríochnaigh muid ar comhscór, 1-13 in aghaidh 3-7. Bhí seans eile faighte, buíochas le Dia, agus bhí an meon iomlán difriúil san athimirt seachtain níos deireanaí i dTuaim. D'imir muid i bhfad níos fearr. Thug John Donnellan taispeántas taibhseach agus scóráil sé seacht gcúilín, sé cinn as an imirt. Bhí bua cuimsitheach againn, 1-17 in aghaidh 1-7, agus thug sé sin ardú meanman don ghrúpa uilig. D'éirigh liom féin cúl agus dhá chúilín a aimsiú – an chéad chúl faighte agam agus mé ag caitheamh geansaí na Gaillimhe – agus bhí mé sásta go maith.

Sa gcluiche ceannais d'imir muid in aghaidh Mhaigh Eo, i dTuaim. Bhí an áit plódaithe; os cionn 30,000 a d'íoc isteach cé go raibh an lá fliuch, gruama. D'fhág lucht tacaíochta Mhaigh Eo sásta mar chonaiceadar seaimpíní na hÉireann á mbualadh le ceithre chúilín, 1-14 in aghaidh 1-10 – aisteach go leor an scór céanna lenar bhuail muid Cill Dara i gcluiche ceannais na hÉireann an bhliain roimhe sin. Tháinig Ciarán McDonald ar an bpáirc do Mhaigh Eo an lá sin, agus chothaigh sé neart fadhbanna dúinn, agus bhí sárchluiche ag James Nallen agus David Heaney freisin. Throid muid go deireadh; go deimhin bhí muid cúilín chun tosaigh agus cúig nóiméad déag fanta san imirt, ach ní raibh an díocas céanna le brath inár n-imirt agus a bhí an samhradh roimhe. Buille a bhí ann gur chaill muid, cinnte, ach ag an am céanna admhaím gur faoiseamh a bhí ann freisin. Bhí muid ag treabhadh linn mar ghrúpa chomh fada faoin am sin go raibh tuirse le brath, tuirse spioraid níos mó ná tuirse fhisiciúil. Anois bheadh seans ar shos ceart, rud nach raibh indéanta i ndáiríre tar éis Corn Sam Mhig Uidhir a bhuachan, mar bhí an oiread éilimh ar do chuid ama ó chuile cheathrú.

Ní hé gur foireann ní ba laige a bhí ionainn i 1999 le hais na bliana roimhe, ainneoin roinnt athruithe, ach ar go leor cúiseanna ní féidir leis an ullmhúchán a bheith díreach chomh maith céanna tar éis Corn Sam Mhig Uidhir a bhuachan ná mar atá agus tú ar a thóir. Is maith an t-anlann an t-ocras, deirtear. Tá sé fíordheacair sa lá atá inniu ann Sam a bhuachan dhá bhliain as a chéile mar go mbíonn an t-ocras sin easnamhach tar éis ceann scríbe a bhaint amach. Creidim go bhfuil a chruthúnas sin le feiceáil i nGaillimh – tar éis sos ceart a fháil nuair a chaill muid sa gcraobh i 1999, d'éirigh leis an bhfoireann dul chomh fada le cluiche ceannais na hÉireann arís, i mbliain an dá mhíle.

Ní féidir aon locht a fháil ar an mbainisteoir mar gheall gur theip ar Ghaillimh i bhfeachtas na bliana 1999. Ní raibh an smacht céanna aige, cinnte, ach ní raibh an féinsmacht céanna ag roinnt de na leaids ach oiread, agus níor ghasúir iad arbh féidir iad a smachtú ná faitíos a chur orthu. Mar bhainisteoir tá tú ag iarraidh go mbeadh comhthuiscint ann. Ach ní raibh sé sin le brath. Maidin Dé Sathairn, mar shampla, bhínn in ann boladh óil a fháil ó dhuine nó beirt ag an traenáil, rud nach dtarlódh an bhliain roimhe sin, ach b'in cinneadh an duine é féin, agus ní raibh mórán a d'fhéad O'Mahony a dhéanamh faoi ach an té a bheadh ag ól a fhágáil den fhoireann, rud a dhéanfadh sé dá mbeadh gá leis. Ar ndóigh, ní i nGaillimh amháin a tharlaíonn a leithéid.

Ar chothaigh sé seo aon teannas i measc an phainéil, cuid de na leaids ag déanamh tréaniarrachta, cuid acu nach raibh? Níor chothaigh, le bheith fírinneach. Ó am go chéile bhíteá ag ceistiú cén fáth ar bhac tú leis an iarracht a dhéanamh, nuair ba bhreá leat féin a bheith amuigh ag ragairneacht freisin, ach ní raibh aon duine ag troid faoi. Nach raibh a luach cruthaithe ag na leaids seo an bhliain roimhe, agus ó mo thaobhsa de, bhí mé ag súil go dtabharfaidís aghaidh ar an sprioc luath nó mall. Dá mbeadh aon rud ráite agamsa leo, clamhsán déanta maidir lena n-iompar, ba chur amú fuinnimh a bheadh ann, agus níor bhac mé leis. Bhí dóthain cúraimí orm féin. B'fhéidir go raibh mé ag déanamh na hiarrachta céanna fisiciúla i rith 1999 agus a rinne an bhliain roimhe, ach ní raibh an uaillmhian chéanna ionam, agus d'aithnigh mé féin é. Cén ceart a bhí agamsa a bheith ag bagairt ar leaids eile, mar sin? Caithfidh gach duine freagracht a ghlacadh as ucht a chuid iompair féin – bhí mé ag súil go ndíreoidís ar an tasc as a stuaim féin, agus formhór na leaids b'in díreach a rinne siad. Beagán rómhall b'fhéidir, ach seans nach raibh aon dul as ar aon chuma go gcaillfeadh muid ár gcoróin.

Ó tharla go raibh muid buailte sa gcraobh, agus gur buaileadh an Cheathrú Rua níos deireanaí an samhradh céanna i gcluiche ceannais an chontae, thograigh mé dul don Astráil ar feadh tamaill. Fiú agus mé na mílte míle ón baile, ní fhéadfainn dearmad a dhéanamh ar an bpeil fiú dá mbeinn á iarraidh, rud nach raibh. Fad is a bhí mé san Astráil, fuair mé scéala go raibh mé ainmnithe ar Fhoireann Peile na Gaillimhe don Mhílaois – onóir mhór domsa agus do mo mhuintir. Thug sé an-mhuinín agus dóchas dom gur roghnaíodh mar leathchúlaí ar chlé mé, ar an bhfoireann chéanna le laochra peile ar nós Enda Colleran, John 'Pook' Dillon, John 'Tull' Dunne agus Cyril Dunne as Béal Átha na Sluaighe, Seán Purcell agus Frank Stockwell as Réalta Thuama agus Séamus Leyden agus John Donnellan as an Dún Mór. Tháinig mé abhaile don searmanas bronnta i mí Eanáir agus bhain mé an-taitneamh as an ócáid. Ina dhiaidh sin, áfach, ní dhearna mé mórán machnaimh ar an duais, mar bhí rudaí eile ar intinn agam – craobh peile 2000. Anois agus mé éirithe as mar imreoir idirchontae, agus níos críonna – tá súil agam – tuigim an t-éacht agus an onóir atá sa ngradam sin seachas aon ghradam eile a bhuaigh mé nuair a bhí mé ag imirt agus tá mé fíorbhuíoch.

Ag deireadh mhí Feabhra agus tréimhse thaitneamhach caite san Astráil agam, shocraigh mé go raibh sé in am teacht abhaile – bhí mé bánaithe faoi seo agus bhraith mé go raibh sé in am tosú ag traenáil arís le painéal na Gaillimhe. Mar a tharla, níor ghá dom aon imní a bheith orm: bhí mé chun tosaigh ar na leaids eile ó thaobh aclaíochta de. Ainneoin sin cluiche amháin sraithe a d'imir mé ag teacht chun deireadh an fheachtais – domsa go pearsanta i mbliain an dá mhíle bheadh an fócas ar fad ar an gcraobh.

Má bhí muid in amhras an raibh an cíocras ionainn an bhliain roimhe sin, a mhalairt de scéal a bhí ann i mbliain an dá mhíle. Go deimhin, b'fhéidir le hais na bliana roimhe sin, go raibh iomarca díocais orm, mar sa gcéad bhabhta, in aghaidh Nua-Eabhraic i dTuaim ar an 10 Meitheamh, fuair mé cárta dearg den chéad uair riamh. Eachtra fánach a bhí ann. Bhí muid i bhfad chun cinn ag tús an dara leath, nuair a rinneadh drochfheall ar Ja Fallon. Spréach mise agus tharraing mé ar an liathróid ar an talamh le teann oilc. Cuireadh den pháirc mé. Bhí mé díomách, cinnte, ach bhí an t-ádh orm. Imríodh an cluiche sin ar an Satharn, agus cuireadh ar fionraí mé ar feadh míosa. Beadh mo chuid fionraíochta istigh lá sula n-imreodh muid an chéad bhabhta eile contae. Thuas ar bharr Dhún Aonghasa in Árainn a bhí mé le dream Gaeilgeoirí – bhí mé ag múineadh i gColáiste Chiaráin ar an gCeathrú Rua don samhradh – nuair a fuair mé an dea-scéala ó oifigeach i bPáirc an Chrócaigh, agus nach mé a bhí sásta.

Sa gcluiche leathcheannais, ag tús mhí Iúil, d'imir muid Sligeach. An bhliain roimhe sin thóg sé dhá chluiche orainn an bua a fháil orthu, ach i 2000 bhí an scéal iomlán difriúil. Níor éirigh leis an bhfreasúra scór amháin féin a aimsiú sa gcéad leath in aon chor, rud a léiríonn an tsaint agus an dúil a bhí i measc pheileadóirí na Gaillimhe. D'imir Joe Bergin do Ghaillimh den chéad uair an lá sin i lár na páirce, agus bhí an t-iománaí David Tierney ina fhear ionaid. Bhí na tosaithe – Paul Clancy, Tommie Joyce, Michael Donnellan, Derek Savage, Pádraic Joyce agus Niall Finnegan – thar cionn uilig, agus bhuaigh muid ar deireadh, 0-22 in aghaidh 0-4. Bua cuimsitheach a bhí ansin a thug misneach do chách roimh an gcluiche ceannais i gcoinne Liatroma, i bPáirc de hÍde i Ros Comáin ag deireadh na míosa. Ar an lá d'éirigh le Gaillimh craobh Chonnacht a bhuachan den cheathrachadú uair, gan aon stró. Níor éirigh leis an bhfreasúra ach cúilín amháin a scóráil sa gcéad leath, agus cé gur fheabhsaigh Liatroim sa dara leath bhuaigh muid, 1-13 in aghaidh 0-8. Ba é an rud ba shuntasaí faoin gcluiche sin – bhí an lámh in uachtar againn ó thús deireadh – ná gur gortaíodh Tommie Joyce go dona agus go raibh air an oíche a chaitheamh san ospidéal i Ros Comáin.

An dara craobh Chonnacht buaite i ré John O'Mahony, agus bhí muid anois ag ullmhú do chluiche leathcheannais na hÉireann in aghaidh sheaimpíní Laighean. Ba é an fhoirmle chéanna a lean muid agus a lean muid dhá bhliain roimhe sin agus, ní nach ionadh, bhí lánmhuinín ag gach duine as an bhfoirmle sin. Faoi seo ba é O'Mahony é féin a bhí i bhfeighil na traenála den chuid is mó. An bhliain dár gcionn a thug sé isteach traenálaithe eile. Ach fuair sé comhairle ó leithéidí Eddie O'Sullivan agus daoine a raibh saineolas acu ar mhodhanna traenála nua-aimseartha, chun cabhrú leis sa bpleanáil. Níor lig O'Mahony air riamh gur saineolaí a bhí ann féin, ach thaithin leis a bheith gníomhach agus eisean a bhí i gceannas ar na seisiúin i 2000, le cuidiú ó na roghnóirí, Pete Warren agus Stephen Joyce.

In aghaidh Chill Dara a bheadh muid sa gcluiche leathcheannais – agus bhí mise imníoch, mar bhí sé soiléir go mbeidís spreagtha chun díoltas a bhaint amach tar éis 1998. Ní nach ionadh, géarchoimhlint a bhí eadrainn, lá fliuch, gruama i bPáirc an Chrócaigh ag deireadh mhí Lúnasa. D'aimsigh Tadhg Fennin agus Brian Murphy cúl an duine; bhí an-bhrú orainn ó thús deireadh an chluiche, ach thug Michael Donnellan agus Pádraic Joyce an-taispeántas agus d'éirigh linn an ceann is fearr a fháil ar Chill Dara sa deireadh, 0-15 in aghaidh 2-6. Thosaigh muid go maith sa gcluiche sin ach theip orainn scóráil don seacht nóiméad fhichead deiridh sa gcéad leath agus bhí farasbarr cúilín amháin ag an bhfreasúra ag leath ama, 1-2 in aghaidh 0-4. D'imir Karl O'Dwyer go sármhaith agus bhí cosantóirí na Gaillimhe faoi bhrú aisteach, ach ag druidim i dtreo dheireadh an chluiche cuireadh John Finn den pháirc tar éis dó an dara cárta buí a fháil ón réiteoir, Paddy Russell, rud a chabhraigh go mór linne sa tréimhse chinniúnach den choimhlint. Bhí na foirne ar comhscór agus seacht nóiméad le dhul, agus cé gur éirigh le Cill Dara dul chun tosaigh arís nuair a d'aimsigh Pádraig Brennan cúilín as cic saor, fuair Joyce, Donnellan agus Niall Finnegan cúilíní tábhachtacha chun an bua a chinntiú do Ghaillimh. Faoiseamh mór.

Tar éis chomh haclaí agus a bhí mé an samhradh sin, mhothaigh mé nach raibh mé ag imirt chomh maith is a d'fhéadfainn. Bhí cosaint sách maith á déanamh agam ach faoi seo bhí daoine ag súil go bhfaighinn cúilín nó dhó i ngach cluiche a d'imir mé agus ní raibh mé á dhéanamh sin go rialta le linn 2000. B'fhéidir mar gheall go raibh cruth na foirne athraithe anois, imreoirí nua tar éis seilbh a fháil ar an ngeansaí, imreoirí eile tar éis éirí as, go raibh mo ról-sa athraithe. Bhí Declan Meehan anois ag caitheamh geansaí uimhir a cúig, agus ba é Jason Killeen a thosaigh mar leathchúlaí láir in aghaidh Chill Dara, cé gur tháinig John Divilly isteach mar fhear ionaid ina áit luath go maith sa gcoimhlint. Bhí Ray Silke ag imirt mar lánchúlaí ar chlé, agus de bharr na n-athruithe seo uilig ar chúl, b'fhéidir nach raibh an chomhthuiscint chéanna i measc na gcosantóirí agus a bhí i 1998. Ní raibh oiread deiseanna ann dul ar ruathar ach oiread ach mar sin féin bhí muid anois i gcluiche ceannais na hÉireann den dara huair taobh istigh de thrí bliana, agus thug sé sin an-mhuinín domsa agus do chuile dhuine ar an bhfoireann.

I mbliain an dá mhíle ar an traein a thaistil foireann na Gaillimhe go Baile Átha Cliath agus abhaile – aistear a raibh muid ag dul i dtaithí air faoin am sin. Ag dul siar tar éis dúinn an bua a fháil ar Chill Dara sa gcluiche leathcheannais, bhí an-chraic go deo sa gcarráiste. Bhí béile againn, bhí na mná céile agus na cailíní linn, bhí cúpla deoch againn, agus thug sé an-deis do gach aon duine scíth a ligean tar éis teannas an chatha. Nuair a shroich muid Gaillimh, isteach linn sa Skeff, áit a raibh cóisir bheag eagraithe ag O'Mahony do na himreoirí agus a gcomhluadar. Bhí sé sin go hálainn – ar feadh oíche amháin ní raibh an dúshlán a bhí os ár gcómhair ar intinn againn, ní raibh teannas ann agus ní raibh brú ann, ach gach duine idir bhainistíocht, pheileadóirí agus an ciorcal níos leithne timpeall orainn sona sásta.

Mar atá luaite agam, bhí an fhoireann athraithe i 2000 le hais dhá bhliain roimhe sin. Bhí peileadóirí ar nós Declan Meehan, Paul Clancy, Tommie Joyce agus Joe Bergin tar éis seilbh a fháil ar gheansaí na Gaillimhe. Bhí Tomás Mannion, Ja Fallon agus Kevin Walsh gortaithe, cé go mbeadh ról fíorthábhachtach ag fear Chill Aithnín roimh dheireadh na craoibhe. Bhí tinneas ar Thomás Meehan agus thóg sé tamall fada air teacht chuige féin arís. Bhí Jason Killeen tar éis imprisean maith a dhéanamh níos luaithe sa mbliain ag imirt mar leathchúlaí láir, ach bhí mí-ádh air in aghaidh Chill Dara agus tháinig John Divilly isteach ina áit tar éis fiche nóiméad den chluiche leathcheannais. Divilly a thosódh an cluiche ceannais i gcoinne Chiarraí. Bhí Ray Silke anois aistrithe siar sa gcúinne, bhí mé féin fós ag imirt ar an gcliathán clé, bhí Martin Mac sa gcúl agus bhí Michael Donnellan, Pádraic Joyce agus Derek Savage ag imirt an-pheil chun tosaigh, mar a rinneadar riamh. Peileadóirí cumasacha ar fad, gan dabht, a bhí ag imirt do Ghaillimh. Ach is dóigh go bhfuil sé an-deacair ar fad, beagnach dodhéanta, an bhearna a fhágann leithéidí Mannion agus Fallon a líonadh agus b'fhéidir go mbeadh a chruthúnas sin le feiceáil i gcoinne sheaimpíní na Mumhan.

Mar sin féin, níl aon dabht i m'intinn ach go raibh an uaillmhian chéanna againn mar fhoireann i 2000 agus a bhí i 1998. Na leaids sin a bhí ar an bhfoireann anois, bhí an choimhlint feicthe acu ón imeall dhá bhliain roimhe agus bhí an duais ag teastáil go géar uathu féin. Bhí an-dúil ann i gcoitinne i measc na foirne i 2000, agus rinne gach duine gach íobairt ar son na cúise, le hais na bliana roimhe. Bhí an spiorad go maith – b'fhéidir nach raibh an caidreamh céanna ann idir na himreoirí agus a bhí i 1998, ach b'in mar go raibh bonn Uile Éireann ag cuid againn agus nach raibh ag leaids eile. I 1998 ní raibh bonn Uile Éireann ag aon duine, agus is cumhachtach an dlúthú é sin do ghrúpa. Bheadh sé deacair an spiorad a bhí ann i 1998 a shárú, ach bhí taithí níos mó againn mar ghrúpa i 2000, agus is fiú go mór é sin i gcath. Dá bhrí sin bhí muid uilig lán le muinín agus an cluiche ceannais in aghaidh Chiarraí ag druidim linn agus gan súil ar bith againn ar a mbeadh i ndán nuair a chaithfí isteach an liathróid.

I gcaitheamh mo chuid ama ag imirt le Gaillimh, níor éirigh liom an bua a fháil ar Chiarraí in aon chluiche craoibhe riamh. B'in ainneoin na tuairime – agus scríobhadh go leor faoi seo ag druidim i dtreo an chluiche ceannais i 2000 – nach bhfuil aon fhaitíos ar Ghaillimh roimh Chiarraí. Comh-mheas traidisiúnta atá idir an dá thaobh – a scríobh na saineolaithe – ag dul siar go dtí na seascaidí. B'fhéidir nach raibh aon fhaitíos orm roimh pheileadóirí Chiarraí – roimh 2000 – ach níl aon dabht faoi ach go bhfuair mé roinnt buillí uathu i gcaitheamh na mblianta.

Bhí gach duine ag súil le dianchoimhlint idir an dá fhoireann i gcluiche ceannais na hÉireann 2000 – muid féin ina measc – ach ní raibh ach cúig nóiméad fhichead caite sa gcéad leath agus farasbarr seacht gcúilín ag Ciarraí, 0-8 in aghaidh 0-1. Ní raibh muintir na Gaillimhe in ann seilbh a choimeád ar an liathróid ar chor ar bith. Tromluí ceart a bhí ann. Is cuimhneach liom gach uair a bhfuair siad scór, ceann i ndiaidh cinn, go ndéarfainn liom féin go gcaithfinn mo lámha a fháil ar an gcéad phreab eile, ach bhí an liathróid ag dul gach áit ach i ngar dom. Ar deireadh ghlac mé seilbh uirthi, ach díreach ag an nóiméad ar éirigh liom an pas a thabhairt, fuair mé buille fíochmhar agus leagadh go talamh mé. Ba é Darragh Ó Sé a leag mé, agus lena cheart a thabhairt dó buille féaráilte a bhí ann. Ba é an tréimhse ab uafásaí go dtí sin i mo shaol an tréimhse a chaith mé ar pháirc na himeartha, an chéad leath sin de chluiche ceannais na hÉireann, 2000. Bhí sé náireach, ach má bhí féin níor tháinig aon anbhá ar imreoirí na Gaillimhe, agus tá creidiúint ag dul dóibh agus don bhainisteoir dá bharr. Bhí plean againn agus chloígh muid leis an bplean, tar éis an scrios a bhí Ciarraí a dhéanamh. Agus bhí an-fhéinmhuinín againn freisin, ainneoin an chrá. Shuínn sa seomra feistis an t-am sin agus bhínn ag breathnú timpeall orm ar na leaids eile agus chreid mé go raibh na himreoirí is fearr sa tír againn. Deireadh O'Mahony an rud céanna linn – má fhaigheann muide ceart é, a deireadh sé, níl aon rud ar féidir leis an bhfreasúra a dhéanamh chun sárú orainn.

Dá bhrí sin, cé go raibh an lámh in uachtar ag Ciarraí don chéad leath, níor ghéill muid riamh. Dúshlán a bhí ann, ach shocraigh muid síos agus thosaigh muid ag imirt peile. Tháinig Kevin Walsh isteach sa gcluiche tar éis fiche nóiméad agus bhí tionchar mór aige ar an imirt. Chuaigh Pádraic Joyce siar mar leath-thosaí, agus ghlac sé níos mó seilbhe ar an máilín gaoithe dá bharr. Sna deich nóiméad roimh leath ama, scóráil muid sé chúilín agus tháinig muid i bhfoisceacht trí cinn do Chiarraí ag an mbriseadh, 0-10 in aghaidh 0-7. Sa dara leath d'imir Joyce, Walsh agus Michael Donnellan ar fheabhas, agus tháinig Richie Fahey isteach do Ray Silke agus rinne an-chosaint ar Mhike Frank Russell. Tháinig Maurice Fitzgerald isteach do Chiarraí agus fiche nóiméad le dhul, ach bhí Tomás Meehan sármhaith agus níor éirigh le fear Chathair Saidhbhín aon imprisean mór a dhéanamh. Trí nóiméad fanta agus bhí na foirne ar comhscór – cé a chreidfeadh é tar éis an taispeántais a thug Gaillimh sa gcéad chúig nóiméad fhichead – agus go deimhin bhí seans againn an cluiche a bhuachan. Bhí deis ar scór ag Derek Savage ach theip air, agus bhí seans agam féin freisin an cúilín cinniúnach a aimsiú ach níor éirigh liom: fuair mé seilbh ar an liathróid, chuaigh mé ar ruathar ach ní raibh dóthain fuinnimh sa gcic agus rug an cúl báire ar an bpeil i mbéal an chúil. Chríochnaigh an dá fhoireann ar comhscór, 0-14 araon, an deis caillte ag Gaillimh, mar a tharla. Ach sin é an saol, mar dá mbeadh an cluiche sin buaite againn an bhliain sin ní bheadh Corn Sam Mhig Uidhir buaite againn an bhliain dár gcionn, tá mé iomlán cinnte de sin.

Ag imirt don Ríocht i gcluiche ceannais na hÉireann i mbliain an dá mhíle bhí Darragh agus Tomás Ó Sé, Aodán Mac Gearailt agus Dara Ó Cinnéide – fir Ghaeltachta uilig – agus ar fhoireann na Gaillimhe bhí mé féin agus Seán Ó Domhnaill, as an gCeathrú Rua. Caithfidh nár tharla a leithéid riamh cheana – oiread leaids as an nGaeltacht i bPáirc an Chrócaigh ar lá na cinniúna. Bhíodh sé de nós agam féin agus Ó Domhnaill Gaeilge a labhairt lena chéile agus muid ag imirt, ach ní cuimhneach liom i 2000 go raibh aon chaidreamh idir leaids na Gaeltachta ón dá thaobh. Bhí a ndóthain le déanamh acu. Ach tar éis an méid sin bhí an-mheas agam ar Dhara Ó Cinnéide, agus tar éis an chéad chluiche chroith muid lámha agus mhalartaigh muid geansaithe, agus tar éis do Ghaillimh a bheith buailte san athimirt, labhair muid lena chéile i nGaeilge ar feadh cúpla nóiméad, ach diabhal mórán fonn cainte a bhí ormsa ag an am agus thuig an Cinnéideach é sin. Fear uasal atá ann. Go deimhin tar éis do Ghaillimh an bua a fháil ar an Mí an bhliain dár gcionn, chuir sé litir comhghairdeachais chugam, i Gaeilge, agus tá sé fós agam in áit eicínt.

Ní tharlaíonn sé go minic go gcríochnaíonn cluiche ceannais na hÉireann ar comhscór. Ar an Luan ghlac an dá fhoireann béile i gcomhluadar a chéile, cé nach raibh aon duine fós corónaithe mar sheaimpíní. Bhí teannas ann, mar céard is féidir a rá ar a leithéid d'ócáid, agus seans gur chóir go mbeadh sé curtha ar ceal ar fad go dtí tar éis na hathimeartha. Ní raibh ón dá fhoireann ach leanacht ar aghaidh leis na hullmhúcháin. An t-am sin, ba iad Ciarraí an t-aon fhoireann sa tír, dar liom, a raibh peileadóirí den chaighdeán céanna acu agus a bhí ag Gaillimh. Dá bhrí sin, agus cé nach raibh mé ag iarraidh a bheith diúltach, bhraith mise agus bhraith an fhoireann i gcoitinne sílim, go raibh deis iontach imithe le sruth nuair nár éirigh linn an bua a fháil orthu sa gcéad chluiche.

Mar sin féin, thosaigh Gaillimh ar luas lasrach san athimirt – ní raibh aon dabht faoi ach go ndéanfadh muid gach iarracht an corn a thabhairt linn arís. D'aimsigh Declan Meehan cúl den scoth tar éis sé nóiméad, ach cé go raibh an lámh in uachtar againn sa gcéad leath ba iad Ciarraí a bhí chun tosaigh, 0-8 in aghaidh 1-3, ag leath ama. Bhí iomaíocht ghéar sa dara leath, Maurice Fitzgerald ag imirt go sármhaith don fhreasúra, agus le ceathrú uaire fanta d'éirigh linn dul cúilín amháin chun tosaigh. Ba iad Ciarraí a chríochnaigh láidir, áfach, agus ar deireadh bhuaigh siad le ceithre chúilín, 0-17 in aghaidh 1-10. Foireann chomh sciliúil, chomh cumasach leo, ní gheofá mórán seansanna an ceann is fearr a fháil orthu, agus an seans a bhí faighte againne bhí sé caite in aer againn. Caithfidh meas a bheith agat ar pheileadóirí Chiarraí, fiú agus tú ag déanamh do dhíchill sárú orthu – gan stró mór bhíodar ábalta spás a chruthú, am a thógáil ar an liathróid, máistreacht a bheith acu ar an imirt. Maidir le Gaillimh, bhí muid spíonta. Ní easpa aclaíochta a chlis orainn ach easpa fuinnimh: bhí muid ar nós dornálaithe ag deireadh na coimhlinte, ach bhí an troid ídithe.

Bhí nóiméad sa dara leath den chluiche sin nach ndéanfaidh mé dearmad go deo air. Bhí mé i mo sheasamh in aice le hAodán Mac Gearailt, a d'imir go han-mhaith ar an lá céanna agus a d'aimsigh dhá chúilín, ag fanacht leis an gcic amach ó Declan O'Keefe. Bhí an cúl báire ar thóir na liathróide. Faoin am seo bhí taithí mhaith agam ar a bheith ag imirt i bPáirc an Chrócaigh, agus thóg mé cúpla soicind chun breathnú timpeall orm agus an t-atmaisféar a shú isteach. Ní raibh sé sin déanta agam ó bhí mé i mo mhionúr, agus ar feadh cúpla soicind rinne mé dearmad ar an gcluiche, ar an té a raibh mé ag faire air, ar an scór. Agus bhí mé corraithe: an lucht tacaíochta, tábhacht na hócáide, Gaillimh in aghaidh Chiarraí, cluiche ceannais na hÉireann, m'uaillmhian phearsanta féin. Bhí sé dochreidte, an léargas sin; seasann sé amach i m'intinn agus cuimhneoidh mé go brách air.

Ach buaileadh muid, agus ba bheag nár bhris mo chroí. Tá an díomá fós liom inniu. Tá sé deacair machnamh a dhéanamh ar an gcluiche, mar tá na mothúcháin chomh lom inniu agus a bhí siad an lá sin. Bhí mé diomúch go pearsanta, mar mhothaigh mé nár imir mé go maith, agus bhí mé in ísle brí freisin mar go raibh deis iontach caillte ag an bhfoireann, agus cá bhfios an bhfaigheadh muid aon deis eile arís Sam a ardú linn. Nach mór idir anois agus an lá sin a chaill muid in aghaidh Thír Eoghain sa gcluiche leathcheannais i 1995 agus mé sásta díreach a bheith i bPáirc an Chrócaigh. Ach tar éis an léargas a fuair mé i 1998 – buach i gcluiche ceannais na hÉireann – agus an léargas a fuair mé i mbliain an dá mhíle – a bheith buailte – ní féidir liom é a shamhlú, an chaoi a n-airíonn an té a chailleann an t-aon deis atá aige bonn Uile Éireann a chrochadh leis. Fulaingt uafásach atá i ndán don imreoir sin, cinnte. Tá dhá bhonn Uile Éireann buaite agamsa, ach b'fhéidir gurb é an cluiche sin in aghaidh Chiarraí is mó a ghoilleann orm. Bím ag cuimhneamh air i bhfad níos minicí ná an dá chluiche ceannais eile, creid é nó ná creid.

Níos dáiríre faoin bpeil, níos tréine, níos díocasaí a d'éirigh mé le himeacht na mblianta. Níos déine orm féin freisin, b'fhéidir. Deir an seanfhocal go bhfuil blas ar an mbeagán, agus cinnte tá sé fíor má éiríonn leat a bheith buach go dteastaíonn uait a bheith buach arís. Sin é an nádúr. Nuair a thosaigh mé ag imirt peile, ní raibh a fhios agam an raibh mé sách maith ceann scríbe a bhaint amach, ach nuair a d'éirigh liom sin a dhéanamh theastaigh uaim fanacht i mbarr réime.

Seans go bhfuilim ródhian orm féin – rud amháin a léiríonn na cuimhní cinn seo go soiléir ná nach minic a bhí mé sásta le mo thaispeántas ar pháirc na himeartha. Rinne mé oiread agus a d'fhéadfainn ó thaobh ullmhúcháin agus iarrachta de, go háirithe ó 1996 ar aghaidh, ach mar pheileadóir teastaíonn uait i gcónaí a bheith ar an imreoir is fearr ar an bpáirc. Teastaíonn uait taispeántas den scoth a thabhairt, a bheith tioncharach, a bheith buach, gach uair a bhfeistíonn tú. Bhí díomá ormsa i 2000, ní hamháin de bharr gur chaill muid cluiche ceannais na hÉireann, ach de bharr nár imir mé chomh maith – sa gcluiche sin agus roimhe – agus a bhí ar mo chumas.

Rud amháin faoin bpeil, bíonn cluiche eile i gcónaí ar na bacáin agus má bhíonn tú díomách lá amháin bíonn súil agat déanamh níos fearr an chéad lá eile. Dá mbeinnse sásta le mo thaispeántas gach uair a d'imir mé do Ghaillimh, ní bheadh aon bhrú orm ag iarraidh feabhsú. Ní bheadh aon bhrú orm iarracht bhreise a dhéanamh, traenáil bhreise chun ullmhú don chéad teist eile. Caithfidh tú a bheith spreagtha mar pheileadóir idirchontae nó ní éireoidh leat, tá sé chomh simplí leis sin. Ní féidir leat riamh bheith lánsásta le do chuid imeartha. Bhí frustrachas áirithe ag baint leis an gcluiche ceannais i 2000, mar sin, mar níor imir mé go maith ar chor ar bith agus ní bhfaighinn an seans rudaí a chur ina gceart go ceann i bhfad.

Chuir sé sin as go mór dom, agus sna laethanta tar éis chluiche ceannais na hÉireann 2000 mhothaigh mé go mór in ísle brí. Is cuimhneach liom sa mbeár i bPáirc an Chrócaigh, díreach i ndiaidh na coimhlinte, bualadh le Dara Ó Cinnéide. Ar éigean a bhí mé in ann breathnú air, cé go bhfuil an-mheas agam ar an bhfear céanna. Sa litir a sheol sé chugam an bhliain dár gcionn, tar éis do Ghaillimh an ceann is fearr a fháil ar an Mí, dúirt sé nach bhfaca sé aon duine chomh gruama riamh is a bhí mise tar éis an chluiche ceannais an bhliain roimhe sin. Ceann de na fáthanna, b'fhéidir, leis an díomá millteanach sin ná gur thuig mé nach bhfaigheann tú an seans an ceann is fearr a fháil ar Chiarraí go minic – is fearr go mór bonn Uile Éireann a bhuachan in aghaidh Chiarraí ná in aghaidh aon dream eile.

Is ait an rud an nádúr, gan dabht. Ar bhealach, ar ndóigh, is mó spreagadh a thagann as díomua ná bua. B'in díreach a tharla do Ghaillimh tar éis 2000. Thuig muid anois nárbh aon taisme a bhí ann go raibh Craobh na hÉireann buaite againn i 1998. Bhí muid tar éis dul chomh fada leis an dara cluiche ceannais i dtrí bliana, agus thug an t-éacht sin an-mhuinín agus ardú meanman don phainéal i gcoitinne, fiú má buaileadh muid. Bhí fuinneamh nua, dúil nua, le brath agus chreid muid gur éagóir a bheadh ann mura n-éireodh linn an dara craobh Uile Éireann a bhuachan. Chreid muid go diongbháilte go raibh na peileadóirí ab fhearr sa tír againn agus bhí sé i gceist againn é sin a chruthú. I mo chás féin, thug mé faoi sceideal pearsanta traenála, i dteannta leis an sceideal foirne, le fuinneamh agus le fuadar.

Tús maith leis an bhfeachtas nua a bhí ann nuair a chuaigh muid ar laethanta saoire mar fhoireann go dtí an Afraic Theas i mí Eanáir 2001. Chothaigh sé sin an-spiorad i measc na leaids ar fad, agus bhain muid ardtaitneamh as. Níor fhéad Sarah – bhí mé féin agus Sarah Cannon as Órán Mór ag dul amach le chéile le os cionn bliana faoin am seo – teacht liom, agus bhí mé díomách dá bharr, ach fós féin bhí an turas taitneamhach. Ar bhealach, agus bhí sé seo an-tábhachtach, bhí deighilt fheiceálach ann idir deireadh shéasúr 2000 agus tús 2001. Roinn mé seomra le Gary Fahey, agus léiríonn sé an uaillmhian a bhí ionam gur fhan muid thar lear cúig oíche dhéag agus nár ól mé ach dhá oíche ar an iomlán, cé gur saoire a bhí ann seachas turas traenála. Bhí ionad aclaíochta trasna an bhóthair ón óstán agus bhí mé ann go moch chuile mhaidin, ag crochadh meáchan. Cheana féin bhí mé ag díriú isteach ar an dúshlán a bhí os ár gcomhair. B'fhéidir dá mbeadh Sarah liom nach mbeadh an tsaoirse chéanna agam a bheith ag traenáil gach lá, ach domsa in alt na huaire sin ní bheinn sásta gan an sceideal a bhí mé a leanacht a chomhlíonadh. Bhí mé iomlán spreagtha agus dírithe ar an sprioc.

Fad is a bhí muid thall, foilsíodh féilire na Bare Shakers. Tá náire orm nuair a chuimhním siar air, caithfidh mé é a admháil! Dymphna Burke, go ndéana Dia trocaire ar a hanam, a chuir ceist ormsa agus ar Derek Savage an mbeadh muid páirteach san iarracht a d'eagraigh Aileen Dunleavy ciste a bhunú do charthanas áitiúil. Cén chaoi a bhféadfá diúltú, ach níor thuig muid céard a bhí i gceist go dtí go raibh muid ar an láthair a raibh na pictiúir á dtógáil. Lomnocht a bhí muid, mise le liathróid peile O'Neill's á láimhseáil agam go straitéiseach, Derek ina sheasamh agus a thóin le gaoth. Ba í Sarah a mhínigh dom ar an bhfón go raibh na pictiúir sna nuachtáin ar fad sa mbaile, agus tá mé ag ceapadh gurbh in é an t-aon uair riamh a raibh Mam olc liom ó bhí mé i mo ghasúr. Bhí náire an domhain orm! Seo mise ag traenáil go dian le súil ar an gcraobh agus seo deis tugtha agam do leaids a bheith ag spochadh asam ar an bpáirc peile. Bí ag caint ar easpa creidiúna! Bhí mé trína chéile, agus chuaigh mé go dtí O'Mahony agus mhínigh mé an scéal dó. Ní hiontas ar bith go bhfuil sé ina pholaiteoir anois – dúirt sé liom gan oiread imní a bheith orm, go mbeadh scéal eile sna nuachtáin sula i bhfad agus go mbeadh na Bare Shakers dearmadta ag gach aon duine luath seachas mall. Ar ndóigh, bhí an ceart aige.

Bhí an uaillmhian i gcoitinne le feiceáil le linn na sraithe an t-earrach sin, agus d'éirigh le Gaillimh dul chomh fada leis an gcluiche ceannais, in aghaidh Mhaigh Eo i bPáirc an Chrócaigh. Chaill muid le cúilín amháin, 0-13 in aghaidh 0-12, agus cé go mbeadh sé go deas bonn a bhuachan ní raibh aon duine ródhíomách – bhí súile s'againne dírithe ar an gcraobh. In aghaidh Liatroma a d'imir muid sa gcéad bhabhta, as baile, agus bhí bua cuimsitheach againn orthu. D'aimsigh Pádraic Joyce 3-3 an lá sin ach is dóigh go gcuimhnítear ar an gcluiche mar gheall ar an dream nach raibh ag imirt: bhí an bheirt Donnellan tar éis tarraingt amach ón bpainéal mar gheall nach bhfuair John áit ar an bhfoireann don chéad bhabhta.

Níor cheadaigh an bainisteoir don chonspóid teacht trasna ar na hullmhúcháin don chraobh. Bhí a fhios ag na himreoirí ar fad céard a bhí ag tarlú – bhí tuairiscí sna nuachtáin maidir leis an easaontas – ach ní labhródh O'Mahony ar an scéal beag ná mór. Tar éis an méid sin, thuig muid uilig go raibh sé ag obair go dúthrachtach chun teacht ar réiteach eicínt a shásódh gach duine. Bhí muinín agamsa as go n-éireodh leis, caithfidh mé a rá, mar is taidhleoir maith a bhí ann riamh, agus níor tháinig aon anbhá orm ag an am. Bhíodh ráiteas ag O'Mahony: *'When obstacles are put in front of losers, they cannot find a way to jump over the obstacles, and that makes them losers, but winners always find a way to surmount the same obstacles.'* Sílim go raibh sé sin ar intinn aige agus é ag iarraidh déileáil leis na dearbháireacha as an Dún Mór, agus an scéal a leigheas.

An raibh iontas orm go bhfágfadh Michael Donnellan an painéal? Bhí an scéal beagán eisceachtúil i nGaillimh. Ag aon am amháin le linn ré O'Mahony bhí cúigear seit dearbháireacha ar an bpainéal; Michael agus John Donnellan, Declan agus

Tomás Meehan, Ray agus Brian Silke, Gary agus Richie Fahey, agus Lorcán agus Micheál Ó Callaráin. Agus cé go raibh na leaids ar fad dílis don ghrúpa, tá dílseacht áirithe ag deartháireacha dá chéile. Bhí an baol ann, mar sin, go gcothófaí teannas am eicínt, agus b'in mar a tharla. Aon duine a bhfuil aithne acu ar na Donnellans, tuigeann siad nach féidir casadh le leaids níos uaisle, agus cé go bhfuil sé cóir a rá go rabhadar beagán teasaí agus gur léirigh siad breith luath lochtach sa tréimhse seo, ní raibh aon dabht i m'intinn riamh nach réiteofaí an fhadhb agus go dtiocfaidís ar ais – bhí an iomarca dúile acu sa bpeil. Mar a tharla níor chaill an bheirt ach cúpla seisiún traenála, agus ní raibh i ndán dóibh ó na leaids nuair a d'fhill siad ach fiodmhagadh – bhí muid ag spochadh astu gan trócaire. Déarfainn gur mó i bhfad a dúradh faoin eachtra sna nuachtáin ar feadh an ama ach b'in gné nua mar pheileadóirí idirchontae a ndeachaigh muid i dtaithí air le linn ré O'Mahony.

Ós rud é go raibh muid anois ar cheann de mhórfhoirne na tíre, bhí iriseoirí agus an pobal spóirt i gcoitinne ar thóir scéalta fúinn. Scaipeadh go leor leor ráflaí, agus ní raibh fírinne ar bith sa gcuid ba mhó díobh. Is cuimhneach liom, mar shampla, a bheith ag bainis cúpla bliain tar éis dúinn cluiche ceannais Chonnacht a chailleadh in aghaidh Mhaigh Eo i 1999. Tháinig fear aníos chugam agus dúirt sé liom go raibh aighneas sa seomra feistis ag leath ama sa gcluiche sin agus ní nach ionadh gur chaill muid. Shéan mise go raibh aon teannas, aon aighneas, ann ar chor ar bith. 'No,' a dúirt sé, 'there was a fierce row between Divilly and O'Mahony.' 'There wasn't,' a dúirt mise arís, agus é ag argóint liom ar feadh an ama. 'Nothing was said. There was no row, no tension, and I should know because I was actually there and you weren't!' Bhí mise corraithe, mar bhí a fhios agam nach raibh an rud a raibh mo dhuine a rá fíor, ach níor chreid sé mé. B'fhearr leis an chonspóid. Bhí go leor ráflaí ag dul thart faoi na himreoirí an t-am sin, go háirithe an bheirt Donnellan – is dóigh de bharr nach dtabharfaidís agallaimh – agus leaids eile chomh maith. Scéalta beaga fánacha den chuid ba mhó, faoi ólachán agus ragairneacht, achrann agus aighneas agus drochiompar, ach bhí ráflaí níos díobhálaí freisin á scaipeadh, agus chuirfeadh sin olc ar dhuine. Is cuimhneach liom ráfla amháin faoi imreoir áirithe a scaip ó cheann ceann an chontae – is é sin go raibh geall curtha aige go gcríochnódh Gaillimh agus Baile Átha Cliath ar comhscór i gcluiche sraithe bliain amháin, agus chun an t-íoc amach a chinntiú gur chuir sé cic saor amú d'aonghnó ag deireadh an chluiche. Níl sé sin fíor: an t-imreoir céanna, tá a fhios agamsa go maith go ndearna sé gach íobairt ar son na cúise fad is a bhí sé ag imirt sa ngeansaí, agus chonaic mé trína chéile é nuair a buaileadh muid.

Má bhí ráflaí á scaipeadh faoi roinnt leaids go háirithe, bhíodh éileamh orainn uilig chun agallamh a dhéanamh ag druidim i dtreo na gcluichí móra. Chuaigh duine i dtaithí air tar éis píosa agus níor chuir sé isteach ná amach ort. An dearcadh a bhí ag O'Mahony ná gur chuma faoi na seanleaids a bheith ag caint leis na meáin ach gur chóir na leaids óga ar an bpainéal a chosaint ar fhaitíos go dtabharfaidís aon spreagadh don fhreasúra. Ní hé go mbíodh cosc ar pheileadóirí na Gaillimhe labhairt le hiriseoirí, ach ní bhíodh fáil ar chuid acu, agus bhí cúis mhaith leis seo. Is cuimhneach liom ceannlíne amháin, mar shampla, tar éis do Sheán Ó Domhnaill agallamh a dhéanamh, 'Bring on McHale' nó rud eicínt mar sin. Bhí baol i gcónaí ann go bpiocfadh an t-iriseoir amach rud eicínt fánach a bhí ráite agat agus go gcuirfí béim air sin thar aon ní eile. Sa gcomhthéacs sin is éard a deireadh Bill linn gurb é ealaín an chogaidh gan aon doras a oscailt don fhreasúra, gan aon laigeacht ar chor ar bith a thaispeáint, agus b'in a bhí

O'Mahony ag iarraidh a sheachaint. Go pearsanta, níor thaithin liom riamh a bheith ag caint leis na nuachtáin, mar bhraith mé gur chuir sé isteach ar an bhfócas a bhí ag teastáil sna laethanta roimh chluiche tábhachtach, ach níor dhiúltaigh mé agallaimh a dhéanamh ach an oiread mar shíl mé dá ndéanfá é sin, gur ar do thóir a bheadh na hiriseoirí. Dá bhrí sin, rinne mé na hagallaimh ach níor dhúirt mé tada conspóideach riamh, agus faoi dheireadh stop siad do mo lorg.

Bhí eisceachtaí ann, áfach. Coicís roimh an gcluiche ceannais in aghaidh Chiarraí i 2000, mar shampla, chuir iriseoir amháin glaoch ormsa agus d'iarr sé beagán eolais phearsanta orm ar na peileadóirí ar an bpainéal sa gcaoi is go bhféadfaidís *pen pics* a fhoilsiú fúthu. Ní raibh uaidh ach leasainmneacha, rudaí greannmhara faoi na himreoirí agus a leithéid; níor cheap mé go mbeadh aon dochar ann agus thug mé an t-eolas dó. Ag taisteal suas go Baile Átha Cliath ar an traein ar an Satharn, chonaic John Donnellan an t-alt agus de bharr go raibh sé glan in aghaidh na meán tar éis an chaoi ar chaith siad lena dhearthár i 1999 – nuair a cuireadh i leith Mhichael gur ionsaigh sé an réiteoir i gcluiche clubanna – bhí sé spréachta go raibh an t-eolas seo acu. Bhí sé le ceangal, ag iarraidh teacht ar an té a bhí tar éis an rún a scaoileadh, agus mise i mo shuí in aice leis ag iarraidh an náire a cheilt. Ar ndóigh, níor chóir dúinn a bheith ag léamh na nuachtán ar chor ar bith. Ach b'in scéal eile. Ar aon chuma, chuir mé téacs chuig Sarah, ag cur fainice uirthi gan an rún a scaoileadh le haon duine de na cailíní eile, mar bhí faitíos orm céard a dhéanfadh John dá bhfaigheadh sé amach gur mise a bhí ciontach. Níor inis mé an fhírinne riamh dó, agus tá súil agam go bhfuil sé sábháilte an scéal a inseacht go poiblí anois!

Mar a bhí súil agam leis, d'éirigh le O'Mahony an scéal a réiteach agus bhí Michael agus John Donnellan ar ais ar an bpainéal ag tús mhí an Mheithimh 2001 do chluiche leathcheannais Chonnacht in aghaidh Ros Comáin i dTuaim. Mar a tharla, chaill muid, 2-12 in aghaidh 0-14, agus tá sé deacair fós a thuiscint cén fáth. Ní hé go raibh muid bogásach, mar ní raibh. Ná ní cheapaim go raibh mórán tionchair ag an gconspóid faoi na Donnellans orainn ach oiread. Ach b'fhéidir go raibh muid ag faire rófhada chun tosaigh ar an gcluiche sin in aghaidh Ros Comáin agus nach raibh muid dírithe i gceart ar an dúshlán os ár gcomhair. D'aimsigh Nigel Dineen agus Frankie Dolan cúl an duine sa gcéad leath agus bhí na cúlaithe faoi bhrú ó thús deireadh. D'imir Francie Grehan ar fheabhas ar fad agus bhí Séamus O'Neill tioncharach i lár na páirce, áit ar airigh muid Kevin Walsh, a bhí gortaithe, uainn. Dhéanfaí go leor athruithe ar fhoireann na Gaillimhe idir an cluiche sin in aghaidh Ros Comáin agus cluiche ceannais na hÉireann trí mhí níos deireanaí. Dá bhrí sin, b'fhéidir, in aghaidh Ros Comáin, nach raibh an chóimheá cheart sa bhfoireann aimsithe go fóill. D'imir Tomás Mannion mar lánchúlaí ar chlé an lá sin, mar shampla, ach bheadh sé i bhfad níos éifeachtaí mar leathchúlaí ar lár níos deireanaí sa bhfeachtas. Chomh maith leis sin ní raibh Kevin Walsh aclaí, agus chaith Michael Donnellan seal i lár na páirce dá bharr. Tá Donnellan ar fheabhas mar pheileadóir ach d'airigh muid uainn é níos faide chun tosaigh. Chomh maith leis seo, bhí Pádraig Lally sa gcúl tar éis do Mhartin McNamara éirí as ach thiocfadh Alan Keane isteach ina áit do na cluichí cáilithe agus dhéanfadh seisean an-imprisean. Bheadh athruithe eile ann freisin le linn an tsamhraidh, cinn shuntasacha.

Bhí Ros Comáin, faoi stiúir John Tobin, lúcháireach tar éis dóibh buachan ar Ghaillimh – ar ndóigh rachaidís ar aghaidh chun craobh Chonnacht a bhuachan den chéad uair le deich mbliana – ach is cuimhneach liom a bheith ag éisteacht le hagallamh le Fergal O'Donnell ar an raidió agus muid ag tiomáint ar ais go Gaillimh tar éis na coimhlinte, agus chuir sé cantal orm. Tá naimhdeas idir an dá chontae, sin togha, ach mhothaigh mé go ndeachaigh O'Donnell cineál thar fóir agus go raibh sé beagán caithréimeach i ndiaidh an bhua ar Ghaillimh, nuair nach raibh aon ghá leis. Ní mé an t-aon duine ar an bhfoireann a chuala an t-agallamh céanna, agus chuir sé olc ar go leor againn. Mar gheall air sin, is cuimhneach liom, nuair a tharla sé go mbeadh muid ag imirt in aghaidh Ros Comáin i gcluiche ceathrú ceannais na hÉireann bhí muid uilig thar a bheith sásta, agus ní raibh dabht ar bith i m'intinn ach go raibh muid chun buachan, agus go maith. Ba é an t-aon uair i mo shaol imeartha é a raibh an léargas sin agam ar an toradh, agus mé chomh cinnte sin, sular thug muid aghaidh ar an bpáirc in aon chor.

Roimhe sin, áfach, bhí go leor oibre le déanamh. Ar ndóigh, ba i 2001 a tugadh isteach an córas nua, an cúldoras, agus mar gheall go raibh sé nua ní raibh aon tuiscint againn ar chéard a bhí i gceist, i ndáiríre. Bhraith mise agus na leaids eile ar fad go raibh ár ndeis caillte againn, tar éis gach a raibh déanta ón Nollaig. Thóg sé tamall sular ghlac muid leis nach raibh sé sin fíor agus go raibh seans eile againn. San intinn a bhí sé is dócha: athrú meoin ar fad a bhí ag teastáil. Tugadh sos dúinn, seachtain go leith, agus bhí cruinniú againn ar an gCéadaoin deich lá tar éis an chluiche. Cuireadh téacs chugainn uilig ón mbainistíocht: aon duine ar theastaigh uathu a bheith páirteach sa gcuid eile den fheachtas, tagaidís chuig an gcruinniú; aon duine nár theastaigh, nár cheap go raibh an t-ocras riachtanach acu leanacht leis an obair, fanaidís-sean sa mbaile. Bhí mé chomh mór sin in ísle brí go raibh orm dianmhachnamh a dhéanamh an bhfreastalóinn ar an gcruinniú in aon chor, agus ní mé an t-aon duine ar an bpainéal a mhothaigh mar sin. Bhí an oiread íobairtí déanta le sé mhí, gan aon aisíoc, agus bhí sé deacair a bheith dearfach faoin todhchaí. Ar feadh cúpla lá bhí brath orm féin an pheil a chaitheamh in aer uilig, ach idir an dá linn bhí oscailt oifigiúil ag Súileen, an *gym* nua a raibh Derek Savage agus John Divilly a riaradh i dTuaim. Ní raibh aon fhonn ormsa fanacht thart i ndiaidh na hoscailte, ach mar a tharla bhí go leor de na leaids ann an oíche sin, agus isteach linn go dtí an Brogue go n-ólfadh muid deoch. Bhí O'Mahony ann freisin, agus bhí an-chraic ar fad againn, agus níos tábhachtaí fós, b'fhéidir, rinne muid go leor cainte neamhfhoirmeálta faoin gcluiche a chaill muid. Rinneadh athnuachan ar an spiorad i measc an ghrúpa, agus cinnte mhothaigh mise i bhfad níos dearfaí tar éis na hoíche. Sílim go ndearna an ócáid spleodrach sin leas dúinn ar fad agus tháinig gach duine chuig an gcruinniú foirne, réidh chun tabhairt faoin bhfeachtas an athuair.

Mar sin féin, bhí sé an-tábhachtach nach in aghaidh ceann de na mórchumhachtaí peile a bheadh muid ag imirt sa gcéad bhabhta, mar gan dabht ar bith bhí muid leochaileach, agus buíochas le Dia sin díreach a tharla. D'imreodh muid in aghaidh Chill Mhantáin, in Eachroim, agus bheadh mí iomlán againn chun ullmhú don chluiche, rud eile a bhí an-tábhachtach, mar thug sé seans dúinn tarraingt le chéile arís agus díriú ar an sprioc.

D'fhan muid in óstán an Citywest i mBaile Átha Cliath an oíche roimh ré. Teachtaireacht a bhí ansin ón mbainistíocht: bhí muid fós sa iomaíocht, agus leanfadh muid an fhoirmle chéanna agus a leanfadh roimh chluiche leathceannais nó ceannais na hÉireann. Sílim go ndeachaigh sé sin i gcion ar na leaids – clisteacht O'Mahony arís. Rinneadh roinnt athruithe ar an bhfoireann le hais an chúigear déag a d'imir in aghaidh Ros Comáin ceithre seachtainí roimhe sin. D'imir Alan Keane mar chúl báire in áit Phádraig Lally, d'imir Kieran Fitzgerald mar lánchúlaí ar dheis agus d'imir Tomás Mannion mar leathchúlaí láir. D'imir an triúr sin go háirithe go sármhaith, ach ainneoin an scóir dheiridh, 3-12 in aghaidh 1-9, ní fhéadfá a rá gur bua éasca a bhí ann – bhí orainn a bheith díograiseach agus níor éirigh linn an lámh in uachtar a fháil ar an bhfreasúra go dtí an ceathrú deiridh. Bhí gortú fánach ormsa sna laethanta roimh an gcluiche in aghaidh Chill Mhantáin agus fiú agus muid ag téamh suas roimh ré ní raibh mé cinnte ar chóir dom a bheith ag imirt. Deireadh Aoifáine Breathnach – fisiteiripeoir as an gCeathrú Rua a bhí ag obair le foireann na Gaillimhe – gur hipeacoindreach mé; nach raibh mé sasta imirt mura raibh mé lánchinnte go raibh mé iomlán i mo cheart. Bhí an ceart aici ar bhealach; bhí galareagla orm is dócha, ach ní féidir leat a bheith muiníneach ar an bpáirc mura bhfuil tú iomlán aclaí. Nuair a bhí mé níos óige dhéanainn iarracht deifriú ar ais ag imirt tar éis gortú ach d'fhoghlaim mé nach féidir an iomarca brú a chur ar an gcorp nó clisfidh sé ort. Dá bhrí sin, agus mé níos sine, thug mé faoin tréimhse athshlánaithe le díograis. An geábh seo, leathuair roimh an gcluiche in aghaidh Chill Mhantáin, chonaic mé Micheál Ó Callaráin ag téamh suas freisin – eisean a bheadh ag imirt i m'áitse mura mbeinn aclaí – agus thug sé sin spreagadh breise dom. Theastaigh uaim greim a choinneáil ar an ngeansaí. D'imir mé, agus d'imir mé go reasúnta maith. Rud suntasach faoin gcluiche sin gur thaistil an oiread as Gaillimh go hEachroim, turas fada trasna na tíre. Thug sé sin spreagadh do na himreoirí mar thuig muid gur chreid an pobal ionainn fós. Bhí muid fós sa gcraobh, fós beo. Ach bhí gá dúinn anois cruthú, ní hamháin dúinn féin ach do gach duine eile chomh maith, go raibh muid fós san iomaíocht do Chorn Sam Mhig Uidhir.

Fuair muid an deis sin sa gcéad bhabhta eile, an tseachtain dár gcionn, in aghaidh Ard Mhacha i bPáirc an Chrócaigh. Ba é an dearcadh a bhí againn, dá mbuafadh muid an cluiche bheadh creidiúint ag dul dúinn arís. Arís bhí mé gortaithe sna laethanta roimh an gcluiche – straidhn colpa, mar a bhí ag cur as dom roimh an gcluiche in aghaidh Chill Mhantáin – agus ní raibh a fhios agam an mbeinn aclaí, rud a chuir leis an strus. Seans gur tuirse a bhí ann seachas aon rud eile, agus ar deireadh tugadh cead dom imirt. Dúirt Aoifáine go dtabharfadh sí instealladh dom roimh ré, mar bhí mé imníoch an mairfinn an seachtó nóiméad ar an bpáirc, agus thug, ach tar éis an chluiche d'admhaigh sí nach raibh ann ach salann agus uisce, seachas pianmhúchán mar a shamhlaigh mé ag an am!

Géarchoimhlint a bhí ann in aghaidh Ard Mhacha. Fiú ag an am sin bhí clú orthu mar fhoireann fhisiciúil, agus thuig muid go gcaithfeadh muid a bheith fisiciúil muid féin má bhí muid chun an ceann is fearr a fháil orthu. Bhí muid muiníneach go raibh an scil agus an tallann againn, ach céard faoin dúil agus an cíocras? D'imir muid go maith, den chuid is mó, ach is dream iad Ard Mhacha nach ngéilleann riamh agus bhí na foirne cothrom agus gan ach cúpla nóiméad fanta sa gcluiche. Rinne Michael Donnellan cosaint láidir agus bhí seilbh againn arís. Bhí Paul Clancy ar dheis agus mise ar chlé, beagán chun tosaigh, agus mé ag screadaíl ag iarraidh na liathróide, is cuimhneach liom, ach thug Donnellan an pas do Phaul. Bhí mé spréachta ar feadh soicind, ach fuair Paul an cúilín, agus bhí an cluiche buaite, 0-13 in aghaidh 0-12. Shéid an réiteoir, Brian White, an fheadóg – ar an bpointe, shílfeá – agus bhí an lá linn. An bhfuil rud ar bith chomh sásúil le cluiche a bhuachan sna cúinsí sin – géarchoimhlint idir an dá fhoireann, scór cinniúnach sa nóiméad deiridh, an fheadóg á séideadh ansin ag an réiteoir agus an sprioc bainte amach. Bí ag caint ar fhaoiseamh! Bhí an-oíche againn an oíche sin, ag teacht anuas ar an traein as Baile Átha Cliath, agus ag ceiliúradh lena chéile mar ghrúpa, dlúthchairde. Thug an bua sin ar Ard Mhacha muinín as an nua dúinn. Chreid muid uilig anois go bhféadfadh muid an ceann is fearr a fháil ar aon fhoireann sa tír agus go raibh muid ar shlí na glóire arís.

Coicís ina dhiaidh sin d'imir muid Corcaigh. I bPáirc an Chrócaigh a bheadh an cluiche. Bhí beagán frustrachais orm faoi seo mar gheall gur mhothaigh mé go raibh mo chaighdeán imeartha go dtí sin sa bhfeachtas beagán díomách, agus bhí mé diongbháilte ag iarraidh taispeántas maith a thabhairt sa gcéad bhabhta eile. Thuig mé go mb'fhéidir go raibh mé beagán ró-neirbhíseach seachas aon rud eile, go raibh mé ag cur an iomarca brú orm féin. Agus dá bharr ní raibh mé ag baint taitnimh as mo chuid peile. Mar sin, chuir mé iachall orm féin roimh an gcluiche in aghaidh Chorcaí gan an iomarca anailíse ná machnaimh a dhéanamh agus féachaint céard a tharlódh. Mar a tharla, thosaigh muid ar luas lasrach agus bhí farasbarr suntasach againn ar an bhfreasúra sa gcéad leath, nuair a ghlac mé seilbh ar an liathróid agus cosantóirí Chorcaí ag iarraidh í a thabhairt suas an pháirc. B'fhéidir gurbh in é an fáth gur thug mé faoi chúl. Cúpla bliain roimhe sin bheadh an máilín gaoithe pioctha suas agam agus mo chúilín tógtha. Ina theannta sin bhí Joe Bergin ar chlé agus é ag béicíl don liathróid. Ach ar aghaidh liom – bhí mé tar éis a bheith ag imirt leis na *Night Owls*, foireann sacair i nGaillimh, i rith an gheimhridh, agus sheas sé liom. Cic oilte agus bhí mé ar mo bhealach, fiche slat ón gcúl, deich slat ón gcúl agus fós bhí an liathróid ar an talamh agus mé á stiúradh le mo chos, timpeall ar an gcúl báire agus isteach san eangach! An dara cúl agam do Ghaillimh sa gcraobh riamh, an chéad chúl aimsithe i bPáirc an Chrócaigh – nach mé a bhí i mborr le bród!

Is dóigh de bharr muid a bheith chomh fada sin chun tosaigh ag an am a shocraigh mé go bhféadfainn dul sa seans agus iarracht a dhéanamh ar chúl, ach sa dara leath tháinig Corcaigh ar ais agus bhí ar pheileadóirí na Gaillimhe troid go deireadh agus díograis a léiriú chun an bua a chinntiú. Tá sé deacair d'aire a choinneáil ar an dúshlán agus máistreacht iomlán ag an bhfoireann, agus ceacht tábhachtach a bhí sa gcluiche sin dúinn ar fad. Is cuimhneach liom gur imir Pádraic Joyce ar fheabhas an lá sin, agus murach é bheadh muid i dtrioblóid. Bhí Joyce chomh stuama, chomh socair, agus ba é an aidhm a bhí agamsa sa dara leath, aon uair a fuair mé an liathróid, í a thabhairt dósan agus ligean leis. Sílim, agus cúig nóiméad fanta sa gcluiche sin, nach raibh muid ach cúilín chun tosaigh, ach buíochas le Dia níor éirigh le Corcaigh breith orainn agus d'aimsigh Pádraic cúpla cúilín thar a bheith gleoite sna nóiméid dheireanacha. Ar deireadh bhuaigh muid, 1-14 in aghaidh 1-10, agus ar an traein ar an turas siar fuair muid an scéala gur in aghaidh Ros Comáin a bheadh muid ag imirt sa gcluiche ceathrú ceannais.

I gCaisleán an Bharraigh a imríodh an cluiche in aghaidh Ros Comáin agus i ndáiríre ní raibh aon ghá do O'Mahony aon rud a rá leis an bhfoireann roimh ré. Bhí muid iomlán dírithe ar an sprioc agus bhí mise, ar aon chuma, lánchinnte go mbeadh an bua againn. Bhí muid spreagtha, agus thug muid taispeántas dearfach, fuinniúil. Níor aimsigh Ros Comáin sa gcéad leath ach cúilín amháin, agus cé gur scóráil Jonathan Dunning cúl sa dara leath, ní raibh Ros Comáin san iomaíocht ar chor ar bith. Bhí mé thar a bheith sásta le mo thaispeántas féin – cé gur imir gach duine go maith ar an lá – ach bhí an t-ádh orm nach bhfuair mé cárta dearg mar gheall ar fheall a rinne mé ar Frankie Dolan. Drochghreamú a bhí ann, ach amscaíocht a bhí ann seachas mailís. Bhí mé mall agus tharraing mé ar Frankie le m'uillinn, ach is cosúil nach bhfaca an réiteoir, John Bannon, an eachtra ina iomlán, nó thuig sé nach ndearna mé d'aonturas é agus níor thug sé dom ach cárta buí. Ar deireadh bhuaigh muid, 0-14 in aghaidh 1-5, agus bhraith an fhoireann ar fad sásta go maith go raibh díoltas bainte amach againn.

Tháinig leaid óg isteach san imirt do Ros Comáin an lá sin, Michael Gerard Grogan, agus ba léir go raibh cumas ann, ach ar ndóigh ní raibh aon sárú ar Ghaillimh ar an ócáid chéanna. Bhabhtáil mé geansaí le Grogan i ndiaidh an chluiche, agus nuair a bhásaigh sé go tubaisteach i dtimpiste ina dhiaidh sin sheol mé an geansaí a chaith sé chuig a thuismitheoirí. Bhí an pheil riamh fíorthábhachtach i mo shaol, ach ó am go chéile, agus tá a fhios agam go maith é, múineann léirscrios críochnaithe céard is tábhachtaí ar fad.

I gcluiche leathcheannais na hÉireann in aghaidh Dhoire, b'fhéidir nach raibh dóthain measa againn ar an bhfreasúra. Bhí Contae na Mí agus Ciarraí ag imirt sa gcluiche leathcheannais eile agus bhí fócas na meán ar fad ar an gcluiche sin, agus b'fhéidir ár bhfócas féin chomh maith. Ní hé gur imir muid go dona, ach d'imir Doire fear sa mbreis sna cúlaithe agus bhí sé an-deacair orainn iad a bhriseadh síos. Cúig nóiméad déag le dhul agus bhíodar cúig chúilín chun tosaigh orainn, ach d'aimsigh Derek Savage, a d'imir thar cionn ar an lá, cúilín breá agus thug misneach dúinn arís. Bhí Pádraic Joyce cruinn leis na ciceanna saora agus d'éirigh liom féin cúilín fíorthábhachtach a fháil chomh maith, a thug i bhfoisceacht dhá chúilín muid agus an t-am ag sleamhnú thart.

Faoin am ar thug mé faoin scór, bhraith mé nárbh fhiú a bheith cosantach a thuilleadh agus suas an pháirc liom ar ruathar. Ní raibh mé sásta géilleadh, is dóigh, agus mar a tharla bhí mé san áit cheart, díreach ag an am ceart. Tháinig an liathróid isteach, bhuail in aghaidh an phosta agus thit síos isteach i mo lámha. Ar feadh soicind b'fhéidir d'fhéadfadh cúl a bheith faighte agam ach bhí an deis caillte chomh tapaidh céanna, agus chuir mé thar an trasnán í. Ba é cúl Mhatthew Clancy, áfach, dhá nóiméad ina dhiaidh sin, an scór cinniúnach sa gcluiche – ba é Savage a thug an pas dó – agus bhí an lá linn. Bhí teannas uafásach le brath sna soicindí deireanacha agus an slua imithe craiceáilte – níor chuala mé béic chomh mór tar éis aon scór eile riamh i rith mo chuid imeartha – ach bhí ar na himreoirí an racht a smachtú go dtí go séidfí an fheadóg. Sin é an rud faoi a bheith ag imirt peile: ní mhothaím tada, scanradh, díomá, sásamh, go dtí go mbíonn an choimhlint thart. Is cuma céard a tharlaíonn san imirt, caithfidh tú guaim a choinneáil ort féin. B'in rud a bhí foghlamtha agam leis na blianta. Ní minic i mo shaol a tháinig Gaillimh ar ais chun an bua a aimsiú nuair ba chosúil go raibh muid buailte, ach ní fhéadfainnn an ríméad a bhí orm a thaispeáint go dtí go gcloisfinn an fheadóg. A leithéid de mhothúcháin ansin: faoiseamh dochreidte de bharr bua iontach sásúil, 1-14 in aghaidh 1-11, agus leaids Dhoire trína chéile faoin gcaoi ar thit rudaí amach. Is cuimhneach liom go maith siúl taobh le Anthony Tohill den pháirc agus níor fhéad sé labhairt, bhí oiread díomá air. Thuig mé dó, b'iomaí uair ar mhothaigh mé mar a chéile.

Bhí an dara cluiche leathcheannais ar siúl an deireadh seachtaine ina dhiaidh sin, agus d'éirigh leis an Mí bua cuimsitheach a fháil ar Chiarraí, bua gan choinne i ndáiríre, 2-14 in aghaidh 0-5. Níor thuig mé céard a bhí ag cur as do Chiarraí ar an lá, ach ba chuma.

Ar roinnt cúiseanna, ní raibh móran brú ar Ghaillimh ag druidim i dtreo chluiche ceannais 2001. An bhliain chéanna, d'éirigh le foireann peile agus foireann iománaíochta an chontae cáiliú do chluiche ceannais na hÉireann – an chéad uair riamh dá leithéid tarlú. Thaistil muide mar fhoireann chuig an gcluiche ceannais iománaíochta – ag iarraidh go súfadh muid isteach an t-atmaisféar a bhí O'Mahony, agus, ar ndóigh, bhí Alan Kerins ag imirt don dá fhoireann agus bhí muid ag tabhairt tacaíochta dósan chomh maith. Chabhraigh sé linne nár bhuaigh iománaithe na Gaillimhe ar Thiobraid Árann, dar liom, mar stop an chaint uilig faoin *double*. Ina theannta sin, bhí sceimhlitheoirí tar éis ionsaí a dhéanamh ar Nua-Eabhrac coicís roimh an gcluiche, agus bhí fócas na meán dírithe ar an uafás sin. Bhásaigh Anne Marie McHugh as Tuaim san ionsaí, go ndéana Dia trócaire ar a hanam. Agus, ar deireadh, d'fhág bua ollmhór na Mí ar Chiarraí gurbh iadsan rogha na coitiantachta agus, mar a tharla i 1998, níor dearnadh mórán cainte ar Ghaillimh. I mo chás féin, shocraigh na múinteoirí ar scoil nach labhróidís ar chor ar bith eatarthu féin ná liomsa faoin gcluiche, agus ba mhór an chabhair í sin.

Arís, lean O'Mahony an fhoirmle chéanna. Rinne sé go leor den traenáil fós é féin, cé go ndearna sé níos lú b'fhéidir ná mar a rinne i 1998 agus 2000. Bhí fear darbh ainm Mick Toland as Dún na nGall anois ag cabhrú linn. Rinne sé roinnt traenála agus ghlac sé an ról a bhíodh ag Bill roimhe sin. Tar éis an bhua ar Ard Mhacha agus an oíche roimh an gcluiche in aghaidh Chorcaí, bhí cruinniú foirne againn sa Citywest, agus ar chairt ag barr an tseomra bhí an focal 'NOTHING' scríofa. *'People will remember you for NOTHING if you lose to Cork tomorrow,'* a dúirt Toland linn, agus baineadh geit asainn uilig. *'The win over Armagh will count for NOTHING if you lose tomorrow,'* agus lean sé air mar sin. Chuaigh sé i bhfeidhm orainn agus chabhraigh sé linn tuiscint a fháil ar chéard a bhí ag brath ar an lá dár gcionn. Bhí daoine eile a rinne an-obair ar son na cúise freisin: Aoifáine Breathnach, a bhí ina fisiteiripeoir leis an bhfoireann ó 1998; an dochtúir Jarlath Duignan agus Donal Kelly a tháinig ina dhiaidh. Is deirfiúr í Aoifáine le Seáinín Tommy, a bhí ina bhainisteoir nuair a bhuaigh an Cheathrú Rua craobh shinsear peile na Gaillimhe i 1996. Ag obair le hAoifáine i rith fheachtas 1998 bhí Mick Byrne, a bhí ina fhisiteiripeoir le foireann sacair na hÉireann i ré Jack Charlton. Agus, ar ndóigh, tá Eddie O'Sullivan agus an chomhairle a thug seiseann do O'Mahony luaite cheana agam. Faoin am seo freisin bhí an-aithne againn ar na roghnóirí, Pete Warren agus Stephen Joyce, agus thuig gach aon duine an íobairt agus an obair a rinne siadsan i rith an fheachtais. Ba í Geraldine O'Mahony, bean John, a chuir comhairle orainn ó thaobh aiste bia de – múinteoir tís a bhí inti – agus freisin rinne sí cinnte aithne a chur ar mhná céile, páirtnéirí agus muintir na n-imreoirí ar fad, rud a bhí tábhachtach ó thaobh spiorad a chothú, ní hamháin i measc an ghrúpa imreoirí ach an grúpa timpeall ar na himreoirí chomh maith céanna. Níl mé cinnte fós arbh é an nádúr a bhí aici é – bhí sí an-tuisceanach – nó an rud é a rinne sí d'aon ghnó. Ach chabhraigh sí go mór linn.

Roimh an gcluiche ceannais in aghaidh na Mí, dá bhrí sin,

bhí gach rud i gceart. Bhí gach duine aclaí – bhí Kevin Walsh ar ais i lár na páirce, agus bheadh an-chluiche aige in aghaidh sheaimpíní Laighean – agus bhí fuinneamh ar leith le brath i measc an ghrúpa. Bhí an chóimheá i gceart, shíl mé: Tomás Mannion ag imirt an-pheil mar leathchúlaí láir, Declan Meehan le luas lasrach ar an gcliathán deas. Bhí an-chumas i measc na dtosaithe i gcoitinne agus bhí gach duine dóchasach go mbeadh an lá linn dá bhféadfadh leithéidí Phádraic Joyce, Derek Savage, Paul Clancy agus Ja Fallon dóthain seilbhe a fháil ar an liathróid.

Géarchoimhlint a bhí ann sa gcéad leath, agus bhí an dá fhoireann ar comhscór, 0-6 in aghaidh 0-6, ag an mbriseadh. Chaill muid roinnt seansanna agus thuig muid nach raibh muid tar éis imirt go maith ar chor ar bith, ainneoin an díocas a bhí orainn ceann scríbe a bhaint amach. Tar éis do O'Mahony a chuid a rá ag leath ama, fágadh an cúigear déag inár n-aonar. Ní dhéanfaidh mé dearmad go deo ar an ngaireacht, ar a dhlúithe a bhí muid – is rud eisceachtúil ar fad a bhí ann. Thuig mé, agus mé ag breathnú isteach i súile na leaids thart timpeall orm, go raibh gach duine againn sásta bás a fháil ar son na cúise. Níor dearnadh aon bhéiceach ná aon eascaíní, ach bhí fuinneamh aisteach le brath, dúil agus uaillmhian thar cuimse. Dhéanfadh muid cibé rud ar ghá chun an cluiche a bhuachan, chreid mé é sin, agus bhí an cruthúnas sa taispeántas a thug muid sa dara leath. Níor éirigh leis an Mí ach dhá chúilín a aimsiú sa tréimhse sin agus cé go bhfeadfá a rá go raibh an mí-ádh orthu – gortaíodh Ollie Murphy, cuireadh Nigel Nestor den pháirc agus chuaigh cic pionóis Trevor Giles amú – bhí an móiminteam ar fad le Gaillimh. D'aimsigh Pádraic Joyce naoi gcúilín sa dara leath – deich gcúilín a scóráil sé ar fad, cúig cinn ón imirt – d'imir Declan Meehan go sármhaith agus Kevin Walsh freisin. I ndáiríre ní raibh seans ag an Mí, mar bhí Gaillimh spreagtha. Bhí muid uilig ar aon intinn, gach duine sásta gach íobairt a dhéanamh chun an sprioc a aimsiú. Is annamh a tharlaíonn sé sin sa spórt, is annamh a bhíonn an chomhthuiscint agus an caidreamh chomh maith sin i measc grúpa chomh mór, gach duine ag obair dá chéile. Bhí an spiorad sin cumhachtach, láidir, tioncharach, agus bhí linn ar an lá, 0-17 in aghaidh 0-8.

Agus bhí an dara bonn Uile Éireann buaite. I 1998 níl aon dabht faoi ach gur ríméad a bhí orainn uilig tar éis an bhua ar Chill Dara, ach i 2001 is faoiseamh a bhí sa mbua sin ar an Mí. Thug sé stádas ar leith do Ghaillimh i measc mhórfhoirne na tíre. Foireann mhaith a bhuann craobh amháin Uile Éireann, ach sa ré seo má éiríonn leat an dara ceann a bhuachan, tá gach moladh tuillte. Bhí muid anois tar éis imirt i dtrí cinn de chluichí ceannais thar chúig bliana, agus bhí péire buaite againn – is breá an staitistic í sin. I measc pheileadóirí na Gaillimhe a d'imir na trí chluiche agus a bhuaigh dhá bhonn, tá mé fíorbhródúil go raibh mise ar dhuine díobh – freisin, ar ndóigh, bhí Gary Fahey, Tomás Mannion, Kevin Walsh, Michael Donnellan, Ja Fallon, Pádraic Joyce agus Derek Savage.

Bhí leithéidí Declan Meehan, Paul Clancy agus Tommie Joyce ar an imeall i 1998, ach d'imir siadsan i 2001 agus ceann scríbe bainte amach acu ar deireadh. Ar bhealach amháin bhain mise beagán níos mó sásaimh as an mbua i 2001 mar gur aguisín a bhí ann le mo chuid imeartha féin. Ach bíonn dearcadh éagsúil ag gach aon duine agus is cuimhneach liom a bheith ag caint le duine de na leaids óga tar éis an chluiche ceannais i 2001: dúirt sé liom dá mbeadh air an rogha a dhéanamh, a bheith ar fhoireann 1998 nó ar fhoireann 2001, go mb'fhearr leis a bheith ar fhoireann 1998, mar gheall gurbh in an bua a bhris tríd an mbac; ba mhó an stádas a bhí ag bua 1998 mar gheall gur tháinig sé tar éis gorta dhá bhliain is tríocha. Tuigim go raibh an t-ádh dearg ormsa a bheith páirteach ar an dá lá stairiúla; nár gortaíodh mé agus nár chaill O'Mahony a chuid muiníne asam riamh, cé nár imir mé go maith i gcónaí. Is féidir leis an spórt a bheith neamh-thrócaireach, agus tá mise cinnte go mbeadh an cluiche ceannais i 2001 buaite ag Gaillimh, is cuma mise ann nó as; dá bhrí sin gabhaim buíochas le Dia ó am go chéile as ucht gach ratha. Cinnte bhí íosphointí ann, ach níl aon chúis go mbeadh aon aiféala mór orm tar éis mo chuid imeartha.

Bhí roinnt difríochtaí le brath nuair a shéid Michael Collins an fheadóg ag deireadh chluiche ceannais 2001, le hais 1998. An uair seo, ní raibh cead ag an slua ar an bpáirc, de bharr rialacha nua sláinte agus sábháilteachta. Rinneadh go leor cainte faoi sin roimh an gcluiche, ach níor chuir sé as do na himreoirí ar chor ar bith; go deimhin thug sé seans ceart dúinn ceiliúradh lena chéile, agus bhain mise an-taitneamh as sin. Timpeall na páirce linn ansin, leis an gcorn, agus d'éirigh liom roinnt de mo mhuintir a fheiceáil sa slua, mo chuid deirfiúracha Aisling, Aoife agus Aideen, agus deartháir céile, John. Léim seanchara as Boston, Stephen King, thar an bhfál; suas leis ar mo dhroim, agus thit an bheirt againn go talamh, eisean riméadach (agus beagán óltach, cheapfainn), mise traochta.

Isteach linn ansin go dtí an beár i bPáirc an Chrócaigh; bhí mo mháthair agus m'athair ann, mo dheartháir Ciarán, agus Sarah, ach ar ndóigh ní raibh dóthain ticéad ann don chlann ar fad agus níor chas mé leis na deirfiúracha agus na deartháireacha eile go dtí go raibh muid sa Citywest ina dhiaidh sin, cé go raibh mé ag caint leo ar an bhfón. Bhí slua chomh mór san óstán níos deireanaí go raibh sé deacair aon chómhrá ceart a bheith agam le clann ná cairde, mar bhí an oiread daoine ag iarraidh labhairt liom, agus is cuimhneach liom a bheith ag iarraidh dul i bhfolach ar feadh tamaill, bhí mé chomh tuirseach. Ach má bhí féin, bhí an-oíche againn uilig; agus anois agus mé cleachtach ar an turas abhaile tar éis chluiche ceannais na hÉireann, gheall mé dom féin nach mbeinn sáinnithe sa Sacre Coeur arís, i measc an fhiántais ar fad ag a ceathair ar maidin, mar a bhí i 1998, ach go mbeadh ciall agam agus go dtabharfainn tús áite do Sarah agus na daoine is gaire dom. Aisteach go leor, le hais na bliana roimhe bhí daoine sách ciúin ar an turas abhaile. I 2000 bhí an-chraic ann ar an traein, i bpáirt mar go raibh neart le n-ól an bealach ar fad siar. I 2001 tháinig deireadh leis an ólachán nuair a shroich muid Áth Luain. Seans nach raibh bord an chontae ag iarraidh go ndéanfadh muid amadán dínn féin.

Shroich muid an Sacre Coeur ag a hocht – tar éis an tsearmanais oifigiúil os comhair na hardeaglaise – agus bhí na céadta daoine ann romhainn. D'éirigh liom féin agus Sarah bóthar a bhualadh i ngan fhios d'aon duine, agus bhí béile againn i mbialann bheag folamh i mBóthar na Trá. Isteach linn sa teach tábhairne The Bal ansin chun féachaint ar *The Monday Game*, agus ní raibh duine ná deoraí san áit seachas an bheirt againne, seanfhear ag an mbeár, agus an freastálaí, a thug na deochanna saor in aisce dúinn. Bhí sé go hálainn suaimhneach agus muid ag faire ar an rúille búille trasna an bhóthair. Níos deireanaí an oíche sin ar aghaidh linn go dtí an club oíche, Central Park, i lár na cathrach. Sa scuaine chonaic mé fear ar chóir dó Corn Sam Mhig Uidhir a bheith ardaithe aige i 1997 nuair a bhuaigh Ciarraí Craobh na hÉireann, ach ó tharla go raibh sé san ospidéal le cos bhriste – gortú a tharla le linn na coimhlinte in aghaidh Mhaigh Eo – níor ardaigh. B'in Billy O'Shea, sárpheileadóir ar ndóigh. D'aithnigh sé mise, agus mise eisean, agus tháinig sé isteach linn.

Seans nach raibh an fiántas céanna ar fud an chontae tar éis an bhua i 2001 le hais 1998, ach bhain muid an-taitneamh as an gceiliúradh mar sin féin. Bhuel, ar an iomlán. Is cuimhneach liom, mar shampla, gur tógadh an painéal ar fad isteach go Páirc Iarfhlatha i dTuaim an oíche Dé Luain ar tháinig muid abhaile as Baile Átha Cliath agus gur labhair polaiteoir i ndiaidh polaiteora sular cuireadh an fhoireann in aithne agus go raibh míshuaimhneas agus mífhoighid an lucht tacaíochta le brath. Ach ba chuma leis na polaiteoirí ach a gcuid a rá. Thug duine acu Declan ar Derek Savage. Bhí sé náireach, le bheith fírinneach agus nuair a labhair Gary Fahey rinne sé tagairt don tseafóid agus dúirt, *'It's a night for the players and the fans to enjoy themselves.'*

Trí seachtainí tar éis an bhua thaistil an painéal go Nua-Eabhrac go n-imreoidís i gcluiche ceannais FBD, comórtas sraithe idirchontae i measc fhoirne Chonnacht, a imrítear i mí Eanáir, agus bhaineadar an-chraic as an turas sin in éineacht. Níor fhéad mise, Pádraic Joyce ná Michael Donnellan dul ann, mar go raibh muid san Astráil le foireann na hÉireann, agus bhí díomá orm faoi sin, ach ar ndóigh níor chóir dom a bheith ag clamhsán, ní féidir a bheith chuile áit. I mí Eanáir 2002 ansin, is go dtí an Téalainn a chuaigh an fhoireann ar laethanta saoire, ach arís níor fhéad mise dul. Bhí fáth ar leith leis seo – bhí mé ag iarraidh ceist a chur ar Sarah an bpósfadh sí mé, ceist a chuir mé i Veinéis na hIodáile i lár mhí Feabhra.

Mar a rinne mé i 1998, chuir mé an corn in áirithe i rith mhí na Nollag ach an uair seo ba le múinteoirí Choláiste Mhuire a bhí an ceiliúradh. Isteach ar mhionbhus na scoile linn agus thug muid aghaidh ar Chinn Mhara. D'ól muid Tigh Chonole – ní raibh duine ná deoraí ann ach seanfhear nó dhó ag an mbeár, agus baineadh geit astu nuair a chonaic said an aoi speisialta a bhí linn. Uaidh sin rinne muid ár mbealach ar ais go Gaillimh, ag stopadh anseo agus ansiúd. Bhí an-chraic againn; bealach deas a bhí ann domsa go pearsanta ag deireadh na bliana chun comóradh a dhéanamh ar an éacht. Sa mbliain nua is ag faire ar fheachtas nua a bheadh muid uilig.

I 2002 bhuaigh muid craobh Chonnacht den tríú huair le linn ré O'Mahony, tar éis an ceann is fearr a fháil ar Ros Comáin, Maigh Eo agus Sligeach i dtrí chluiche as a chéile. Bhí sé sin sásúil, mar níor éirigh linn Corn Nestor a bhuachan an bhliain roimhe tar éis gur thug muid Sam linn. Bhí muid anois i gcluiche ceathrú ceannais na hÉireann, in aghaidh Chiarraí, ach bhí bua cuimsitheach acu orainn, 2-17 in aghaidh 1-12, i bPáirc an Chrócaigh, ag tús mhí Lúnasa. Bhí neart seansanna againn ach nuair a tháinig an crú ar an tairne, ní raibh an dúil chéanna, an fuinneamh céanna ná an toil chéanna le brath i measc pheileadóirí na Gaillimhe agus a bhí an bhliain roimhe. B'in tús le deireadh ré ghlórmhar O'Mahony.

Mar a thuigimse é, éiríonn leat ceann scríbe a bhaint amach, fanann tú ag an leibhéal sin ar feadh tamaill, agus ansin níl aon treo le dhul ach síos arís – timthriall nádúrtha foirne. Is féidir an rud céanna a rá faoi pheileadóirí, cuma cé chomh maith is atá siad. Sa gcluiche sin in aghaidh Chiarraí, mar shampla, tháinig Tomás Meehan isteach i m'áitse agus deich nóiméad le dhul. Bhí muid buailte faoin am sin ach ainneoin go ndearna mé mo sheacht ndícheall, chinn sé orm dul i ngleic le Seán O'Sullivan, leath-thosaí le luas taibhseach. Bhí cúl faighte aige agus tionchar mór aige ar an imirt ó thús deireadh. Tús deireadh dom féin? Cinnte, mhothaigh mé i ndiaidh na coimhlinte go m'fhéidir gurbh ea. Siúlóid fhada é ón bpáirc go dtí an taobhlíne, agus bhí náire orm agus mé á dhéanamh den chéad uair i mo chuid imeartha. Ba chóir dom a bheith imithe isteach sa seastán leis na fir ionaid, ach níor fhéad mé aghaidh a thabhairt go misniúil ar an anachain sin. Bhí an iomarca daoine ansin agus mise in ísle brí. Shuigh mé in aice le clár fógraíochta ar an bpáirc, agus cé gur dhúirt duine de na maoir liom bogadh, dhiúltaigh mé.

Is féidir leithscéalta a dhéanamh maidir leis an slad a rinneadh orainn i gcluiche ceathrú ceannais 2002: bhí Michael Donnellan gortaithe; bhí Ciarraí iomlán dírithe ar an sprioc mar gheall ar ar tharla dóibhsean an bhliain roimhe sin in aghaidh na Mí, ach déanta na fírinne, ainneoin an díomá pearsanta a bhí orm féin agus ar an bhfoireann i gcoitinne, caithfidh mé a admháil nár fhulaing muid mar a bheifeá ag súil. Go deimhin, déarfainn go raibh cuid de na leaids a bhí sásta ar bhealach: gheobhaidís scíth cheart anois agus seans rud eicínt eile a dhéanamh seachas a bheith dírithe ar an bpeil i gcónaí.

Sa mbliain 2003 bhuaigh muid craobh Chonnacht den dara bliain as a chéile, nuair a d'éirigh linn an ceann is fearr a fháil ar Mhaigh Eo i Staid an Phiarsaigh, 1-14 in aghaidh 0-13. Roimhe sin bhí an bua againn ar Liatroim agus Ros Comáin. I gcluiche ceathrú ceannais na hÉireann in aghaidh Dhún na nGall – bhí mé gortaithe agus níor fhéad mé imirt – bhí muid buailte ach gur éirigh le Kevin Walsh cúilín a fháil sa nóiméad deiridh. San athimirt i gCaisleán an Bharraigh, áfach, bhí an bua tuillte go maith ag an bhfreasúra, 0-14 in aghaidh

0-11. Agus b'in deireadh leis an bhfeachtas craoibhe ar feadh bliana eile.

An raibh rás Ghaillimh rite faoin am seo? Ar bhealach chaithfeá a rá go raibh, mar bhí sé ag éirí níos deacra díriú isteach ar an dúshlán céanna bliain i ndiaidh bliana. Ach tá mise beagnach cinnte dá mbeadh an meon ceart againn tar éis 2001 go mbeadh craobh eile buaite againn. Bhí an tallann ann, faoi sin níl amhras ar bith orm. Go háirithe i 2003, cheap mé dá n-éireodh linn an ceann is fearr a fháil ar Dhún na nGall go raibh an-seans againn an sprioc a bhaint amach arís, ach ní rud é a ndéanaim mórán machnaimh anois faoi agus níl aon aiféala mór orm faoi. Ó mo thaobhsa de, táimse lánsásta leis an dá bhonn atá agam, agus tuigim go ndearna mé gach a d'fhéadfainn, go pearsanta, chun an cumas a bhí ionam a nochtadh.

Ar ndóigh, bhí mise ag éirí níos sine an t-am ar fad – bhí mé tríocha bliain d'aois i 2001 nuair a bhuaigh muid Craobh na hÉireann den dara huair – agus b'éigean dom dul i ngleic le gortuithe níos minicí. Bhínn ag traenáil chomh rialta agus chomh dian céanna, agus b'fhéidir gurbh in cuid den fhadhb freisin: nach raibh an tseancholainn ag fáil sos ceart. Níor imir mé sa gcluiche ceathrú ceannais in aghaidh Dhún na nGall i 2003, an chéad chluiche, de bharr colpa leonta. Bhí mé aclaí don athimirt, ach rinne O'Mahony an cinneadh nach dtosódh sé mé, agus bhí mé oibrithe faoi sin mar bhraith mé go raibh mé tioncharach nuair a tháinig mé isteach don cheathrú uaire deiridh den chluiche. Thosaigh Kevin Brady i m'áit arís, mar a tharla sa gcéad chluiche agus ní hé gur imir sé go dona, ach faoin am sin bhí an-taithí agamsa ar an ócáid mhór, agus braithim go ndearna an bainisteoir botún an lá sin, rud a d'admhaigh sé ina bhealach féin an bhliain dár gcionn nuair a chuir sé glaoch orm ag tús fheachtas 2004.

An bhféadfadh an cluiche sin in aghaidh Dhún na nGall i

2003 a bheith buaite againn? Cinnte d'fhéadfadh, mar bhí muid sách maith, ach bhí uaillmhian níos tréine le brath sa bhfreasúra ar an lá. B'in an meon a bhí ag foireann na Gaillimhe, cineál *laissez faire* uaireanta, rud a d'eascair as dhá Chraobh na hÉireann a bheith buaite againn. Sin an difríocht mhór idir na foirne ón tuaisceart agus foirne ón deisceart. Má bhuailtear foireann ar nós Ard Mhacha, ní hé nach bhfuil siad ag obair sách dian ar an bpáirc is cúis leis ach Gaillimh? Is dóigh gur tháinig leisce orainn – bhí sé sin le feiceáil sa traenáil, agus nílim ag cur an mhilleáin ar an mbainistíocht, mar is ar na himreoirí a bhí an fhreagracht. Le hais blianta beaga roimhe sin, ní raibh an iarracht chéanna á déanamh ag na seisiúin, ná sna cluichí dúshláin, agus cé gur tarraingíodh anuas é seo ag cruinnithe foirne ní raibh mórán a d'fhéadfadh O'Mahony a dhéanamh faoi mura raibh an dúil ag an imreoir ina chroí istigh. Bhí sé de dhualgas orainn uilig clár crochta meáchan a leanacht inár n-am féin, agus b'fhéidir nach raibh leaids chomh dáiríre faoi seo mar a bhí tráth, ná ní rabhadar chomh dian ar an aiste bia ach oiread. Thuig mé go raibh frustrachas ar an mbainisteoir faoi seo, ach níor fhéad sé aon leigheas a fháil ar an scéal. Dá bhrí sin bhí laigeachtaí móra ag Gaillimh. Ní raibh rún diongbháilte ag an ngrúpa i gcoitinne a thuilleadh, agus ba chosúil go raibh daoine tuirseach don tiaráil. Agus bhí Tomás Mannion agus Ja Fallon anois éirithe as, agus tá sé fíordheacair teacht ar ionadaithe d'imreoirí le cumas den tsórt sin. Tógann sé am. Maidir liom féin go pearsanta, dúirt mé ag deireadh gach feachtais faoin am seo gurbh é an feachtas deiridh agam é, ach ag tús gach bliain nua bhínn aclaí agus den tuairim gur chóir dom imirt chomh fada is a bheinn in ann. Sách fada a bheinn éirithe as.

Mar a tharla, tháinig borradh nua fúinn mar fhoireann ag deireadh na sraithe i 2004 agus d'éirigh linn dul chomh fada leis an gcluiche leathcheannais in aghaidh Thír Eoghain. Thug sé sin spreagadh do gach duine, mar ba iad Tír Eoghain seaimpíní na hÉireann; bheadh muid á n-imirt san Ómaigh, agus dúshlán mór agus ócáid mhór a bheadh ann – ar na hócáidí móra, b'fhéidir, ab fhearr a bhí na himreoirí againne in ann an jab a dhéanamh. Chríochnaigh an dá fhoireann ar comhscór tar éis am breise i bPáirc Uí Éalaí agus bhí an athimirt i Staid an Phiarsaigh seachtain ina dhiaidh sin. Bhí iománaithe na Gaillimhe ag imirt i gcluiche leathcheannais na sraithe an lá céanna agus bhí slua ollmhór ar an láthair i mBóthar na Trá agus atmaisféar iontach.

Dianchoimhlint a bhí ann, agus thug an dá fhoireann taispeántas taibhseach. Bhí géariomaíocht agam le Brian Dooher, agus tar éis dósan a bheith tioncharach go maith sa gcéad chluiche bhí mé ar bís an ceann is fearr a fháil air san athimirt. Rinne mé go maith sa gcéad leath, ach d'éirigh leis trí chúilín ghleoite a fháil, ceann i ndiaidh a chéile, ag tús an dara leath. Bhí mé díomách faoi sin, ach d'aimsigh mé féin cúilín tábhachtach ag druidim i dtreo dheireadh an chluiche agus thug sé sin an-mhisneach dom. Bhuaigh muid ar deireadh, 2-18 in aghaidh 1-19, agus cé go raibh gach duine sásta bhí mise spíonta. Ar ndóigh bhí mé ag éirí níos sine. D'imir muid Ciarraí sa gcluiche ceannais, mise i mo chaptaen mar nach raibh Pádraic Joyce ar fáil, agus cé gur chaill muid le cúilín amháin (3-11 in aghaidh 1-16) agus go raibh an deis ar ghradam eile imithe le sruth, ní raibh muid an-mhíshásta mar shíl muid uilig go raibh bonn maith fúinn anois agus muid ag díriú ar an gcraobh.

Ach ní mar a shíltear a bhítear, agus tar éis dúinn bua cuimsitheach a fháil ar Londain sa gcéad bhabhta, gortaíodh go dona mé – ballnasc na glúine stróicthe le linn chluiche craoibhe don Cheathrú Rua in aghaidh na Fairche i Staid an Phiarsaigh. B'in é, feachtas na bliana 2004 thart agus go deimhin bhí mé sách cinnte sna laethanta díreach i ndiaidh an ghortaithe nach n-imreoinn peil arís don chontae ná don Cheathrú Rua; gurbh in deireadh le mo chuid imeartha ar fad. Ba é an gortú ba mheasa a tharla dom riamh é – go deimhin ceann de na gortuithe is measa a d'fhéadfadh tarlú d'aon imreoir – agus is dóigh go raibh an t-ádh orm nár tharla sé dom nuair a bhí mé níos óige. Ach níor tháinig an léargas sin go dtí níos deireanaí. Bhí an phian uafásach uilig: ar feadh cúpla nóiméad ní raibh a fhios agam cá raibh mé, nó cén meall dorchadais a bhí tar éis titim orm. Creidim gurbh é an chúis a bhí leis an ngortú ná go raibh mé tuirseach; go raibh na matáin tuirseach mar gheall ar an diantraenáil a bhí mé a dhéanamh ag an am. Fiú agus mé trí bliana is tríocha bhí súil go ndéanfainnse an traenáil chéanna le leaids óga naoi mbliana déag a bhí tar éis teacht ar an bpainéal. Agus ní raibh mé in ann aige, cé nár ghlac mé leis sin mé féin, b'fhéidir. Ní chuirim an locht ar aon duine; níl an grúpa imreoirí ar fáil don bhainisteoir ach ar feadh achar áirithe gach seachtain agus caithfear spriocanna a bhaint amach san am sin. Bhí sé an-simplí, mar a tharla, an gortú. Bhí Seán Ó Domhnaill imithe ar ruathar agus suas liomsa ar an gcliathán, agus díreach nuair a fuair mé an pas uaidh rinneadh greamú orm. Sheas mé an fód ach chas mo cholainn agus sílim gur chuala mé an stróiceadh. Bí ag caint ar phian – níor thuig mé riamh a leithéid go dtí an nóiméad sin.

Bhí a fhios agam ar an bpointe gurbh é an ballnasc a bhí gortaithe. Bhí an cluiche ar siúl ar an Satharn agus rinneadh scrúdú ar an ngortú ar an Máirt dár gcionn san ospidéal i nGaillimh; ní hamháin go raibh an ballnasc imithe ach bhí damáiste eile déanta chomh maith. Shiúil mé amach as an ospidéal agus isteach díreach liom sa teach tábhairne trasna an bhóthair, in ísle brí ceart, cinnte go raibh mo chuid imeartha thart agus imníoch faoi chéard a bhí i ndán dom. Ach nach aisteach an rud an intinn, mar níor thóg sé ach seachtain go dtí gur tháinig athrú meoin orm – nár bhreá an sprioc, a dúirt mé liom féin, iarracht a dhéanamh teacht ar ais agus cluiche amháin eile craoibhe a imirt do Ghaillimh. Bhí mé ag éirí sean, b'fhéidir, mar pheileadóir, ach nach raibh a leithéid déanta ag peileadóirí eile romham. Agus dhírigh mé ar an tasc – is cosúil gur duine mé i gcónaí atá níos sásta nuair atá sprioc os a chomhair – agus b'in díreach a tharla. Bhí an obráid agam ar an nglúin mí an Mheithimh 2004 agus i mí Iúil 2005 d'imir mé don uair dheiridh do Ghaillimh, in aghaidh Mhaigh Eo i gcluiche ceannais Chonnacht, agus bhuaigh mé an séú bonn Chonnacht an lá céanna.

Ba é an Dochtúir Brian Hurson sa mBlackrock Clinic a rinne an obráid ar mo ghlúin samhradh na bliana 2004 agus tar éis lá nó dhó a chaitheamh san ospidéal tháinig mé abhaile le Sarah. An cailín bocht, ag an am bhí a hathair, Michael John Cannon, go dona tinn i dteach altranais. Bhíodh muid ar cuairt chuige go minic ach níor aithnigh sé aon duine faoi seo, rud a chuaigh dian ar mo bhean. Nuair a chonaic mé an fhulaingt sin, is dóigh gur chabhraigh sé liomsa rudaí a fheiceáil ina gceart. Fuair Michael John, fear uasal séimh, bás i mí Dheireadh Fómhair na bliana 2004. Mar a tharla, ar an Domhnach sin ar thaistil muid beirt abhaile as Baile Átha

Cliath i ndiaidh na hobráide ar mo ghlúin bhí Gaillimh ag imirt in aghaidh Mhaigh Eo i gcluiche leathcheannais Chonnacht. Stop muid i mbeár i Móta chun féachaint ar an gcoimhlint. Bhí sé an-aisteach domsa go pearsanta nach raibh mé páirteach – d'ordaigh mé pionta Guinness agus bhreathnaigh mé ar an teilifís. Chaill Gaillimh, 0-18 in aghaidh 1-9, agus cé gur éirigh linn an ceann is fearr a fháil ar Chontae Lú sna cluichí cáilithe, bhuail Tír Eoghain go héasca ar na leaids sa gcéad bhabhta eile, 1-16 in aghaidh 0-11.

Agus b'in deireadh le ré O'Mahony. Fear chomh stuama éirimiúil lenar bhuail mé riamh. Tá an-mheas agam air as ucht an éachta a rinne sé le Gaillimh agus an bealach a d'iompair sé é féin i gcónaí. Táim an-bhuíoch freisin gur thug sé an deis domsa m'uaillmhian féin a bhaint amach. Is fear uasal é, agus cé nach féidir gach duine a shásamh an t-am ar fad, ní déarfainn go bhfuil mórán daoine a dhéanfadh clamhsán faoin gcaoi ar chaith O'Mahony leo. Fear ciúin, cinnte, ach tioncharach – bhí sé sin le feiceáil sa méid vótaí a fuair sé san olltoghchán le gairid, ainneoin gur chaill Maigh Eo (lena bhfuil sé ina bhainisteoir anois) in aghaidh na Gaillimhe sa gcéad bhabhta den chraobh cúig lá roimh ré. Guím gach rath air; rinne sé a mhíle dícheall do Ghaillimh fad is a bhí sé ina bhainisteoir agus tá gach moladh tuillte go maith aige.

Ba é Peter Forde an bainisteoir nua, agus rinne sé teagmháil liom luath go maith tar éis dó an jab a fháil. Thug sé le fios dá n-éireodh liom a bheith aclaí arís go bhfaca sé ról tábhachtach dom ar an bhfoireann. Níor ghá dom aon rud eile a chloisteáil, ní raibh aon spreagadh eile ag teastáil. Mar a rinne mé nuair a bhí mé ag traenáil leis na blianta, lean mé na rialacha ar fad le linn na tréimhse athshlánaithe, ag iarraidh go mbeadh gach rud ina gceart. Bhí sé dian, ach níor mhiste liom na héilimh a rinneadh orm. I ndiaidh na hobráide, mar shampla, chuaigh mé chuig an *gym* chuile lá beo. Do dhaoine eile, b'fhéidir, sin an chuid is deacra, an iarracht fhisiciúil, ach ní hea i mo chássa. Ar bhealaí bhí mé i gcónaí ar nós meaisín: tabhair sceideal dom, mínigh dom céard atá le déanamh agus an leas is féidir a bhaint as, agus déanfaidh mé é. Ach fiú agus an obair sin déanta, bhí sé deacair a bheith muiníneach as an nglúin arís nuair a thosaigh mé ag imirt an athuair. Bhí faitíos orm go raibh sé lag go fóill agus dá bharr bhí sé deacair iarracht céad faoin gcéad a dhéanamh. Cluiche dúshláin idir peileadóirí sinsear na Gaillimhe agus na leaids faoi 21, mí Marta 2005, an chéad chluiche a d'imir mé tar éis dom teacht ar ais ar an bpainéal. Is cuimhneach liom seilbh a fháil ar an liathróid agus leaid óg eicínt do m'ionsaí le tréanghreamú. Ní raibh aon dochar ansin; léirigh sé domsa an meon a bheadh ag teastáil dá mbeinn chun an sprioc a bhaint amach an uair seo. Thuig mé freisin go raibh bóthar fada romham, gan aon gheallúint go mbeadh tada dá bharr.

Go minic tar éis gortú mór bíonn imreoir i mbaol gortuithe tánaisteacha a fháil, fiú agus iad aclaí arís. Bíonn an iomarca struis á chur ar pháirteanna eile den cholainn, seans. Sin díreach a tharla domsa – ag druidim i dtreo na craoibhe i 2005 ní raibh mé in ann ach b'fhéidir trí seachtainí traenála a dhéanamh i ndiaidh a chéile gan gortú eile ag tarlú, teannadh colpa, teannán ioscaide, mo rúitín. Freisin, faoin am sin bhí mé cúig bliana is tríocha, agus tá sé níos deacra teacht chugat féin dá réir. Is dóigh gur thuig Forde go mb'fhéidir nach bhféadfadh sé brath orm agus d'athraigh sé na pleananna a bhí aige dá bharr. Ní hé nár thug sé deis dom: bhí cluichí áirithe ann agus dá n-éireodh liom imprisean maith a dhéanamh, d'fhéadfainn brú isteach ar an bhfoireann, dar liom, ach faoin am sin bhí rudaí eile ar m'aire. Bhí mo dheirfiúir Aisling antinn le hailse agus faoi seo san ospidéal i nGaillimh mórán an t-am ar fad. Is cuimhneach liom cluiche dúshláin in aghaidh Mhuineacháin, tar éis do Ghaillimh an bua a fháil ar Liatroim i gcluiche leathcheannais Chonnacht i 2005, agus bhí fios maith agam dá n-imreoinn go maith go mb'fhéidir go mbeadh seans agam seilbh a fháil ar gheansaí. Tugadh geansaí uimhir a sé dom. Ach bhí mé tar éis an lá a chaitheamh san ospidéal le hAisling, agus bhí mé in ísle brí ceart faoin am ar fhág mé chun dul chuig an gcluiche, mar chonaic mé go raibh sí ag fulaingt. Thosaigh an cluiche agus tar éis cúig nóiméad bhí brath orm dul anonn chuig an taobhlíne agus ceist a chur an bhféadfainn imeacht, ní raibh mo chroí ann ar chor ar bith.

Mar sin, táim fíorbhuíoch de Pheter Forde as ucht mé a chaitheamh isteach san imirt sa gcluiche ceannais cúpla seachtain ina dhiaidh sin, in aghaidh Mhaigh Eo. D'imir mé ar feadh trí nó ceithre nóiméad, bhuaigh mo mé shéú bonn Chonnacht agus bhain mé an sprioc dheiridh amach. B'in deireadh le mo chuid imeartha le Gaillimh – d'imir muid Corcaigh sa gcluiche ceathrú ceannais níos deireanaí an samhradh sin ach arís bhí mé gortaithe agus níor éirigh liom áit a fháil ar an bpainéal. Agus b'in é. Bhí mé éirithe as. Lá amháin bhí mé i m'imreoir idirchontae; an lá dár gcionn bhí mé i mo shibhialtach arís. Tá mé buíoch nach bhfuil aon aiféala mór orm, nó má tá – cluiche ceannais na hÉireann 2000 – nach ngoilleann sé orm an t-am ar fad. *'History and Geography,'* a deiredh Pat Comer – sin an dá rud is tábhachtaí má tá an rath le bheith ort mar pheileadóir idirchontae, agus bhí an t-ádh sin ormsa. Cinnte, rugadh i mBaile Átha Cliath mé ach tógadh i nGaillimh mé, agus bhí mé an aois cheart chun leas a bhaint as athbhorradh na Gaillimhe i gcúrsaí peile. Onóir mhór domsa a bhí ansin, agus rinne mé cairde maithe in imeacht na mblianta. Cinnte bhí íobairtí le déanamh, ach cé go raibh sé dian b'fhiú iad. Seans dá mbeinn ábalta, go fisiciúil, go mbeinn fós ag imirt, nó ag iarraidh a bheith ag imirt, ach géilleann an cholainn ar deireadh agus tá sé in am anois díriú ar rudaí eile i mo shaol.

## Cluiche Ceannais na hÉireann 2000 (athimirt)

Martin McNamara
(Cora Finne)

Tomás Meehan      Gary Fahey      Richie Fahey
(An Chealtrach)    (Cill Aithnín)  (Cill Aithnín)

Declan Meehan          John Divilly          Seán Óg de Paor
(An Chealtrach)   (C. Choirín/C. Bheirn)  (An Cheathrú Rua)

Kevin Walsh      Seán Ó Domhnaill
(Cill Aithnín)    (An Cheathrú Rua)

Paul Clancy        Michael Donnellan       Tommie Joyce
(Maigh Cuilinn)      (An Dún Mór)      (Cill Fhir Iarainn)

Derek Savage            Pádraic Joyce           Niall Finnegan
(Seamróga Chartúin)   (Cill Fhir Iarainn)    (Bóthar na Trá)

**Ionadaithe**: Joe Bergin (An Creagán/Maigh Locha) do Kevin Walsh, Kevin Walsh do Sheán Ó Domhnaill, John Donnellan (An Dún Mór) do Tommie Joyce, Shay Walsh (Gleann na Madadh) do Phaul Clancy.

## Gaillimh: Foireann na Mílaoise

Johnny Geraghty
(Cill Choirín, An Creagán, Cumann an Ath. Ó Gríofa)

Enda Colleran              Noel Tierney          Tom 'Pook' Dillon
(An Creagán/M. Locha)  (Baile an Mhuilinn)    (Áth Eascrach)

John Donnellan        Tommie Joe Gilmore      Seán Óg de Paor
(An Dún Mór/Mac Éil)      (Cartún)          (An Cheathrú Rua)

John 'Tull' Dunne       Mattie McDonagh
(Béal Átha na Sluaighe)   (Béal Átha Ghártha)

Cyril Dunne              Seán Purcell          Séamus Leyden
(Béal Átha na Sluaighe)  (Réalta Thuama)  (An Dún Mór/Mac Éil)

John Keenan            Francis Stockwell       Brendan Nestor
(An Dún Mór/Mac Éil)   (Réalta Thuama/   (An Dún Mór/Mac Éil)
                          Éire Óg)

## Cluiche Ceannais na hÉireann 2001

Alan Keane
(Cill Fhir Iarainn)

Kieran Fitzgerald          Gary Fahey           Richie Fahey
(Cora Finne)            (Cill Aithnín)        (Cill Aithnín)

Declan Meehan            Tomás Mannion        Seán Óg de Paor
(An Chealtrach)   (M. Mheá / M. C. Muaidhe)(An Cheathrú Rua)

Kevin Walsh           Michael Donnellan
(Cill Aithnín)          (An Dún Mór)

Joe Bergin              Paul Clancy              Ja Fallon
(An Creagán/M. Locha)  (Maigh Cuilinn)      (Réalta Thuama)

Pádraic Joyce            Derek Savage          Tommie Joyce
(Cill Fhir Iarainn)    (Seamróga Chartúin)  (Cill Fhir Iarainn)

**Ionadaithe**: Alan Kerins (Bóthar na Trá) do Joe Bergin, Kieran Comer
(Cora Finne) do Tommie Joyce.

# 8

# Ag Imirt in Aghaidh na hAstráile

Trí nó ceithre bliana déag d'aois a bhí mise nuair a tháinig na hAstrálaigh go hÉirinn i mí Dheireadh Fómhair 1984. Imríodh trí chluiche, an chéad ceann acu i bPáirc Uí Chaoimh i gCorcaigh agus an dara agus an tríú cluiche i bPáirc an Chrócaigh, ach níor fhéad mé freastal ar aon cheann acu, mar bhí mé i gColáiste Iarfhlatha ag an am agus ní fhéadfá an scoil a fhágáil aon uair ar mhian leat é. Músclaíodh suim phobal CLG sna cluichí, agus bhí os cionn 55,000 duine ag faire ar an gcoimhlint thar thrí seachtainí. Chaill an fhoireann baile an chéad teist, 70 in aghaidh 57. D'fhéach mé ar na buaicphointí ar an teilifís ina dhiaidh agus rinne mé iontas chomh garbh agus chomh géar is a bhí an iomaíocht idir na foirne. Bhí leithéidí Jack O'Shea agus Eoin Liston as Ciarraí, Barney Rock as Baile Átha Cliath agus Colm O'Rourke as Contae na Mí i measc laochra na hÉireann, mar aon le Séamus McHugh as Gaillimh agus Matt Connor as Uíbh Fhailí. Bhuaigh na hÉireannaigh an dara teist, 80 in aghaidh 76, ach d'éirigh leis na cuairteoirí an ceann is fearr a fháil orthu sa tríú teist, le farasbarr cúig phointe, agus dá bhrí sin an tsraith a bhuachan, 2-1. An-imprisean a rinneadh orm ag an am, ach mar gheall nár ócáid rialta a bhí i gceist, ní fhéadfainn a rá go raibh sé mar uaillmhian agam agus mé i mo leaid óg geansaí na hÉireann a chaitheamh.

Bhí sraith eile ann dhá bhliain ina dhiaidh sin, an uair seo san Astráil, agus chuir muintir na Gaillimhe suim faoi leith sa gcath mar bhí Val Daly agus Séamus McHugh ag imirt d'Éirinn, taobh le John O'Driscoll as Corcaigh – sárpheileadóir agus cruinnaimsitheoir scóranna – Greg Blaney as Contae an Dúin agus an Ciarraíoch Pat Spillane. Bhuaigh Éire an tsraith as baile i 1986 (2-1), ach chailleadar an bhliain dár gcionn nuair a tháinig na hAstrálaigh go hÉirinn arís. Imríodh trí chluiche i 1987 i bPáirc an Chrócaigh agus cé gur bhuaigh an fhoireann baile an chéad teist – an chéad uair ar éirigh leo sin a dhéanamh – ba iad na cuairteoirí a fuair an ceann is fearr sa dara agus tríú teist ar an láthair chéanna. Faoin am seo, is dóigh, bhí clú ar na cluichí mar gheall ar an dianchoimhlint, a bhíodh chomh feiceálach idir na foirne, agus don tríú teist i 1987 d'fhreastail os cionn 27,000 duine ar an gcluiche. I 1990 – bhí mise faoin am seo i mo mhac léinn ollscoile i nGaillimh – bhí Alan Mulholland as Gaillimh ar fhoireann na hÉireann a thaistil go dtí an Astráil, chomh maith le Pat Comer agus Val Daly. Bhuaigh Éire an tsraith 2-1. Cluiche an-fhisiciúil a bhí sa gcluiche croschineálach – b'in tréith shuntasach ón tús – agus bhí stádas ar leith ag dul dóibh siúd, a shíl mé, a fuair an ceann is fearr ar pheileadóirí gairmiúla na hAstráile. Bhí a fhios agam dá bhfaighinn féin an seans gur cluiche é ar mhaith liom triail a bhaint as – shíl mé go bhfeileadh sé d'imreoir mar mé, a bhí aclaí, láidir agus tapaidh. Agus nach orm a bhí an t-ádh: faoin am ar thosaigh an tsraith arís i 1998 – agus Colm O'Rourke anois ina bhainisteoir ar fhoireann na hÉireann – bhí Gaillimh ar thóir Chorn Sam Mhig Uidhir agus imreoirí na Gaillimhe i mbéal an phobail den chéad uair le roinnt mhaith blianta.

Bhí ocht mbliana ann ó bhí an comórtas idirnáisiúnta ar siúl idir an Astráil agus Éire agus dá bhrí sin eagraíodh trialacha i rith an tsamhraidh i 1998. Níor ghá do pheileadóirí na Gaillimhe freastal orthu, áfach, fad is a d'fhan siad san iomaíocht don chraobh. Is dóigh go bhféadfaí a rá go raibh chuile chluiche craoibhe a d'imir muid ina chineál teiste ann féin, mar bhí an bainisteoir ag faire orainn ar bhonn leanúnach. Is iomaí barúil a bhí ann ag an am maidir leis an gcineál imreora a bhí ag teastáil uaidh ar fhoireann na hÉireann – bhí imní ormsa, mar shampla, nach mbeadh aon seans agam mar go gceapfadh sé nach raibh mé sách mór, cé go raibh mé muiníneach go raibh scileanna eile agam. Bhí leaids eile ar phainéal na Gaillimhe nach raibh suim dá laghad acu sa gcluiche, leithéidí Thomáis Mannion mar shampla. Níl aon amhras orm ach go mbeadh sé sármhaith, ach níor uaillmhian phearsanta aige é imirt i gcluiche mar é. Agus bhí muid uilig mar fhoireann dírithe ar sprioc amháin, Craobh na hÉireann a bhuachan, ach domsa ba bhónas a bheadh ann imirt d'Éirinn chomh maith. Ar bhealach d'fheil sé dom nach raibh gá dom freastal ar thrialacha, mar nuair a dhéanann tú é sin, tá scrúdú á dhéanamh ort, agus b'fhéidir nach mbeadh an t-imprisean céanna déanta agam faoin sórt brú sin ar chor ar bith.

Ar ndóigh, d'éirigh le Gaillimh Corn Sam Mhig Uidhir a bhuachan, Meán Fomhair 1998, agus an deireadh seachtaine ina dhiaidh sin tugadh cuireadh do roinnt de na himreoirí – mé féin, Ja Fallon, Kevin Walsh agus Michael Donnellan ina measc – freastal ar chluiche trialach i bPáirc Uí Éalaí san Ómaigh i gContae Thír Eoghain. Ócáid faoi leith a bhí ann: ní raibh caite ach roinnt seachtainí ón mbuamáil sa mbaile sin i mí Lúnasa a d'fhág naonúr is fiche agus beirt pháistí sa mbroinn marbh agus facthas mar chomhartha cairdis é ar bhealach go mbeadh na peileadóirí is fearr sa tír cruinnithe ann don deireadh seachtaine:

dhéanfaidís beagán traenála tráthnóna Dé Sathairn; thabharfaidís cuairt ar chumainn áitiúla maidin Dé Domhnaigh agus chaithfidís roinnt ama ag traenáil leaids óga an cheantair; agus ansin bheadh taispeántas ar an bpáirc tráthnóna Dé Domhnaigh – aon airgead a bhaileofaí, chuirfí sa gciste é dóibh siúd a d'fhulaing ón mbuamáil. Onóir mhór a bhí ann a bheith páirteach i bhfeachtas mar é – ní fhéadfá ach trua an domhain a bheith agat do mhuintir na háite tar éis an uafáis.

Ar aon chuma suas linn – na Gaillimhigh – sé lá i ndiaidh dúinn bonn Uile Éireann a bhuachan agus muid fós ar bís. Ba é an chéad seisiún traenála againne é le foireann na hÉireann, agus bhí go leor rialacha le foghlaim, le hais na leaids eile a bhí tar éis dul i dtaithí orthu le roinnt mhaith seachtainí: an marc, mar shampla, agus an chaoi an liathróid a sheachadadh go cruinn – ní fhéadfaí ligean dó preabadh mar a dhéantar i bpeil Ghaelach: chaithfeadh an máilín gaoithe dul cruinn isteach i gcliabhrach an té a bhí ag fanacht don phas. Bhí sé tábhachtach freisin fáil réidh leis an liathróid chomh tapaidh agus a d'fhéadfaí, agus bhí cúis mhaith leis seo. Ag an seisiún sin, is cuimhneach liom Ja Fallon ag breith ar an liathróid agus Darren Fay as Contae na Mí, a bhí ag faire air, ag teacht ar nós traenach chun greamú a dhéanamh air. Murach gur léim Ja as an mbealach, bheadh sé stróicthe ó chéile ag Fay, mar bhí oiread dáiríreachta sa gcosaint. B'in an rud, b'fhéidir, ba dheacra dul i dtaithí air, an greamú. Bhí Ja spréachta, agus ba bheag nár thosaigh sé féin agus Fay ag troid, ach don chuid eile againne as Gaillimh ag féachaint ar an eachtra ceacht tábhachtach a bhí ann. Ní bheadh muid chomh réchúiseach feasta.

Ainneoin an easpa cleachtaidh a bhí againn ar an gcluiche nua, bhí buntáiste mór amháin ag leaids na Gaillimhe: is é sin go raibh muid b'fhéidir níos aclaí ná aon duine eile ar an bpainéal. D'fhreastail thart ar cheathracha ar an seisiún sin san Omáigh, agus ní bheadh ach thart ar chúig dhuine fichead ar an bpainéal deiridh; dá bhrí sin bheadh sé deacair áit a chinntiú, ach chabhraigh an aclaíocht linn. Rud eile suntasach faoin ócáid ná go raibh na peileadóirí ab fhearr sa tír cruinnithe le chéile in aon áit amháin ag aon am amháin, leaids ar nós Peter Canavan as Tír Eoghain, Darren Fay agus John McDermott as an Mí, Anthony Tohill as Doire, Séamus Moynihan as Ciarraí – peileadóirí a mbeadh ardmheas agam orthu le blianta beaga anuas. Chuaigh sé sin i bhfeidhm go mór orm, go pearsanta. Ba iad Gaillimh seaimpíní na hÉireann, ach ní raibh caite ach sé lá ó bhain muid ceann scríbe amach agus caithfidh mé a admháil go raibh iontas orm ag breathnú timpeall ar an gcomhluadar san Ómaigh an lá sin.

Oíche Dé Sathairn bhí béile againn san óstán ina raibh muid ag fanacht, agus cheadaigh an bainisteoir cúpla deoch freisin. Ba é an chéad uair domsa é bualadh le Colm O'Rourke, agus réitigh mé go maith leis. Réitigh gach aon duine go maith leis. Bhí sé cothrom agus ciallmhar, agus bhí tuiscint aige ar pheileadóirí agus na rudaí a bheadh ag cur as dóibh. Ní haon deachtóir a bhí ann, ach bhí údarás nádúrtha aige, agus féinmhuinín. Ar ndóigh, bheadh ardmheas ag na leaids ar fad air, mar sárimreoir a bhí ann féin do Chontae na Mí agus bhí sé ar fheabhas d'Éirinn chomh maith nuair a d'imir sé in aghaidh na hAstráile i 1984 agus i 1986.

Ar an Domhnach rinne muid roinnt traenála le leaids óga an cheantair, rud a bhí an-taitneamhach, agus an tráthnóna sin d'imir muid cluiche. Taispeántas a bhí ann, cúigear déag in aghaidh cúigear déag, leis na rialacha nua i bhfeidhm. Ceann de na príomhchuspóirí a bhí leis an gcluiche ná airgead a bhailiú, ach is cluiche trialach a bhí ann freisin, agus dá bhrí sin bhí mé faoi bhrú. Ní raibh mé cinnte céard leis a raibh an bainisteoir ag súil, agus d'imir mé mar a d'imir mé peil Ghaelach ag an am, suas síos an pháirc liom, gan stad. Ba é an aclaíocht agus an luas an bua mór a bhí agam sna laethanta sin, agus bhí mé réasúnta sásta le mo thaispeántas, cé nár fhéad mé é a chur i gcomparáid le haon chluiche eile. Sa seomra feistis ina dhiaidh, tháinig Pat Donnellan, uncail le Michael, isteach chugam féin, Ja agus Michael agus dúirt sé linn go raibh an bhainistíocht sásta linn ar fad. Dá n-éireodh linn fanacht glan ar ghortuithe, seans maith go mbeadh muid ar an bpainéal, a dúirt sé, agus má bhí muid ar an bpainéal i mbliana, seans maith go n-éireodh linn a bheith ar an bpainéal an bhliain dár gcionn freisin, nuair a bheadh an tsraith ar siúl san Astráil. Thug sé sin spreagadh dúinn triúr.

Ar feadh coicíse nó trí seachtainí idir sin agus an chéad teist i bPáirc an Chrócaigh, d'fhreastail muid ar sheisiúin traenála ag an deireadh seachtaine i mBaile Átha Cliath. Ar an Aoine d'fhanadh muid in óstán an Skylon i nDroim Conrach, dá mba ghá, agus bhíodh na seisiúin ar siúl maidin Dé Sathairn i gColáiste Phádraig taobh leis an óstán. Bhíodh lón ansin ar fáil sula dtéadh muid abhaile.

Ba é Mickey Moran, a raibh taithí aige mar bhainisteoir idirchontae, a bhí i bhfeighil na traenála – bhíodh druileanna deartha aige ag díriú ar na scileanna nua a bheadh ag teastáil a chleachtadh, agus bhí sé sármhaith aige seo. Seisiúin an-taitneamhach a bhí sna seisiúin sin faoina stiúir. Bhí orainn dul i dtaithí ar na rialacha go tapaidh, an marc agus an greamú go háirithe, ach chomh maith leis seo bhí cead i bhfad níos mó céimeanna a thógáil sa gcluiche croschineálach, bhí ort a bheith níos cruinne leis an bpas agus fiú dul i gcleachtadh ar an gcaoi a bhféadfaí an liathróid a thabhairt isteach ón taobhlíne. Bhí go leor leor as an nua le foghlaim, agus dearcadh iomlán éagsúil ón dearcadh a bhí agam ag imirt peil Ghaelach, ag teastáil.

Mar sin féin, deireadh Colm O'Rourke linn i gcónaí nár chóir dúinn dearmad a dhéanamh gur leis an bpeil Ghaelach a bheadh muid ag imirt, agus dá bhrí sin gur cheart go mbeadh máistreacht againne, agus muinín, dá bharr. Chuir sé béim ar an sacar freisin, is cuimhneach liom. Dá mbeadh an liathróid ar an talamh agus tusa in aice leis ach gan lámh a bheith agat air, ní fhéadfaí greamú a dhéanamh ort, ach dá bpiocfá suas é d'fhéadfaí thú a ionsaí. Imir ar an talamh é, a deireadh O'Rourke linn, agus ansin pioc suas é. Dhéanadh muid druileanna sacair ó am go chéile, agus bhí siad sin an-éifeachtach freisin, mar a tharla.

Nuair a d'fhanainn oíche Dé hAoine i mBaile Átha Cliath, seachas taisteal luath maidin Dé Sathairn, bhínn ag fanacht sa seomra céanna le leaids ó chontaetha éagsúla – Kieran McGeeney as Ard Mhacha, mar shampla, a bhí sa seomra liom Aoine amháin. Imreoir maith a bhí ann ag an am, ach ní raibh an clú agus an cháil air an t-am sin agus atá anois. Réitigh muid go maith lena chéile, agus chuir sé an-suim sna hullmhúcháin a bhí déanta ag foireann na Gaillimhe roimh chluiche ceannais na hÉireann. Bhí go leor ceisteanna aige faoin struchtúr peile i nGaillimh, an traenáil a bhíodh déanta againn, an clár crochta meáchan a bhí in úsáid, agus mar sin de. Bhí an uaillmhian a bhí aige soiléir fiú an t-am sin agus tá mé sásta dó gur éirigh leis an uaillmhian sin a bhaint amach. D'fhan mé le Diarmuid Marsden freisin, peileadóir eile de chuid Ard Mhacha, fear i bhfad níos réchúisí ná McGeeney ar go leor bealaí. B'in ceann de na rudaí ab fhearr faoi bheith bainteach leis an gcluiche idirnáisiúnta: gur thug sé deis do dhuine aithne a chur ar na leaids seo nach mbeadh aon aithne agat orthu roimhe sin. Iomaitheoirí a bhí iontu sa gcraobh peile ach comrádaithe ar fhoireann na hÉireann; agus a bhformhór, fir uaisle a bhí iontu.

Don chéad teist i bPáirc an Chrócaigh ar an 11 Deireadh Fómhar 1998 ainmníodh mar ionadaí mé agus d'fheil sin dom, mar thug sé seans do dhuine faire ar an imirt sula ndéanfaí aon mhalartú, tréith lárnach den chluiche croschineálach. Amach liom ar an bpáirc ansin os comhair slua 23,000 agus rith mé ar luas lasrach. Bhí mé réasúnta sásta leis an taispeántas a thug mé, ach díreach roimh an bhfeadóg dheiridh tharla tubaiste phearsanta. Bhí farasbarr sé phointe againn agus trí nóiméad le dhul sa gcoimhlint nuair a ghlac mé seilbh ar an liathróid slat is fiche ónár gcúl féin. Caithfidh tú an liathróid a scaoileadh uait nuair a dhéantar greamú ort – mar a rinneadh ormsa – nó is feall é, ach nuair a scaoil mé uaim an liathróid, duine de na hAstrálaigh a rug uirthi – David Neitz – agus d'éirigh leis cúl a aimsiú. Bhí na foirne anois ar comhscór agus nuair a d'aimsigh Scott Camporeale *over* sa nóiméad deiridh bhuaigh na cuairteoirí an teist, 62 in aghaidh 61, cé go raibh an lámh in uachtar againne ar feadh tréimhsí fada den chluiche. Bhí mé croíbhriste. Bhí mé tar éis an-iarracht a dhéanamh, ach ní chuimhneodh aon duine ach ar an aon bhotún amháin sin. Bhí an ceart agam, agus cáineadh sna núachtáin mé an mhaidin dár gcionn.

Bhí béile againn i ndiaidh an chluiche, agus chuaigh muid amach chuig club oíche i mBaile Átha Cliath, Copperface Jack's. D'fhan muid sa Skylon an oíche sin agus d'éirigh mé ag a cúig ar maidin. Thiomáin mé síos díreach go Gaillimh agus bhí mé ag mo dheasc ar scoil ag a naoi ar maidin, réidh don obair. Sin an difríocht idir an sealgaire amaitéarach agus an sealgaire gairmiúil, is dócha. Níor tháinig painéal na hÉireann le chéile arís go dtí an deireadh seachtaine dár gcionn, ach maidin Dé Máirt agus mé ag siúl isteach go

Coláiste Mhuire, cé a bhí amuigh ar an bpáirc ag traenáil ach foireann na hAstráile agus iad ag caitheamh cúpla lá i nGaillimh idir an dá linn. Cad é mar íoróin – arís léirigh sé an bhearna mhór idir an saol amaitéarach agus an saol gairmiúil. Bhí mé ag croitheadh mo chloiginn le teann éada agus mé ag déanamh mo bhealaigh chuig ranganna.

Aon uair a cháintear mé, nó nach bhfuilim sásta le m'imirt féin ar chúis amháin nó ar chúis eile, spreagtar mé. An Domhnach dár gcionn bhí sé i gceist agam mo mhíle dícheall a dhéanamh imirt níos fearr, agus buíochas le Dia d'éirigh liom. Bhí slua mór ag an gcluiche, os cionn 40,000, agus bhí an t-atmaisféar iontach. Bhí farasbarr aon phointe dhéag againn ar na hAstrálaigh ag a dheireadh agus d'éirigh liom féin, Ja Fallon agus Michael Donnellan – Gaillimhigh uilig – cúl an duine a aimsiú. Bhí mé féin i bhfad níos sásta ná mar a bhí an Domhnach roimhe. John McDermott as Contae na Mí a bhí ina chaptaen agus ghlac sé leis an gcorn. Ní bhíodh mórán le rá ag John, is cuimhneach liom, ach níor ghá dó – bhí údarás nádúrtha aige agus léirigh sé a cheannaireacht ar an bpáirc. Níl aon amhras faoi ach go raibh an cluiche idirnáisiúnta tar éis dul i bhfeidhm ar an bpobal i gcoitinne, agus dúinne as Gaillimh ba ócáid cheiliúrtha eile a bhí ann tar éis Craobh na hÉireann a bhuachan trí seachtainí roimhe sin.

Níor thaithin sé leis na hAstrálaigh gur buaileadh iad. Eagraíodh teacht le chéile idir an dá fhoireann sa mBerkeley Court i ndiaidh an chluiche. Bhí mé féin ag súil le haithne a chur orthu agus go mbeadh an chraic ag an dá ghrúpa imreoirí. Ní róchairdiúil a bhí na hAstrálaigh, áfach, agus ní mórán iarrachta a rinneadar labhairt linne. B'fhéidir go rabhadar díomách gur bhuail peileadóirí amaitéaracha iad – b'fhéidir gurbh in é an nádúr a bhí iontu – nó b'fhéidir nach raibh mórán measa acu orainn, níl mé cinnte. Le bheith macánta d'imir mise d'Éirinn ar feadh ceithre bliana agus níor chuir mé aithne ach ar dhuine nó beirt Astrálach sa tréimhse sin ar réitigh mé leo – Mickey O'Loughlin agus Adam Goodes, beirt ó na Sydney Swans. Ní raibh Goodes ag imirt i 1998 ach nuair a bhí mé thall don choimhlint i 2001 tháinig sé chuig an óstán ina raibh foireann na hÉireann ag fanacht agus feisteas na Sydney Swans aige dom. Ansin thug sé síob dom féin agus Michael Donnellan chuig láthair na Swans agus phioc muid ár rogha feisteas ón siopa éadaigh a bhí ansin. Fear uasal a bhí ann, cinnte, ach bhí go leor eile acu cineál fuar.

Aguisín iontach a bhí ann imirt d'Éirinn i 1998. Bhí an bua againn ar na peileadóirí gairmiúla, éacht ann féin; bhí dhá thaispeántas sách maith tugtha agamsa – ainneoin an bhotúin sa gcéad teist – agus bheadh an-seans agam a bheith páirteach arís ann an chéad bhliain eile, nuair a bheadh na cluichí á n-imirt san Astráil féin. Mar a tharla buaileadh Gaillimh i gcluiche ceannais Chonnacht i 1999, agus uaidh sin amach ceann de na príomhchuspóirí a bhí agam áit a bhuachan ar fhoireann na hÉireann, dá bhféadfainn é ar chor ar bith.

Mar a tharla an samhradh roimhe sin, i samhradh na bliana 1999 bhíodh foireann na hÉireann ag traenáil i gColáiste Phádraig i mBaile Átha Cliath maidin Dé Sathairn, agus bhíodh sé de nós agamsa taisteal suas oíche Dé hAoine agus fanacht sa Skylon. Bhí an fhoireann bhainistíochta chéanna i gceist, Colm O'Rourke i gceannas, agus in éineacht leis bhí Mickey Moran as Doire agus John O'Keefe as Ciarraí. Bhíodh

Moran i gceannas na ndruileanna agus O'Keefe i bhfeighil aclaíochta. Bhí an caighdeán sách ard: bhí ort a bheith ábalta ritheacht timpeall páirc peile sé huaire taobh istigh de naoi nóiméad go leith. Bhí roinnt leaids níos tapaidh ná mé ach go leor eile níos moille, agus dá bhféadfainn fanacht glan ar ghortú bhí a fhios agam go mbeinn aclaí go leor don choimhlint.

Ag an am, cé go raibh Gaillimh buailte, bhí an Cheathrú Rua ag déanamh go maith sa gcraobh agus bhí mé ag traenáil go rialta i rith na seachtaine leis an gclub. Chabhraigh sé sin, cé gur tháinig an dá rud trasna ar a chéile uair nó dhó. Is cuimhneach liom, deireadh seachtaine amháin, go raibh an Cheathrú Rua ag imirt i gcluiche ceathrú ceannais an chontae in aghaidh Chora Finne ar an Domhnach agus go raibh mise ceaptha traenáil le foireann na hÉireann i mBaile Átha Cliath ar an Satharn. Ní raibh bainisteoir na Ceathrún Rua, Seáinín Tommy, ag iarraidh go rachainn ann, ach níor theastaigh uaim an traenáil a chailleadh agus chuaigh mé ann. Bhí dianseisiún againn ar an Satharn, agus ar an Domhnach in aghaidh Chora Finne d'imir mé ceann de na cluichí is fearr a d'imir mé riamh don Cheathrú Rua. Níor mhothaigh mé tuirseach, go deimhin a mhalairt. Bhí mé spreagtha, lán le fuinneamh, i mbarr mo réime.

Seachtain nó dhó ina dhiaidh sin, ag seisiún traenála leis an gclub, bhí a chruthúnas sin le feiceáil nuair a rinne mé scrios ar na leaids eile ar fad – bhí Seáinín Tommy ag iarraidh féachaint cén t-achar a d'fhéadfadh muid ritheacht taobh istigh de shé nóiméad agus dúirt an fisiteiripeoir Aoifáine Breathnach go raibh iontas uirthi agus í ag faire orm, mar go raibh mé chomh fada sin chun tosaigh ar gach duine eile. Bhí cuid de na leaids sách aclaí, ach bhí mise chomh dírithe ar an sprioc – áit a bhaint amach ar fhoireann na hÉireann – nach raibh mé sásta aon rud a fhágáil sa seans. Go fisiciúil, mar sin, bhí mé ullmhaithe. Ní fhéadfadh ach líon áirithe daoine taisteal i ndeireadh na dála, agus bhí O'Rourke ag laghdú an phainéil dá réir. Mar sin, ní raibh mé ag iarraidh aon leithscéal a thabhairt dó fáil réidh liomsa. Cuid mhór den chluiche croschineálach ná an aclaíocht, a bhí riachtanach, agus bhí an bua sin agamsa, gan dabht. An mbeadh dóthain ansin, ní raibh mé cinnte. Ach ar deireadh tháinig an litir. Bhí áit agam ar an bpainéal, agus rachainn go dtí an Astráil mar chuid d'fhoireann na hÉireann ag tús mhí Dheireadh Fómhair, 1999.

Fear an-eagraithe agus fadbhreathnaitheach é Colm O'Rourke – thaistil muid i dtosach go Bangkok agus stop muid ansin ar feadh cúpla uair an chloig. Tugadh mála dúinn uilig; bhí culaith shnámha, tuáillí agus éadach glan ann, agus tugadh deis dúinn úsáid a bhaint as linn snámha agus galseomra san aerfort. Tar éis an turais fhada a bhí déanta againn bhí sé ag teastáil go géar. Ní duine mé a dtaitníonn eitilt liom – bím anneirbhíseach – agus tar éis dom roinnt suaimhneasán a thógáil ag tús an aistir, chabhraigh an sos liom teacht chugam féin arís.

Shroich muid Melbourne maidin Dé Luain – bhí muid ag taisteal ón Satharn – bhí greim le n-ithe againn agus isteach sa leaba. Uaidh sin go dtí an Aoine, nuair a bheadh an chéad teist ar siúl, thraenáil muid uair nó dhó in aghaidh an lae – ní raibh na seisiúin dian ach bhíodar ann go rialta, agus chuaigh muid i gcleachtadh beagán ar an saol gairmiúil. Bhí mise chomh haclaí nár chuir na seisiúin stró ar bith orm ach mé ar bís a bheith ag imirt os comhair slua ollmhór ag an deireadh seachtaine agus ag iarraidh imprisean maith a dhéanamh ar an mbainistíocht. Ach b'fhéidir go ndeachaigh mé thar fóir leis an traenáil, tar éis an turais fhada agus an iarracht a bhí déanta sular fhág muid an baile, agus gur chóir go leagfainn tuilleadh béime ar scíth a ligean agus sos ceart a thabhairt don cholainn. Ach is dóigh go raibh mé soineanta ar bhealach, agus níor thuig mé céard ab fhearr don cholainn in alt na huaire sin.

I rith na seachtaine chuir muid aithne ar a chéile mar ghrúpa. Bhí Ja Fallon agus Michael Donnellan iad féin ar an turas, ach bhí mise ag fanacht sa seomra céanna le Niall Buckley as Cill Dara. Carachtar i ndáiríre é an fear sin; réitigh muid go han-mhaith lena chéile agus tá muid i dteagmháil ó shin, cé go bhfuil sé anois ina chónaí thar lear. Ghlaoigh sé orm luath go maith tar éis do mo dheirfiúr Aisling bás a fháil i mí na Samhna 2005, agus cúpla mí ina dhiaidh sin ghlaoigh sé arís go bhfeicfeadh sé cén chaoi a raibh mé ag déanamh amach idir an dá linn. Táim buíoch de dá bharr. Chaill sé féin deartháir agus fuair a mháthair bás cúpla bliain ó shin agus tuigeann sé go maith an briseadh croí a bhaineann lena leithéid de scéal.

Ar an gCéadaoin d'imir muid cluiche dúshláin in aghaidh fhoireann faoi 18 na hAstráile san MCG (Melbourne Cricket Ground), áit a mbeadh an chéad teist ar siúl ar an Aoine – b'in an ócáid nuair a mhaslaigh Graham Geraghty as Contae na Mí duine den fhreasúra. Fiú ag an am, bhí iontas orm féin agus go leor de na peileadóirí eile gur dearnadh scéal chomh mór sin den eachtra. Cinnte, níor cheart do Gheraghty a leithéid a rá leis an imreoir óg Astrálach, ach ní raibh aon mhailís mhór i gceist – aineolas a bhí ann seachas ciníochas. Ach san Astráil, ar ndóigh, mar gheall ar stair na tíre sin, is cúis mhór díospóireachta an gaol idir dubh agus bán, agus dhírigh na meáin ar an gconspóid le fuinneamh. Chothaigh an eachtra teannas aisteach idir an bhainistíocht agus na hiriseoirí a bhí tar éis taisteal linn ón mbaile agus a bhí ag fanacht san óstán céanna linn. Dar leis an mbainistíocht, leagadh béim thar cuimse sna tuairiscí a bhí ag dul abhaile ar bhotún Geraghty, rud a chuir isteach go mór ar na hullmhúcháin don chluiche mór dhá lá ina dhiaidh sin. Cuireadh ar fionraí Geraghty: níor ceadaíodh dó imirt sa gcéad teist. Agus, dar leis an mbainistíocht, ba chóir gurbh in deireadh an scéil. Ach níorbh ea. Go deimhin bheadh ainm Geraghty go mór i mbéal an phobail ar feadh i bhfad tar éis na heachtra mar gheall ar ar dhúirt sé. Pearsa láidir é fear na Mí, áfach, mar atá a fhios ag an domhan mór faoi seo, agus láimhseáil sé go maith an fócas a bhí air.

Bhí mise ag cruthú go maith sa traenáil i gcaitheamh na seachtaine agus thosaigh mé an chéad teist ar an Aoine os comhair slua 70,000 san MCG. Bhí sé dochreidte; fiú ag imirt i gcluiche ceannais na hÉireann i bPáirc an Chrócaigh an bhliain roimhe, ní raibh an slua chomh mór, mar gheall ar an mórobair a bhí ar siúl sa staid ag an am. Bhí an t-atmaisféar san MCG sular thosaigh an cluiche iontach corraitheach, agus bhraith mé an-bhródúil a bheith ansin i mo sheasamh taobh leis na peileadóirí ab fhearr sa tír, geansaí na hÉireann orm, fad is a bhí Amhrán na bhFiann á chanadh.

Bhí súil agam, tar éis an ullmhúcháin uilig agus an iarracht ar fad a bhí déanta, go n-imreoinn go maith, agus thosaigh mé go maith, ceart go leor, agus bhí mé ag baint taitnimh as an ócáid agus an dianchoimhlint, nuair a tharla tubaiste. Ag ritheacht i dtreo na liathróide a bhí mé, gan aon duine timpeall orm, nuair a stróic matán i mo cheathrú. Ní bhfuair mé aon rabhadh, ní hé gur tharraing sé i dtosach, ach stróic go neamhthrócaireach, agus bhí sé ar nós gur sádh mé. Bhí a fhios agam ar an bpointe go raibh mé réidh, go raibh m'oíche caite agus seans maith nach bhféadfainn imirt don dara teist ach oiread, agus bhí mé trína chéile nuair a tháinig mé den pháirc. Cén fáth a ndearna mé oiread sin sna laethanta roimh an gcluiche, nuair ba chóra dom, b'fhéidir, níos mó béime a chur ar shos agus athhíodráitiú i ndiaidh an aistir ón mbaile? Mar ní hé nach raibh mé aclaí mo dhóthain nuair a shroich muid an Astráil. A mhalairt a bhí i gceist, agus déanta na fírinne seans go raibh an iomarca traenála déanta agam. Bhí mé oibrithe liom féin, ach sin é an spórt – thuas seal, thíos seal. Ní bhíonn a fhios agat céard atá i ndán.

Bhí farasbarr ocht bpointe againn i ndiaidh na chéad teiste, 62 in aghaidh 70. D'imir Ja Fallon agus Michael Donnellan ar fheabhas d'Éirinn, agus d'aimsigh Ja ocht bpointe dhéag ar an oíche chomh maith le cúl an-tábhachtach díreach sular séideadh an fheadóg dheiridh. Bhí mé bródúil as mo chomhghleacaí ach bhí mise thar a bheith díomách i ndiaidh na coimhlinte toisc mo ghortú féin. Cé nach gcabhraíonn an t-ól le biseach bhí mé iomlán cinnte nach mbeadh aon bhaint agam leis an dara teist agus amach liom ag ól an oíche sin. Bhí m'athair san Astráil ag tacú leis an bhfoireann agus tar éis go raibh mé in ísle brí bhí píosa chraic againn i dtithe tábhairne Mhelbourne.

Ar an Luan chuir an bhainistíocht ceist orm an raibh mé cinnte nach raibh mé ar fáil don dara teist, in Adelaide, rud a chuir iontas orm. Bhí an fisiteiripeoir, Ronan Carolan as Contae an Chábhán, tar éis cinntiú go raibh an matán stróicthe, agus dá mbeadh an gortú céanna tarlaithe sa mbaile ní bheinn ar ais ag imirt go ceann sé seachtainí. Ach moladh go bhfaighinn instealladh cortasóin, a chabhraíonn le biseach. Ar aon ócáid eile dhiúltóinn, mar tá an baol ann gur féidir níos mó damáiste a dhéanamh lena leithéid d'instealladh – mar nach mothaíonn tú pian – ach theastaigh uaim imirt dá bhféadfainn tar éis oiread a bheith déanta agam a bheith aclaí. Ba é an t-aon instealladh cortasóin a fuair mé riamh é, caithfidh mé a rá, agus b'fhéidir nach raibh sé ciallmhar, ach b'fhiú é agus níl aon aiféala orm faoi.

Fuair mé an t-instealladh ar an gCéadaoin, agus bhí tionchar dearfach aige ar an ngortú ar an bpointe. Ar an Déardaoin, moladh dom pianmhúcháin láidre – trí cinn éagsúla – a thógáil díreach isteach sa gceathrú, mar go gcabhróidís liom chomh maith. Is dóigh gur léirigh sé an meas a bhí ag an mbainistíocht orm go rabhadar ag iarraidh go mbeinn ar fáil, ach d'iarr mé orthu cén fáth nach n-imreoidís leaids a bhí iomlán aclaí seachas mise, nach raibh ach leathaclaí. Bheadh beirt nó triúr nach mbeadh ag caitheamh geansaí ar bith ar an oíche, mar gheall ar an líon daoine a bhí ar an bpainéal. 'Seán,' a dúradh liom, 'it's our job to manage, it's your job to play.' Choinnigh mé mo chlab dúnta ina dhiaidh sin agus dhírigh ar an dúshlán.

Bhí mé ag dul sa tseans, ach díreach roimh an dara teist thóg mé na pianmhúcháin, agus caitheadh isteach san imirt mé ag deireadh na chéad ceathrún nuair a bhí an lámh in uachtar ag na hAstrálaigh. Ní dhearna mé imprisean rómhaith, áfach: mhothaigh mé an gortú an iomarca is dóigh agus bhí faitíos orm tástáil ródhian a dhéanamh ar an gcos. Bhí muid seacht bpointe taobh thiar ag leath ama agus bhí Colm O'Rourke oibrithe leis an taispeántas neamhéifeachtach a bhí tugtha againn. I lár na hóráide a bhí sé a dhéanamh sa seomra feistis chuir sé ceist ormsa os comhair an tslua, 'Seán, are you ready to play in the second half?' 'I am,' a d'fhreagair mé. 'Are you sure you're ready to play?' a d'iarr sé arís, le mothú. 'I am,' a dúirt mé arís. Amach leis na himreoirí ansin. Chas mise chuig Ronan Carolan agus d'iarr mé air trí cinn eile de na pianmhúcháin a thabhairt dom go beo. Isteach leis an tsnáthaid agus dúirt mé liom féin, cuma céard a tharlódh sa leath seo, cuma cén damáiste a dhéanfainn don cheathrú, go raibh mé chun céad faoin gcéad a thabhairt agus nach mbeadh aon duine in ann a chur i mo leith i ndiaidh an chluiche nach ndearna mé gach iarracht ar son na cúise.

Agus leis an meon iomlán difriúil sin d'imir mé i bhfad níos fearr sa dara leath nuair a fuair mé an deis dul isteach san imirt. Faoi dheireadh an tríú ceathrú bhí farasbarr na hAstráile laghdaithe, 40 in aghaidh 38, agus d'imir muid go sármhaith sa gceathrú deiridh, agus chríochnaigh an cluiche ar comhscór, 52 in aghaidh 52. Bhí an tsraith buaite ag na cuairteoirí. Is é an an t-aiféala mór atá orm faoi 1999 ná go raibh an fhéinmhuinín a bhí agam ag dul amach go dtí an Astráil – a d'eascair as a bheith chomh haclaí sin – sciobtha uaim mar gheall ar an ngortú a d'fhulaing mé. Roimh an aistear bhí mé in ann ritheacht suas síos an pháirc ar luas lasrach agus dá stopfainn ar feadh cúpla soicind, bheadh m'anáil ar ais i gceart agam. Sin buntáiste iontach ag tabhairt faoin gcluiche croschineálach, mar tá sé dian ar an gcolainn. Bhí súil agam, dá bhrí sin, a bheith i bhfad níos tioncharaí sa dá theist ná mar a bhí mé, agus fós féin táim díomách faoi sin.

Mar sin féin, bhuaigh muid an tsraith, agus bhí sé sin sásúil, mar le himeacht na mblianta d'éirigh sé níos deacra an tsraith a bhuachan as baile. Ní dhearna mé aon damáiste breise don cheathrú ach oiread, agus b'in faoiseamh eile, cé go mbeadh cúpla mí ann sula mbeadh sé ina cheart iomlán arís. Bhí mé in ann ritheacht gan mórán stró agus dá bhrí sin sceideal traenála a leanacht thall – d'fhan mé san Astráil go dtí mí Feabhra – ach ba í an chos dheas a bhí gortaithe agus níor fhéad mé mórán ciceála a dhéanamh ar feadh tréimhse sách fada. Fiú go dtí an lá atá inniu ann, má thosaím ag ciceáil leis an gcos sin agus gan í téite i gceart bíonn sí tinn, agus caithim a bheith airdeallach faoi seasta. Is minic ina dhiaidh sin, agus mé ag traenáil le Gaillimh, go mothóinn pian ann – dá mbeadh an oíche fuar agus mise beagán tuirseach – agus bheadh orm an chuid eile den seisiún a chailleadh, ar fhaitíos go ndéanfainn aon damáiste.

D'fhan mise san Astráil tar éis don chuid eile den fhoireann eitilt ar ais abhaile. Roinnt míonna roimhe sin, agus muid ar an mbus ag taisteal ón aerfort i Londain go dtí an t-óstán roimh an gcéad bhabhta den chraobh, bhí mé féin agus Shay Walsh ag caint ar thuras dá shórt a dhéanamh. Chuala Derek Savage muid ag caint agus dúirt sé gur mhaith leis-sean teacht linn, mar go mbeadh a chéim bainte amach go luath aige agus gur mhaith leis roinnt taistil a dhéanamh sula gcuartódh sé jab.

Bhuail an smaoineamh mé gur mhaith liom roinnt traenála a dhéanamh le ceann de na foirne gairmiúla sa tír agus chuaigh mé chun cainte le hoifigigh an Australian Football League. Mar sin, tharla sé go ndearna mé sé seachtainí traenála leis na Sydney Swans roimh Nollaig – an *pre-season* acusan – i mbliain an dá mhíle. Bhí blaiseadh beag den saol gairmiúil faighte agam le foireann na hÉireann, agus theastaigh uaim tuilleadh a bhlaiseadh de, dá bhféadfainn. Chomh maith leis sin, ní raibh sé i gceist agam go dtiocfainn ar ais abhaile gan an t-ullmhúchán cuí a bheith déanta agam don chraobh i 2000 – tar éis a bheith buailte ag Maigh Eo i gcraobh Chonnacht an bhliain roimhe, bhí díocas aisteach orm rudaí a chur ina gceart.

Chuile mhaidin de na sé seachtainí sin, shiúlainn cúig nóiméad déag chun síob a fháil ó George Stone, traenálaí cúnta leis na Sydney Swans. Fear an-deas a bhí ann, agus ní raibh sé ina chónaí i bhfad ón áit a raibh mé féin, Shay agus

Derek ag fanacht, i gceantar ar a dtugtar Bondi Junction. Chasainn leis ag a ceathrú tar éis a hocht ar maidin. Thosaíodh an traenáil ag a ceathrú chun a naoi, nó mar sin. Bhí sceideal tugtha dúinn agus bhí a fhios agam ag tús an bhloic thraenála céard a bheadh le déanamh gach lá uaidh sin go dtí an Nollaig.

Dhéanadh muid go leor ritheachta, ar an ngort, nó ar an trá, nó i bpáirceanna sa gceantar. Bunaclaíocht a bhí i gceist. Dhéanadh muid aon chiliméadar amháin, mar shampla, chomh tapaidh agus a d'fhéadfadh muid, ansin sos trí nóiméad, ansin ciliméadar eile, agus sos eile, ciliméadar eile agus sos eile agus an ciliméadar deiridh, agus críoch. Ba mhinic an cúrsa socraithe sa gcaoi is go gcríochnódh muid ar chnocán, agus bhí sé sin dian. Rangaíodh muid de réir cumais aclaíochta, an chéad ochtar, an dara ochtar, an tríú ochtar agus mar sin de. Bhínnse chun tosaigh sa dara ochtar ó thaobh caighdeáin de, agus bhí mé sásta go maith leis an measúnú sin i measc lucht gairmiúil.

Ansin dhírítí ar scileanna peile – ag breith ar an liathróid ubhchruthach, á ciceáil, á preabadh. Ní raibh aon fhadhb agam breith uirthi ná í a phasáil ná í a chiceáil – seachas an gortú, a bhí fós ag cur as dom – ach ní raibh mé in ann an liathróid a phreabadh agus mé ag ritheacht ag an am céanna. Níor fhéad mé í a smachtú ar chor ar bith, cuma cén iarracht a dhéanfainn. Laethanta eile dhéanaidís seisiún traenála sa linn snámha, agus cé gur tógadh mise in aice na farraige níl aon mhaith liom ag snámh agus níor thaithin na seisiúin sin liom ar chor ar bith, cé go ndearna mé mo dhícheall. Ar an Aoine freisin b'fhéidir go mbeadh seisiún as an ngnáth againn – dreapadóireacht seans, nó cnocadóireacht – dlúthú a bhíodh i gceist ach an bhéim fós ar an aclaíocht.

Uair amháin thraenáil muid i Stadium Australia nó an

Telstra Stadium – chuirfinn Páirc an Chrócaigh chun tosaigh air lá ar bith – a tógadh d'aon turas do Chluichí Oilimpeacha na Mílaoise. Geábh eile d'éirigh liom féin agus Derek dul ag féachaint ar fhoireann na Brasaíle faoi 23 ag traenáil agus bhuail muid leis na réalta sacair Ronaldinho agus Denilson, a bhuíochas do na Swans. Bhí foireann na Brasaíle i Sydney ag an am chun cluiche dúshláin a imirt in aghaidh na hAstráile agus tugadh cuireadh do na Swans féachaint orthu i mbun seisiúin. Ní raibh suim dá laghad ag an gcuid ba mhó díobh ann ach bhí mé féin ar bís an cuireadh a fháil, agus thug mé Derek liom. D'iarr mé ar Ronaldinho an bhféadfadh muid pictiúr a thógáil leis agus bhí sé thar a bheith uasal linn. Tá an pictiúr fós agam in áit eicínt.

Dhá nó trí lá in aghaidh na seachtaine bhíodh muid ag crochadh meáchan um thráthnóna agus ó thaobh spreactha, bhí mise sa gcéad chúigear nó seisear sa ngrúpa. Bhí mé níos sine ná go leor díobh, ar ndóigh. Bhíodh na traenálaithe an-dian ar na hAstrálaigh, le hais an chairdis a léirigh siad domsa. B'in an difríocht: cuairteoir a bhí ionamsa, ach na leaids eile ba é a gcuid oibre é, agus mura n-éireodh leo an caighdeán cuí a bhaint amach, ní bheadh aon jab acu.

Bhí an Ciarraíoch Tadhg Kennelly ag tosú leis na Sydney Swans an fómhar sin, agus iarradh ormsa aon chúnamh a bhí uaidh a thabhairt dó, ach bhí Kennelly neamhspleách mar dhuine agus ní raibh aon dabht i m'intinn nach n-éireodh leis mar bhí uaillmhian fhíochmhar aige. Fear uasal atá ann agus bhí sé go deas aithne a chur air. Cuireadh an-fháilte romham, go ginearálta – i measc na n-imreoirí leis an gclub ag an am bhí Paul Kelly, duine de laochra móra peile na hAstráile, a bhí an-chairdiúil liom; agus an bainisteoir atá acu anois, Paul Roos, bhí sé ina thraenálaí cúnta ag an am – fear lách eile, d'imir sé don Astráil in aghaidh na hÉireann i 1986 agus 1987. Leaids eile ar chuir mé aithne orthu, bhíodar fós ag imirt leis na Swans nuair a bhuaigh siad an *Grand Final* le gairid – leithéidí Nick Fosdike, Adam Goodes agus Kennelly agus bhí sé suimiúil an fhorbairt a bhí déanta acu le roinnt blianta a thomhas.

Bhí sé spéisiúil domsa an léargas sin a fháil ar shaol an pheileadóra ghairmiúil agus is dóigh go raibh sé chomh spéisiúil céanna do na hAstrálaigh doras a oscailt don amaitéarach. Tá mé ag ceapadh go raibh iontas orthu nuair a chonaic said chomh haclaí is a bhí mé, ach tar éis d'Éirinn an ceann is fearr a fháil orthu sa tsraith idirnáisiúnta, bhí tuiscint níos fearr acu ar an iarracht a dhéanann an peileadóir Gaelach chun ullmhú dá spórt féin. Cultúr éagsúil, b'fhéidir, ach an uaillmhian chéanna – ceann scríbe a bhaint amach, más é Corn Sam Mhig Uidhir é nó a bheith buach sa n*Grand Final*. Is é an difríocht mhór a bhí le brath idir an dá chód ná go bhfaigheann na peileadóirí gairmiúla seans sos a thógáil agus dá bhrí sin is féidir leo a bheith ag traenáil ar bhonn níos rialta, mar tá deis ag an gcolainn teacht chuige féin níos tapaidh. Ní hé, nuair atá siad ag traenáil, go mbíonn siad ag traenáil níos déine, ach tá struchtúr níos fearr ar a gcuid ama agus níl aon seachrán taobh amuigh den traenáil, ar nós jab mar shampla, a thagann trasna ar an dúshlán mór atá acu.

Luaigh mé cheana chomh fada is a thóg sé ormsa teacht ar thuiscint ar chomh tábhachtach is atá aiste bia folláin, ach na leaids óga a thugtar isteach sna clubanna san Astráil den chéad uair, téann saineolaí beatha ag siopadóireacht leo sa gcéad chúpla seachtain agus iad as baile, agus mínítear dóibh céard is féidir a cheannach ó thaobh bia de agus céard air a bhfuil cosc. Gach seachtain ansin tomhaistear na leaids le haghaidh geir colainne agus má tá duine ag leanacht na rialacha, beidh sé ceart, ach níl aon áit le dul i bhfolach mura bhfuil. Agus ó tharla gur cluiche gairmiúil atá ann, tá go leor le cailleadh murar féidir le leaid féinsmacht a léiriú. Tá a bhrú féin ag baint leis an saol sin, is cosúil, ach dá mbeadh an deis chéanna faighte agam ní dhéanfainn aon chlamhsán faoi, sílim.

Nuair a bhí na sé seachtainí caite, níor theastaigh uaim go mbeadh an iarracht a bhí déanta curtha amú, agus chuir mé iachall ar an mbeirt eile sceideal rialta traenála a leanacht. D'éiríodh muid ag a deich chuile mhaidin, d'itheadh muid bricfeasta agus théadh muid go go dtí an *gym* – bhí sé an-saor, b'fhéidir caoga cent lena úsáid. Bhíodh muid ag crochadh meáchan ansin ar feadh b'fhéidir uair go leith. D'itheadh muid lón ansin agus b'fhéidir beagán snámha. Sa tráthnóna théadh muid go dtí traic reatha in aice an árasáin agus ritheadh muid timpeall air trí huaire – b'in trí mhíle – agus muid in iomaíocht lena chéile. Bhí an ghráin ag Shay ar an gcuid seo den traenáil ach thagadh sé linn chuile lá beo mar sin féin, cé go mbíodh sé chun deiridh chuile uair. Thiteadh sé siar sa dara cúrsa agus ní bhíodh ann ach Derek agus mé féin san iomaíocht. Níor éirigh liom an ceann is fearr a fháil air ach aon uair amháin – nuair a bhí cúpla deoch ólta aige an oíche roimhe.

Faoi am seo bhí Eddie O'Sullivan ag obair mar chomhairleoir ag O'Mahony agus sheoladh sé an sceideal traenála chugainn ar ríomhphost. Bhí srian orainn maidir leis an trealamh a bhí ar fáil ach mar sin féin rinne muid ár ndícheall an clár a leanacht. Fiú agus muid ag druidim i dtreo dheireadh ár tréimhse san Astráil, agus muid ag taisteal ba é an chéad rud a dhéanadh muid i ngach aon bhaile, mór nó beag, *gym* a lorg agus cloí leis an sceideal. Choinnigh muid diansmacht ar gach ar ith muid chomh maith, rud a bhí éasca san Astráil, áit a raibh glasraí agus torthaí úra le fáil go héasca, murarbh ionann agus sa mbaile. Go deimhin dúirt Derek liom nár thuig sé céard is aiste bia folláin ann go dtí go ndeachaigh sé chun na hAstráile agus gur chónaigh sé liomsa. Agus is dóigh, mar gur mé ba shine, go raibh tionchar agam ar an mbeirt eile. Seans go mbeadh i bhfad níos mó cóisirí agus ragairne ann gan mise ag cur mo ladair isteach i gcónaí! B'fhiú an tairbhe an trioblóid, áfach, agus faoin am ar tháinig muid abhaile bhí an triúr againn chun tosaigh ar na leaids eile ar an bpainéal ó thaobh aclaíochta de.

Tháinig mé abhaile mí Feabhra 2000, réidh don fheachtas nua, ach ar ndóigh leathbhliain ina dhiaidh sin chaill Gaillimh cluiche ceannais na hÉireann in aghaidh Chiarraí. Bhí mé trína chéile, agus is cuimhneach liom go maith an Satharn sin, an 7 Deireadh Fómhar 2000, ag siúl den pháirc i ndiaidh an chluiche nuair a rug duine eicínt greim ar mo lámh. Brian McEniff a bhí ann, a bhí anois ina bhainisteoir ar fhoireann na hÉireann. Ó tharla go raibh Gaillimh ag déanamh go maith sa gcraobh an samhradh sin, níor ghá dúinne dul chuig traenáil ná chuig trialacha, agus ní raibh mé tar éis a bheith ag labhairt le McEniff go dtí sin ar chor ar bith. Bhí Paddy Clarke ó Chontae Lú ina bhainisteoir cúnta, agus ba é John O'Keefe arís a bhí i bhfeighil na traenála. Bhí an chéad teist ar siúl an lá dár gcionn agus d'iarr fear Dhún na nGall orm an mbeinn sásta imirt. Ar éigean a bhí mé in ann labhairt, le bheith fírinneach, agus nuair a chonaic sé chomh díomách is a bhí mé, rinne sé an cinneadh dom. Ní raibh aon teagmháil eile eadrainn an tráthnóna sin agus mar a tharla níor imir aon duine de na leaids as Gaillimh ar an Domhnach. Chaill an fhoireann baile le hocht bpointe in aghaidh na n-eachtrannach, 47 in aghaidh 55.

Dhírigh mé ar an dara teist le níos mó díocais agus chuige seo níor ól mé deoir an tseachtain tar éis do Chiarraí an lámh in uachtar a fháil orainn. D'eitil mé féin agus Pádraic Joyce go

Baile Átha Cliath le haghaidh seisiún traenála le foireann na hÉireann i bPáirc an Chrócaigh ar an gCéadaoin agus abhaile arís an oíche chéanna. Mhothaigh mé go raibh mé traochta, ach bhí mé ag iarraidh imirt agus dá bhrí sin níor thug mé aon aird ar na téacsanna a fuair mé le linn na seachtaine ó na leaids ag éileamh orm teacht isteach go dtí an teach tábhairne seo nó an teach tábhairne siúd i nGaillimh. Bhí mé dírithe go hiomlán ar an deireadh seachtaine – seans go raibh sé níos éasca aghaidh a thabhairt ar na hAstrálaigh agus an cluiche in aghaidh Chiarraí a scaoileadh tharam.

Ansin, ar an Aoine, phós Ja Fallon. Bhí an t-aifreann in Ardeaglais Thuama, agus ina dhiaidh sin isteach linn ar fad sa mBrogue ar an mbaile. Uisce a d'ól mé agus thiomáin mé ar ais go Gaillimh. In óstán an Westwood a bhí an bhainis féin. Bhí go leor d'imreoirí na Gaillimhe ag an mbainis, agus bhí an chraic go maith. Bhí peileadóirí ar nós Peter Canavan agus Séamus Moynihan ag freastal ar an ócáid chomh maith. B'fhéidir nuair a chonaic mé an Ciarraíoch gur chlis ar an bhféinsmacht orm, ach ar aon chuma thosaigh mé ag ól. Ba mhó an t-iontas a bhí orm féin ná ar aon duine eile, cheapfainn, mar le roinnt mhaith blianta bhí diansmacht léirithe agam i mórán gach aon chúinse. An oíche sin ní dheachaigh mé a chodladh go dtí a ceathair ar maidin, tar éis dom síob a eagrú le Canavan go Baile Átha Cliath an lá dár gcionn. Bhí a fhios agam nach mbeinn in ann tiomáint agus bhí an ceart agam. Bhí mé chomh tinn agus chomh tuirseach nár theastaigh uaim ach luí siar agus mo dhá shúil a dhúnadh agus ba chuma cé mhéad uisce a d'ól mé, níor tháinig aon fheabhas ar an gcuma a bhí orm.

Thosaigh mé an lá dár gcionn. Cad é mar íoróin! I mo sheasamh ansin ar an bhféar i bPáirc an Chrócaigh, taobh leis na peileadóirí is fearr sa tír, Uachtarán na hÉireann ag teacht chun lámh a chroitheadh liom, an áit plódaithe, an t-atmaisféar corraitheach, ach i mo chroí istigh níor theastaigh uaim a bheith ann. Tuigim anois nach raibh ann ach nach raibh mé ullamh i mo mheabhair don choimhlint ar chor ar bith, mar gheall ar an díomá a bhí orm i ndiaidh chluiche ceannais na hÉireann. Theastaigh uaim a bheith sa mbaile, ag breathnú ar an gcluiche ar an teilifís, ach admhaím nach raibh an meon sin sásúil, nuair a bhí an oiread sin leaids ann nach bhfuair an deis chéanna liomsa agus iarracht den scoth déanta acu ar son na cúise le cúpla mí roimhe. Ní nach ionadh bhí an meon sin agamsa le feiceáil san imirt. Ní dhearna mé aon imprisean ar an gcluiche ar chor ar bith, agus chaill muid leis an scór 68 in aghaidh 51. Go deimhin, b'in an cluiche ar tugadh drochíde do Pheter Canavan, a ndearna Jason Akermanis bulaíocht air. An lá dár gcionn cuireadh i leith imreoirí na hÉireann nár thaispeáin siad spiorad ar bith ná nach ndeachaigh siad i gcabhair tapaidh a ndóthain ar Chanavan. *Mea culpa* – caithfidh mé a admháil go raibh mé féin ciontach. Ní raibh mo chroí sa troid agus bhí sé chomh simplí leis sin. Agus is cosúil nach raibh an fhoireann i gcoitinne réidh don choimhlint ach oiread. Bhí an lámh in uachtar ag na hAstrálaigh ó thús deireadh, agus nuair a shéid an fheadóg níor theastaigh uaim ach mo bhealach a dhéanamh abhaile chomh tapaidh agus a d'fhéad mé.

An bhliain dar gcionn 2001, de bharr go raibh Gaillimh san iomaíocht don chraobh, níor ghá domsa freastal ar thrialacha ná ar thraenáil le foireann na hÉireann go dtí deireadh mhí Mheán Fómhair. Tháinig Brian McEniff go Tuaim oíche amháin thart ar choicís roimh chluiche ceannais na hÉireann, chun breathnú orainn, ach b'in é go dtí tar éis an bhua ar Chontae na Mí. Ina dhiaidh sin bhí méid áirithe brú ann – níor imir mé go maith d'Éirinn an bhliain roimhe sin agus bhí turas go dtí an Astráil i gceist i 2001: mar sin, bhí géarchoimhlint le haghaidh áiteanna ar an bpainéal. I gCumann Naomh Mearnóg, in aice leis an aerfort, a bhí na seisiúin gach deireadh seachtaine agus cé go raibh mé aclaí agus, faoin am sin, cé go raibh go leor taithí agam ar an gcluiche idirnáisiúnta, ní raibh aon gheallúint ann go bhfaca McEniff aon ról suntasach dom sa bhfoireann. Dá bhrí sin bhí sceitimíní orm agus mé ag fanacht lena chinneadh. Mar a tharla, is ag traenáil foirne Choláiste Mhuire ag am lóin a bhí mé nuair a fuair mé an glaoch ó John O'Mahony ag tréaslú liom, mar go raibh mé féin, Pádraic Joyce agus Michael Donnellan ar an bhfoireann.

D'fhág muid an baile ar an Satharn, agus an oíche roimhe bhí béile in óstán an Citywest do na leaids agus na mná céile. Bhí foireann sacair na hÉireann ag fanacht san óstán céanna an oíche sin agus ó tharla go raibh aithne ag leaids na Gaillimhe ar an bhfisiteiripeoir Mick Byrne – a bhí in éineacht linn i rith fheachtas 1998 – cuireadh in aithne muid don bhainisteoir, Mick McCarthy, agus do roinnt de na himreoirí. Is cuimhneach liom Niall Quinn a bheith an-lách – d'imir seisean san Astráil le foireann roghnach scoileanna Bhaile Átha Cliath blianta roimhe sin. Níor fhéad Sarah a bheith ag an dinnéar an oíche sin, agus bhí mise sa seomra céanna le Johnny Crowley as Ciarraí. Chaith sé an oíche ar fad ar an bhfón lena bhean, agus níor éirigh liom móran codlata a fháil. Bhí mo sheanchara Niall Buckley ar an turas freisin, chomh maith le Anthony Rainbow agus Dermot Earley as Cill Dara, Anthony Tohill as Doire, Mike Frank Russell as Ciarraí, Kieran McGeeney as Ard Mhacha agus Cormac McAnallen, nach maireann, as Tír Eoghain. Réitigh muid uilig go maith le chéile, agus cothaíodh spiorad maith i measc an ghrúpa. Bhí mise ag fanacht sa seomra céanna le Mike Frank fad is a bhí muid san Astráil. Fear uasal atá ann agus tá an-mheas agam air ó shin i leith.

Ba é Paddy Clarke as Contae Lú a bhí ina chuiditheoir ag Brian McEniff arís i 2001. Fear eisceachtúil é. D'inis sé scéal dúinn uilig faoi chara leis: bhíodh an bhrionglóid chéanna aige go rialta – is é sin go raibh sé ag tiomáint, nuair a thagadh leoraí mór ina threo ar an taobh céanna den bhóthar. Sa mbrionglóid d'éirigh le cara Paddy teacht slán mar gur chrom sé a cheann in am sa gcarr agus, de réir cosúlachta, nuair a tharla timpiste mar é i ndáiríre don fhear céanna, tháinig sé slán de bharr na frithluaile sin. Agus muide ag breathnú ar a chéile le huafás, thosaigh Paddy ag cur ina luí orainn gur ghá i gcónaí bheith ag samhlú na bhféidearthachtaí i ngach aon chluiche má bhí muid chun a bheith ullmhaithe i gceart don choimhlint in aghaidh na nAstrálach. Sa Citywest an oíche sular fhág muid, chuir sé físeán ar siúl. Bhí mise ag súil le ceacht faoin bhfreasúra ach céard a bheadh ann ach mo mháthair féin agus í ag labhairt ar an gclár *Up for the Match* roimh chluiche ceannais na hÉireann an mhí roimhe. Bhí mé náirithe i measc na leaids eile, iad uilig ag gáire faoi na scéalta a bhí Mam a inseacht fúm. Dlúthú a bhí i gceist ag Clarke, go ndéanfadh muid gáire mar ghrúpa, ach níl an cleas maite agam dó go fóill!

Arís i 2001 bhí an sceideal céanna againn ón uair ar shroich muid an Astráil: ag tús na seachtaine go dtí an chéad teist ar an Aoine traenáil uair nó dhó in aghaidh an lae faoi stiúir John O'Keefe. Tar éis ar tharla dom i 1999, áfach, bhí mé i bhfad níos airdeallaí ar shos ceart a thógáil i ndiaidh an aistir fhada ón mbaile. Ní féidir gach rud a bheith foirfe, áfach, agus lá amháin tharla sé nár éirigh liom béile ceart a ithe roimh sheisiún traenála agus ina lár ba bheag nár tháinig meirfean orm. Go bunúsach, chlis ar an bhfuinneamh agus nuair a rinne Brendan Jer O'Sullivan as Corcaigh greamú orm, ní raibh dóthain spreactha ionam é a throid agus fuair mé drochíde ceart uaidh. Tháinig mearbhall orm agus nuair a labhair O'Keefe liom sílim gur thosaigh mé ag eascaíní air – bhí mé i ndroch-chaoi ceart agus gan a fhios agam céard a bhí mé a rá. Aisteach go leor, nuair a bhí seisean ina bhainisteoir an bhliain dár gcionn, ní bhfuair mé aon chuireadh chuig na trialacha! B'fhéidir go raibh baint bheag ag an eachtra sin leis, nó b'fhéidir, leis an gceart a rá, nach raibh an glaoch tuillte agam.

Ar aon chuma, d'imir muid an chéad teist san MCG os comhair slua 50,000, agus bhuaigh muid ar an bhfoireann baile, 59 in aghaidh 53. Thug mé taispeántas measartha. Bhí roinnt mhaith de mo mhuintir ar an turas an uair seo, m'athair agus mo mháthair, agus mo chuid deirfiúracha Aisling, Denise agus Ríona agus chaith mé go leor ama leo siúd idir an dá chluiche, ag spaisteoireacht agus ag fámaireacht. Bhí daoine eile as an gCeathrú Rua thall freisin, Máirtín Óg agus Mary Mac Donnacha, agus Seáinín Tommy, a bhean Mary agus iníon leo, Caoimhe. Bhí an chraic sármhaith, agus bhain mé an-taitneamh as.

In Adelaide a bhí an dara teist, agus cé gur imir an fhoireann ar fheabhas – bhí an bua againn ar na hAstrálaigh, 72 in aghaidh 52, agus thug muid linn an tsraith – arís níor imir mé go rómhaith. Go deimhin, ag leath ama, dúirt McEniff liom go gcaithfinn feabhsú, agus bhí an ceart aige. Níl a fhios agam an é nach raibh mé chomh tapaidh agus a bhí tráth den saol, nó an raibh suim caillte agam faoin am sin sa gcluiche idirnáisiúnta, nó an raibh mé tuirseach tar éis fheachtas craoibhe 2000 agus 2001 le Gaillimh. Ar aon chuma, b'in deireadh le mo chuid imeartha

le foireann na hÉireann. Ceithre bliana as a chéile a rinne mé
ionadaíocht d'Éirinn: an-taithí a bhí ann, agus tá mé buíoch go
bhfuair mé an deis, mar onóir mhór a bhí i gceist. Rinne mé
cairde maithe, leaids ar nós Niall Buckley, Peter Canavan,
Dermot Earley agus Mike Frank Russell ina measc, fuair mé
léargas ar an saol gairmiúl, agus rinne mé tástáil orm féin ag
leibhéal eile ar fad.

# 9

# AG ÉIRÍ AS

Ba é an chéad uair ar thosaigh mé ag machnamh ar éirí as an bpeil idirchontae, tar éis 2002, nuair a chaill Gaillimh in aghaidh Chiarraí i gcluiche ceathrú ceannais na hÉireann i bPáirc an Chrócaigh. Drochlá a bhí ann, don fhoireann agus domsa go pearsanta, agus ina dhiaidh cheistigh mé den chéad uair an raibh mo dhóthain buaite agam. Bhí mórán gach sprioc dar thosaigh mé ag imirt bainte amach agam faoi sin, agus cheistigh mé dá bhrí sin arbh fhiú an iarracht chéanna a dhéanamh feasta. Arbh fhiú a thuilleadh an íobairt phearsanta atá riachtanach más peileadóir idirchontae duine ar na saolta seo? Bhí na ceisteanna seo do mo chrá, ach diaidh ar ndiaidh tháinig tuiscint chugam nach bhféadfainn éirí as in alt na huaire sin. Den chéad uair ó tosaigh mé ag imirt, bhí fear ionaid tagtha isteach i m'áit i bPáirc an Chrócaigh agus bhí mé thar a bheith díomách, fiú má thuig mé nach raibh cluiche maith agam ar an lá agus go raibh an Ciarraíoch Seán O'Sullivan tar éis an ceann is fearr a fháil orm. Ach, aisteach go leor, thug an eachtra sin spreagadh nua dom freisin. Mhothaigh mé nach bhféadfainn éirí as fad is a bhí dualgas orm a thaispeáint go raibh mé i bhfad níos fearr ná mar a léirigh mé ar an ócáid thubaisteach sin. Nuair atá sprioc os do chomhair agus cíocras i do chroí, tá sé éasca treabhadh ar aghaidh píosa eile. Mar a tharla, ar an traein ar an mbealach abhaile i ndiaidh an chluiche sin, ghabh O'Mahony leithscéal liom as ucht mé a thógáil den pháirc. Ghoill sé air é a dhéanamh, tuigim sin, mar bhí mé náirithe. Ach réitigh muid go maith lena chéile riamh agus ní chlisfeadh ar an gcairdeas sin anois. Dúirt mé leis go mbeadh an cinneadh díreach céanna déanta agam dá mbeinnse i mo bhainisteoir ina áit.

An samhradh dár gcionn bhuaigh muid craobh Chonnacht den dara bhliain as a chéile. Bhuail gortú mé roimh chluiche ceathrú ceannais na hÉireann in aghaidh Dhún na nGall i bPáirc an Chrócaigh agus tháinig peileadóir óg cumasach, Kevin Brady, isteach sa bhfoireann i m'áit. Chríochnaigh an cluiche sin ar comhscór, a bhuíochas sin do Kevin Walsh, a fuair cúilín gleoite leis an gcic deiridh sa gcoimhlint. Bhí an athimirt le bheith i gCaisleán an Bharraigh an Domhnach dár gcionn agus cé go raibh mé aclaí arís, shocraigh O'Mahony tosaí leis an gcúigear déag céanna. Ghlac mé leis an gcinneadh sin ó tharla nach raibh mórán traenála déanta agam ag druidim i dtreo an chluiche, ach i mo chroí istigh bhí fearg orm. Bhí mé aclaí, cén fath nach raibh mé ag imirt? Bhí Ja Fallon gortaithe an lá céanna agus an bheirt againn inár suí ar an mbinse – dá n-éireodh linn dul isteach san imirt, a dúirt muid lena chéile, bheadh muid tioncharach. Caitheadh isteach mé agus cúig nóiméad fhichead le dhul agus cé nach raibh aon rath ar Ghaillimh ar an lá, creidim go raibh tionchar dearfach agamsa agus tá mé fós den tuairim dá mbeinn ag imirt ón tús go mb'fhéidir go mbeadh an toradh difriúil ar fad. Arís, thug an chreidiúint sin spreagadh dom agus chuir moill arís ar an gcinneadh éirí as. Chreid mé go docht go raibh rud eicínt le tairiscint agam go fóill ar son na cúise, agus bhí mé den tuairim gur chóir dom leanacht ar aghaidh fad is a bhí mé abalta. Cé mhéad uair a bhí sé cloiste agam ó iarpheileadóirí nár chóir éirí as róluath, más féidir é a sheachaint ar chor ar bith, mar nach mbuaileann tada an imirt?

Bhí borradh nua faoin bhfoireann agus fúmsa le linn fheachtas 2004 – bhí mé arís ag baint an-taitneamh as an bpeil agus thiar i gcúl mo chinn ar fad anois a bhí an tseancheist. Cinnte bhí mé trí bliana is tríocha faoin am sin, ach bhí mé ag imirt go maith agus bhí an-dóchas agam go bhféadfadh Gaillimh dul chun cinn a dhéanamh sa gcraobh sa samhradh. D'éirigh linn dul chomh fada le cluiche ceannais na sraithe san earrach, agus cé gur chaill muid in aghaidh Chiarraí le cúilín amháin, bhí mise i mo chaptaen ar an bhfoireann agus bhí mé sásta le mo thaispeántas. Bhí mé aclaí agus tioncharach agus thug sé sin an-fhéinmhuinín dom. Ach tar éis do Ghaillimh bua cuimsitheach a fháil ar Londain thall ag deireadh mhí Bealtaine, gortaíodh i gcluiche craoibhe in aghaidh na Fairche mé agus b'in deireadh le feachtas 2004. Ar ndóigh, gortú sách dona a bhí ann – an ghlúin – agus shíl mé in alt na huaire sin go raibh mo chuid imeartha ar fad thart, idir chlub agus chontae, ach is ait an rud an nádúr agus bheadh sé mar sprioc agam ina dhiaidh sin imirt uair amháin eile do Ghaillimh sa gcraobh, rud a rinne mé an samhradh dár gcionn.

Sna blianta deiridh sin ag imirt do Ghaillimh, ó 2002 ar aghaidh, ba bhreá liom fós an traenáil agus an sásamh a mhothaigh mé tar éis seisiún an-dian, agus ba bhreá liom an choimhlint, ach is dóigh an rud a bhí ag cur as dom níos mó agus níos mó le himeacht ama ná an íobairt phearsanta a bhí mé a dhéanamh agus an chaoi ar tháinig an pheil trasna ar gach gné eile de mo shaol. Más peileadóir idirchontae tú caithfidh gach ní eile, gach duine eile, a bheith tánaisteach. Tá tús áite ag an bpeil agus tá sé chomh simplí leis sin. Dá bhrí sin, nuair a bhí mise ag imirt peil idirchontae, d'fhéadfá a rá go raibh Sarah, mo bhean, í féin ag imirt peil idirchontae – is éard atá i gceist agam ná go raibh sí ag déanamh mórán na n-íobairtí céanna liomsa ar son na cúise ar feadh an ama. Thosaigh mé ag dul amach le Sarah nuair a tháinig mé abhaile as an Astráil i mí Feabhra 2000. Bhí muid geallta dhá bhliain ina dhiaidh sin, Feabhra na bliana 2002, agus phós muid i mí Aibreáin 2003. D'éirigh le Gaillimh dul chomh fada le cluiche ceannais na hÉireann i 2000 agus 2001, agus bhí sé deacair mo shaol pearsanta agus mo shaol peile a láimhseáil sa tréimhse sin go háirithe. Bhí an t-ádh orm gur ghlac Sarah leis go raibh tús áite ag an bpeil, agus gur thuig mo mhuintir – a thug an-tacaíocht dom i gcónaí i mo chuid imeartha – an rud céanna, ach cinnte do na daoine a bhí gar dom bhí frustrachas áirithe ann ó am go chéile ag eascairt as na héilimh a bhíodh á ndéanamh orm.

Ó mo thaobhsa de, bhí rudaí ann – spriocanna éagsúla taobh amuigh den pheil – nach raibh mé in ann díriú orthu, mar nach raibh an t-am agam. Rudaí fánacha, seans, ach de réir a chéile chuir sé sin as dom níos mó agus níos mó. Mar shampla, ní raibh deis agam mórán gailf a imirt, agus is aoibhinn liom galf. Ní raibh mé in ann dul ar laethanta saoire nuair ba mhaith liom, dul amach san oíche dá mbeadh sé sin uaim, nó casadh le cairde taobh amuigh den pheil. Ócáidí clainne, b'fhéidir nach mbeinn in ann freastal orthu, nó dá mbeadh, bheadh orm imeacht go luath. Ach bhí cúiteamh áirithe ann. Is éard a deirinn le Sarah, go mb'fhéidir nach raibh muid in ann dul amach aon uair ar mhian linn, ach ag deireadh na bliana dá gcomhairfeá an méid oícheanta a raibh muid amuigh, seans nach raibh muid tar éis cailleadh amach mórán le hais lánúineacha eile ar chor ar bith. Cinnte, bhí struchtúr áirithe riachtanach inár saol, agus géarghá le smacht, ach bhí aisíoc ann freisin. Thaistil muid go Nua-Eabhrac agus go dtí an

Spáinn le foireann na Gaillimhe, go San Diego leis na *All-Stars*, agus d'fhéadfadh Sarah, atá ina dlíodóir i nGaillimh, a bheith liom san Afraic Theas i 2000 agus san Astráil i 2001 freisin ach nach raibh sí in ann saoire a fháil óna post ag an am.

De réir mar a d'éirigh mé níos sine bhí sé níos tábhachtaí ná riamh go mbeinn in ann an deighilt idir an saol peile agus an saol pearsanta a láimhseáil níos fearr. Nuair a bhí mé ag traenáil, bhí mé ag traenáil agus bhí an fócas ar fad air sin, ach nuair nach raibh d'fhoghlaim mé chun an pheil a fhágáil i mo dhiaidh, i gcúl mo chinn. Nuair a bhí mé níos óige, bhí mé loiscthe ag an bpeil, ach mar a chuaigh mé in aois, agus go háirithe tar éis dom an dá bhonn Uile Éireann a bhuachan, d'éirigh mé níos réchúisí. Bhínn ag traenáil le Gaillimh ar an Máirt agus Déardaoin de ghnáth, ach ar an Luan, Céadaoin agus Aoine, dhéanainn an crochadh meáchan luath ar maidin nó ag am lóin sa gcaoi is go mbeadh sé déanta agus go mbeinn saor chun an tráthnóna a chaitheamh le Sarah sa mbaile. Fós féin bhí an sceideal deacair orainn mar lánúin. Agus muid tar éis teach a thógáil thart ar an am sin in Órán Mór, bhí neart le déanamh i gcónaí timpeall an tí. Ach chomh maith leis na seisiúin traenála i rith na seachtaine, bhínn tógtha suas leis an bpeil mórán gach deireadh seachtaine chomh maith. Bhíodh traenáil de ghnáth ar an Satharn agus cluiche ar an Domhnach – agus bhíodh sé sin deacair ar Sarah, ach is é an fhealsúnacht a bhí agam riamh, má tá tallann ag duine go bhfuil sé de dhualgas air iarracht a dhéanamh an cumas atá ann a bhaint amach. Níor theastaigh uaim ag deireadh mo chuid imeartha go mbeadh aon aiféala orm – thuig Sarah é sin agus thuig mo mhuintir é freisin – ach go mbeinn sásta ionam féin go ndearna mé mo mhíle dícheall ar son na cúise fad is a bhí mé ag imirt don chontae.

Bhí gach rud ag dul ar aghaidh go maith i 2004 agus mise thar a bheith sásta go raibh an cinneadh déanta agam leanacht orm ag imirt, nuair a ghortaigh mé mo ghlúin ag imirt don Cheathrú Rua sa gcraobh. Ar feadh seachtaine chreid mé go raibh mo chuid imeartha réidh. Ach is é an nádúr a bhí agam riamh díriú ar sprioc, agus ba é an t-aon sprioc a bhí anois agam imirt uair amháin eile sa gcraobh don chontae. Le tréaniarracht phearsanta, d'éirigh liom a bheith aclaí arís agus sin a dhéanamh samhradh na bliana 2005 nuair a caitheadh isteach san imirt mé in aghaidh Mhaigh Eo agus trí nó ceithre nóiméad le dhul i gcluiche ceannais Chonnacht. Bhuaigh mé mo shéú bonn Chonnacht an lá sin – sásamh thar cuimse a mhothaigh mé agus an fheadóg á séideadh ag deireadh an chluiche.

D'fhág sin Gaillimh i gcluiche ceathrú ceannais na hÉireann in aghaidh Chorcaí, ach ó tharla go raibh mionghortuithe ormsa idir an dá linn, níor fhéad mé traenáil go dtí an tseachtain roimhe. Bhí seisiún le bheith againn ar an Déardaoin, is cuimhneach liom, agus ní raibh mise cinnte céard a bheadh i ndán dom. An mbeadh orm taispeántas maith a thabhairt an oíche sin, chun áit a chinntiú ar an bpainéal don Domhnach, nó an raibh an painéal roghnaithe cheana féin? Bhí os cionn tríocha ag traenáil an uair sin le Gaillimh, agus thuig mé nach bhféadfadh gach duine a bheith feistithe. Ghlaoigh mé ar mo sheanchara Ja Fallon, a bhí anois ina roghnóir leis an mbainisteoir nua Peter Forde, agus chuir mé an cheist air go hoscailte. D'admhaigh sé go raibh an painéal roghnaithe, agus nach raibh mé air. Bhí sé deacair air, tuigim, é sin a rá liom, sách fada a d'imir muid le chéile, agus bhí mé díomách ach ní raibh mé croíbhriste. Thuig mé an fáth a ndearna Forde an cinneadh – ní raibh mé feicthe aige mórán ar chor ar bith le mí anuas – ach ag an am céanna mhothaigh mé fós go raibh rud eicínt le tairiscint agam, go bhféadfainn imirt ar feadh fiche nóiméad nó cúig nóiméad fhichead in aghaidh Chorcaí agus a bheith tioncharach, dá mba ghá. Bhí taithí agam, le hais go leor de na leaids eile ar an bpainéal; bhí mé compordach ag imirt i bPáirc an Chrócaigh; d'fhéadfadh ról a bheith agam. Ag an am céanna thuig mé go raibh áit tuillte ag na leaids ar fad a bhí ar an bpainéal mar bhí an traenáil déanta acusan agus ghlac mé leis an gcinneadh gan aon argóint. D'fhreastail mé ar an traenáil ar an Déardaoin ach níor bhac mé le feistiú, agus an oíche sin bhí gloine fíon dearg agam le mo dhinnéar.

Oíche Dé Sathairn roimh an gcluiche, d'fhan muid in óstán an Citywest, agus nuair a bhí gach duine eile imithe a chodladh, d'fhiafraigh mé an bhféadfainn deoch a bheith agam mar nach raibh mé páirteach an lá dár gcionn. Bhí sé aisteach, ní raibh a leithéid déanta agam riamh cheana, ach is dóigh gur mhothaigh mé gur chóir an ócáid a mharcáil. Isteach liom go dtí an beár – bhí Tommie Joyce in éineacht liom, eisean tar éis éirí as an bhliain roimhe – agus d'fhan mé i mo shuí go dtí a dó ar maidin. Bhí cúpla deoch ag bainisteoir an Citywest, John Glynn, in éineacht linn, agus an mhaidin dár gcionn dhúisigh mé le cloigeann tinn agus bolg tinn – ní raibh aon deoir ólta agam le tamall fada. Maor uisce a bhí ionam i bPáirc an Chrócaigh an lá sin, lá te brothallach, agus an t-uisce ag teastáil uaim féin b'fhéidir níos géire ná aon duine eile ar an bpáirc, ach fiú agus mé tinn bhí mé cinnte agus mé ag breathnú ar an gcluiche ón taobhlíne go bhféadfainn a bheith tioncharach sa gcoimhlint. D'imir Gaillimh go maith sa gcéad leath, gan dabht, ach thit rudaí as a chéile sa dara leath agus chaith Forde roinnt ionadaithe isteach san imirt. Níor éirigh le haon duine acu an taoille a chasadh, agus bhí an lámh in uachtar ag Corcaigh uaidh sin go dtí an deireadh. Fós féin, creidim go bhféadfadh difríocht a bheith déanta agamsa, ach ar ndóigh tá sé éasca é sin a rá anois. Agus, buíochas le Dia, ní hé go bhfuil sé do mo chrá ó shin i leith.

Tá an léine a chaith mé an lá sin fós agam – *'Maor Uisce'* scríofa air – ach mar a dúirt mé, níl aon aiféala orm. A mhalairt, le bheith fírinneach. I bhfad siar thosaigh mé ar aistear, agus bhí súil agam go mbeadh sé fada agus go mbeadh rath orm. Bhí mé sásta aon iarracht ar ghá a dhéanamh chun é sin a chinntiú, agus bhí an t-ádh orm go raibh an t-aistear ar fheabhas. D'éirigh liom mórán gach sprioc a bhí agam a bhaint amach, agus táim bródúil as sin. Má bhí aiféala beag orm nuair a tháinig deireadh le mo chuid imeartha le Gaillimh, ní mórán imreoirí a éiríonn as i mbarr a réime. Tá eisceachtaí ann, ar nós Peter Canavan, a d'éirigh as tar éis bhua Thír Eoghain ar Chiarraí i gcluiche ceannais na hÉireann 2005, agus an Ciarraíoch Séamus Moynihan, a d'éirigh as tar éis an bhua ar Mhaigh Eo i gcluiche ceannais na hÉireann i 2006 – ach ní tharlaíonn sé mar sin ach go fíorannamh. De ghnáth leanann muid uilig ar aghaidh beagán rófhada ag imirt, mar tá sé deacair é ar fad a fhágáil i do dhiaidh.

Tar éis fheachtas 2005 bhí mise ionann is cinnte gurbh in deireadh liom mar pheileadóir idirchontae, go raibh mo chuid déanta, ach ní raibh mé iomlán cinnte. Ag deireadh an tsamhraidh fuair mé téacs ó Pheter Forde ag fogairt cruinniú foirne don tseachtain dár gcionn, agus d'fhág mé sé lá é go dtí gur ghlaoigh mé ar ais air. Bhí mé ag fanacht go bhfeicfinn, is dócha, an ndéanfaí aon mhothú a mhúscailt ionam – faoi seo bhí mé ceithre bliana is tríocha – ach níor tharla sé sin. Ghlaoigh mé ar Forde an oíche roimhe an gcruinniú agus mhínigh mé dó nach mbeinn ar ais. Ní déarfainn go raibh aon iontas air. D'iarr sé orm an bhfógróinn é ag an gcruinniú mé féin, ach dhiúltaigh mé. Bhí mé tar éis imirt le roinnt mhaith den phainéal in imeacht na mblianta agus bhí mé dílis dóibh, ach bhí go leor eile de na leaids nach raibh aithne ar bith agam orthu. Freisin, ní duine mé riamh a bhí compordach ag labhairt os comhair slua agus níor theastaigh aon taispeántas mór uaim. Is cuimhneach liom nuair a d'éirigh Tomás Mannion as an imirt, mar shampla – agus bhí seisean ar dhuine de na peileadóirí ab fhearr a d'imir don chontae riamh – ar éigean a d'fhág sé slán againn ar chor ar bith. B'in an bealach a bhí aige, bhí sé ciúin agus cúlánta, agus b'in díreach an múnla a bhí mise ag iarraidh a leanacht chomh maith. Agus b'in é, deireadh liom mar imreoir idirchontae.

Níl sé éasca an pheil a fhágáil i do dhiaidh agus fiú agus mé ag tabhairt tacaíochta do na leaids i rith fheachtas 2006–7 – d'fhreastail mé ar roinnt mhaith de na cluichí sraithe agus gach cluiche craoibhe seachas ceann amháin – ní raibh mé iomlán cinnte go fóill an raibh an cinneadh ceart déanta agam éirí as. Dá mbeinn tar éis labhairt le Forde agus míniú dó nach bhféadfainn an méid céanna traenála a dhéanamh agus mé cúig bliana is tríocha le leaids óga naoi mbliana déag nó scór, ach go raibh mé sásta traenáil áirithe a dhéanamh a d'fheilfeadh do sheanleaid – seisiún aeróbach agus a leithéid, nach mbeadh chomh dian céanna ar an gcolainn – agus gur chuma liom suí ar an mbinse agus a bheith mar rogha dá mba ghá . . . Mar sin a bhí mé ag machnamh agus mé ag faire ar chluichí na Gaillimhe, mar chreid mé go fóill go raibh rud eicínt le tabhairt agam ar son na cúise. Ach ansin dhéanfainn machnamh ar an íobairt ar fad a bheadh orm a dhéanamh chun an margadh sin a chomhlíonadh, agus thuig mé nach mbeadh aon gheallúint ann ag a dheireadh ar chor ar bith. Agus, diaidh ar ndiaidh, ghlac mé leis nach raibh an fuinneamh céanna agam ná an cíocras céanna ionam, agus d'aithnigh mé freisin nach mbeadh sé féaráilte ar Sarah ná ar mo mhuintir tabhairt faoina leithéid arís. Bhí sé in am anois díriú ar rudaí eile.

Maidir le peileadóirí na Gaillimhe a raibh meas agam orthu agus a raibh tionchar acu orm, ba é Val Daly an t-imreoir ab fhearr liomsa sular thosaigh mé féin ag imirt do Ghaillimh in aon chor. Níl aon dabht i m'intinn ach dá mbeadh sé i mbarr a réime nuair a tháinig John O'Mahony isteach mar bhainisteoir, go mbeadh ról suntasach aige sa ré áirithe sin. Ní hé go raibh sé tapaidh ach bhí léargas iontach aige ar an imirt, agus d'fheiceadh sé rudaí roimh ré. Ceann de na scóranna is fearr dá bhfaca mé riamh, an cúl a d'aimsigh Daly in aghaidh Chorcaí i gcluiche leathcheannais na hÉireann, 1987, cluiche a chríochnaigh ar comhscór. Bhí sé ar fheabhas, agus ar ndóigh leaid óg cosúil liomsa, chuaigh na héachtaí sin i bhfeidhm go mór orm.

Siar beagán níos faide sa stair, áfach, nuair a thosaigh mise ag tabhairt tacaíochta do Ghaillimh, ag tús na n-ochtóidí abair, ní raibh aon laoch mór a sheas amach sa ré sin. Thaithin Brian O'Donnell liom, a d'imir do Bhóthar na Trá atá ina chónaí in Órán Mór anois. Bhí sé ina thosaí agus d'imir sé beagán rugbaí agus sacair freisin. Is dóigh gurbh iad na himreoirí eile a raibh meas agam orthu agus mé ag fás aníos, Aodán Ó Sé as an gCeathrú Rua, a d'imir le Gaillimh ar feadh roinnt mhaith blianta agus a thug an-lámh chúnta domsa nuair a chaith mé an geansaí i dtosach báire, agus roimhe sin Pádraicín Conroy as Leitir Móir. Bhí Conroy láidir, tioncharach mar thosaí, agus bhíodh meon dearfach aige i gcónaí ar an bpáirc. Ach nuair nach raibh foireann na Gaillimhe ar mhórfhoirne na tíre agus mise i mo dhéagóir, is ar pheileadóirí ó chontaetha eile den chuid is mó a bhínn ag faire agus ag iarraidh an múnla a leagadar sin síos a leanacht, leithéidí Paul Curran as Baile Átha Cliath agus John O'Driscoll as Corcaigh.

Ó thaobh imreoirí na Gaillimhe lenar imir mé in imeacht na mblianta, is dóigh gurbh é Ja Fallon an té is mó a chuaigh i bhfeidhm orm, duine de na peileadóirí is fearr, dar liom, a d'imir don chontae riamh. Tá chuile scil aige, tallann as an ngnáth ar fad, ach chomh maith leis sin rud nach luaitear faoi chomh minic ná gur imreoir foirne atá ann tríd is tríd. Bhí oiread measa ag Ja ar an té a chaith geansaí uimhir a tríocha trí ar an bpainéal agus an té ab fhearr ar an bhfoireann. Bhí dílseacht aige don ghrúpa i gcoitinne. Ní raibh sé mórtasach riamh as a chuid éachtaí féin; ní raibh sé leithleasach ar an bpáirc ach oiread ach thabharfadh an pas cuí i gcónaí – thabharfadh sé spreagadh dom go minic roimh chluichí dul ar ruathar, agus chinnteodh sé an liathróid a chur chugam. Bhí suim i bhfad níos mó aige sa mbua, seachas go bhfaigheadh seisean méid áirithe scóranna. Traenálaí iontach, meon dearfach, tionentharach ar an bpáirc agus taobh amuigh den pháirc – nuair a labhair Ja sa seomra feistis, d'éist gach duine leis. Ní raibh iontas ar bith orm nuair a d'iarr Peter Forde air a bheith ina roghnóir leis, ná gur tháinig sé ar ais ag imirt ar an bhfoireann tar éis dó éirí as, mar bheadh meas mór air i measc na n-imreoirí i gcoitinne.

Seachas fear Réalta Thuama, níl aon dabht faoin tallann a bhí agus atá ag peileadóirí ar nós Phádraic Joyce, Michael Donnellan, Declan Meehan, Derek Savage, Kevin Walsh, Martin McNamara, Paul Clancy agus a thuilleadh, agus chomh héifeachtach agus a bhí agus atá a leithéid do Ghaillimh. Ní gá domsa aon mholadh breise a scríobh do na leaids sin anseo – tá a fhios ag an domhan mór faoina gcuid éachtaí. Ach nuair a chuimhním siar ar mo chuid imeartha le Gaillimh, áfach, tá leaids eile a sheasann amach i m'intinn, agus sin iad na leaids nach raibh i mbéal an phobail riamh, leaids nach bhfuair aon phoiblíocht mhór, cé go ndearna siad an iarracht cheannann chéanna ar son na cúise agus a rinne muide ar éirigh linn gradam a bhuachan.

Cuimhním go háirithe ar fheachtas 1998, mar gurbh in é an feachtas cinniúnach. Cuimhním ar Robin Doyle, mar shampla, a bhí san iomaíocht chun áit a bheith aige ar an bhfoireann don chéad chluiche craoibhe in aghaidh Mhaigh Eo samhradh na bliana 1998, ach ghortaigh sé rúitín agus níor fhéad sé imirt. Ina dhiaidh sin níor éirigh leis brú isteach ar an bhfoireann agus is cuimhneach le gach duine ón bhfíseán *A Year 'til Sunday* gur theip air áit a fháil ar an bpainéal – ní raibh ceadaithe ach ceithre dhuine fichead an uair sin – do chluiche ceannais na hÉireann, in aghaidh Chill Dara. Chaoin sé nuair a bhuaigh muid, agus tá mé cinnte gur meascán áthais – do Ghaillimh, don fhoireann, do na leaids – agus brón pearsanta a bhí ann. Peileadóir sármhaith a bhí ann, tréanchosantóir, ach bhí mí-ádh ceart air. Is minic a thugainn síob dó chuig an traenáil le linn an fheachtais sin, agus tá a fhios agam go ndearna seisean an íobairt cheannann chéanna agus a rinne mise agus na leaids eile ar fad sa ngrúpa, ach ní raibh aon chúiteamh ann dósan. Níor chas mé le Robin ach b'fhéidir faoi dhó ó shin.

Caithfidh mé trácht a dhéanamh freisin ar na leaids as Conamara, Micheál Geoghegan as Leitir Móir, Micheál Ó Clochartaigh as Carna agus Caoimhín Terry Mac Donnchadha as Ros an Mhíl. Sna cluichí dúshláin inmheánacha, A i gcoinne B, i rith fheachtas na craoibhe i 1998, bhíodar siúd ar fheabhas. D'imir Geoghegan, deartháir céile le Seán Ó Domhnaill, mar lánchúlaí sna cluichí sin, agus bhíodh an lámh in uachtar i gcónaí aige ar Phádraic Joyce, creid é nó ná creid. Bhí sé iontach ar fad mar chosantóir, agus rinne Pádraic Joyce forbairt mar pheileadóir faoina threoir, níl aon amhras orm faoi sin. Bhí Caoimhín Terry sármhaith freisin i measc na gcúlaithe sna cluichí sin, agus Micheál Ó Clochartaigh i lár na páirce – bhí ról suntasach acu triúr in ullmhú fhoireann na Gaillimhe don choimhlint, ach ní bhfuair siad féin aon mholadh taobh amuigh den ghrúpa. Caithfidh go raibh sé sin fíordheacair orthu, agus tá ardmheas agam orthu mar pheileadóirí agus mar dhaoine mar gheall ar an íobairt a rinneadar ar son na cúise agus ar ár son féin.

Cuimhním chomh maith ar mhuintir Uí Challaráin as an Spidéal, Lorcán agus Micheál, beirt pheileadóirí a raibh tallann thar cuimse acu agus meon iontach dearfach ach nár éirigh leo briseadh isteach ar an bhfoireann ar bhonn rialta tar éis 1998. Leaids eile ar nós Brian Silke agus Damian Mitchell, rinne siad gach iarracht ar son na cúise ach gan an buíochas ná an luach saothair céanna a fuair mise. Nílim cinnte an mbeinn féin chomh toilteanach céanna an obair ar fad a dhéanamh gan dóchas eicínt go mbeinn ag imirt ar lá na cinniúna. Ach is dóigh go raibh brú de chineál eile ormsa. Bhí seilbh agam ar gheansaí na Gaillimhe, ach cén chaoi le greim a choinneáil air agus an choimhlint chomh géar sin i measc an ghrúpa? Cúpla uair agus mé ag imirt le Gaillimh, bhí mé faoi bhrú damanta, agus sna cluichí dúshláin sin le linn fheachtas 1998 – foireann A i gcoinne fhoireann B – ba chuma liom cé a ghortóinn fad is go dtabharfainn taispeántas maith mé féin. Chaithfeá a bheith iomlan neamhthrócaireach an t-am sin – agus bhí – ach bhí chuile dhuine chomh maith céanna, agus b'in é an fáth a raibh na cluichí áirithe sin chomh héifeachtach, mar bhí an iomaíocht chomh tréan.

Le himeacht na mblianta chaithfeá a bheith seasta

airdeallach, nó chaillfeá d'áit. Is cuimhneach liom thart ar choicís tar éis do Ros Comáin muid a bhualadh sa gcraobh i 2001, d'imir muid cluiche dúshláin in aghaidh Chorcaí i Luimneach. Labhair O'Mahony sa seomra feistis roimh ré faoin tseirbhís fhada a thug roinnt imreoirí don fhoireann, go raibh ardmheas tuillte acu ach nach aon gheallúint a bhí ansin go leanfaidís ag imirt do Ghaillimh mura rabhadar ag comhlíonadh na ndualgas a bhí orthu. Ansin d'ainmnigh sé an fhoireann don chluiche dúshláin, agus bhí mise agus Declan Meehan fágtha ar lár. Bhí mise oibrithe, agus bhí Declan oibrithe. Cén teachtaireacht a bhí á tabhairt? Caitheadh isteach san imirt an bheirt againn agus fiche nóiméad le dhul sa gcluiche agus bhí oiread feirge orm gur thug mé an ghualainn ab fhearr dár thug mé riamh, do leaid darbh ainm Mark O'Sullivan, agus leag mé go talamh é. Bhí sé caoga slat uaim, an liathróid aige, ach rith mé ina threo agus níor léirigh mé trócaire ar bith. Ní fhéadfainn, bhí iomarca ag brath air, agus bhí frustrachas aisteach orm. Agus bhuaigh mé m'áit ar ais ar an bhfoireann don chéad chluiche craoibhe eile.

Nuair a dhéanaim machnamh ar mo chuid imeartha le Gaillimh níl aon dabht ach go bhfuil go leor buaicphointí a bhféadfainn díriú orthu, ó 1998 ar aghaidh go háirithe. Ach bhí mise ag treabhadh liom le Gaillimh ar feadh roinnt mhaith blianta roimhe sin, agus cuimhním go minic ar na leaids a d'éirigh as sula bhfuaireadar aon aisíoc. Bhí oiread tallainne acu siúd agus a bhí ag na leaids a bhuaigh bonn Uile Éireann i 1998 agus 2001, ach is ait an mac an saol. Tosaí iontach tioncharach a bhí in Fergal O'Neill as Gleann na Madadh, ach d'imigh sé leis go Meiriceá i lár na naochaidí. As Bóthar na Trá John Kilraine – d'imir sé ar an líne lánchúil – bhí sé ag dul le dochtúireacht, agus chaith sé in aer an pheil tar éis 1997, díreach sular ainmníodh O'Mahony ina bhainisteoir. D'imir mé ar fhoireann na mionúr agus ar fhoireann faoi 21 na Gaillimhe le Alan O'Connor as Uachtar Ard, peileadóir iontach ar fad, ach arís d'imigh seisean leis go Meiriceá i lár na naochaidí, agus tá sé fós ann. Fear eile a raibh ardmheas agam air, deartháir Kevin Walsh, Bosco. Bhí sé ina mhionúr nuair a bhuaigh Gaillimh Craobh na hÉireann i 1986 – cosantóir cróga – agus d'imir sé cúpla uair do na sinsir ina dhiaidh sin. Nuair a chuimhním ar dhaoine mar seo, a mb'éigean dóibh an pheil a chaitheamh in aer de bharr gortuithe, nó imirce, nó gairm, bím buíoch go raibh an t-ádh dearg orm féin: go raibh mé ar an láthair nuair a chas an taoille, go raibh meas ag O'Mahony orm mar pheileadóir agus go bhfaca sé ról dom ar an bhfoireann a chruthaigh sé, agus gur éirigh liomsa m'uaillmhian a bhaint amach, le hais leaids eile a raibh an luach saothar tuillte acu chomh maith céanna liom.

Céard faoin idirthréimhse, mar sin? Ó d'éirigh mé as, céard iad na difríochtaí móra i mo shaol? Ní hé gur stop mé ag traenáil, cé go gcaithfidh mé a bheith níos tuisceanaí na laethanta seo ar ábaltacht na colainne. Dúirt mé riamh go dtabharfainn leathchloch dom féin nuair nach mbeinn ag traenáil leis an gcontae a thuilleadh, agus tá mé leathchloch níos troime anois ná mar a bhí. Ba bhreá liom riamh an tuirse agus an sásamh a mhothaigh duine tar éis dianseisiún traenála, agus is breá liom é i gcónaí, ach le bheith fírinneach is dóigh nach bhfuilim in ann ag an saghas sin traenála a thuilleadh, ar bhonn rialta ar chuma ar bith.

Maidir le ham saor, bím anois ag iarraidh a thuiscint cén chaoi ar fhéad mé oiread ama a chur ar leataobh don traenáil idirchontae, mar mothaím nach bhfuil dóthain uaireanta sa lá chun na nithe éagsúla atá le déanamh agam a chur i gcrích. Ar ndóigh, bím fós ag traenáil leis an gCeathrú Rua, ach dúirt mé liom féin nuair a chríochnaigh mé le Gaillimh nach mbeinn i mo sclábhaí a thuilleadh don pheil, mar a bhí le os cionn deich mbliana. Dá bhrí sin, nuair a theastaíonn uaim dul ag traenáil leis an gclub téim, ach má tá rud eicínt eile ar siúl, rud eicínt pearsanta, tugaim tús áite dó, agus tá sé sin togha freisin. Caithfidh mé a admháil go n-airím ciontach uaireanta nuair atá a fhios agam go bhfuil na leaids ag traenáil agus nach bhfuilim féin, ach caithfidh mé a bheith cothrom leis na daoine timpeall orm, ar nós Sarah, a bhfuil an-íobairt déanta acu cheana féin ar son na cúise.

Níl tús áite ag an bpeil i mo shaol a thuilleadh. Tá sé tábhachtach fós, níl aon dabht faoi, ach níl tús áite aige agus cé go dtógann sé tamall dul i dtaithí ar an athrú meoin, is faoiseamh atá ann, cinnte. Ag aois a sé bliana is tríocha, níl mé in ann an méid céanna traenála a dhéanamh anois agus a bhíodh uair amháin, fiú dá mbeinn á iarraidh, agus le roinnt míonna anuas bhí mo rúitín ag cur as dom, rud a chuir bac ar an méid ritheachta a bhí mé in ann a dhéanamh. Sin é an t-aisíoc as ucht na hiarrachta ar fad a rinne mé le os cionn deich mbliana go mbeadh mo cholainn chomh haclaí agus chomh hullmhaithe agus a d'fhéadfadh sé a bheith. Bhí obráid ag teastáil chun rudaí a chur ina gceart, obráid a bhí agam i Meán Fómhair na bliana seo ach fiú leis an obráid, taispeánann grinndearcadh go bhfuil airtríteas sa rúitín, agus éireoidh sin níos measa le himeacht ama. Cad é mar íoróin? Ar bhonn praiticiúil ciallaíonn sé faoi láthair nach féidir liom mórán a dhéanamh go ceann sé mhí. An gciallaíonn sé sin deireadh le mo chuid peile ar fad? Níl mé cinnte, le bheith macánta.

Thuig mé go mbeadh orm rudaí a thógáil go réidh nuair a d'éireoinn níos sine ach níor shamhlaigh mé riamh go mbeadh pian orm agus go mbeadh mo cholainn ina bac seachas ina huirlis. Ar go leor bealaí tá sé an-deacair déileáil leis sin. Ciallaíonn sé, mar shampla, cé go bhfuil m'intinn peile chomh géar agus a bhí riamh agus go bhfuilim in ann cluiche a léamh chomh maith is a bhí riamh, níl mo cholainn in ann an t-ordú a leanacht chomh tapaidh is a bhíodh. Tá a fhios agam an áit ar mhaith liom a bheith ar an bpáirc, tá a fhios agam an áit ar chóir dom a bheith, ach ní féidir liom an áit sin a bhaint amach chomh tapaidh is a d'fhéadainn lá den tsaol.

Dá thoradh sin mhothaigh mé frustrachas uafásach an bhliain seo caite – samhradh 2006 – agus mé ag imirt don Cheathrú Rua agus chonaic mé taobh díom mar pheileadóir, mar dhuine, nár aithnigh mé dá bharr. D'éirigh mé an-fheargach i rith cluichí, agus thosaigh mé ag troid ó am go ham. Níor mhaith liom drochchlú a tharraingt orm féin agus rud eicínt seafóideach a dhéanamh – imreoir eile a ghortú nó dul i ngleic leis an réiteoir – ag deireadh mo chuid imeartha. Dá bhrí sin bhí mé gríosaithe ag tús na bliana seo – 2007 – chun a bheith níos réchúisí agus gan ligean don fhrustrachas dul ó smacht. Cinnte, bím ag iarraidh mo dhícheall a dhéanamh ach tuigim nach féidir liom a bheith chomh tioncharach agus a bhí uair amháin. Blianta ó shin agus mé i mbarr mo réime mar pheileadóir idirchontae bhíodh imreoirí ag iarraidh cur as dom ar an bpáirc agus mé ag imirt don Cheathrú Rua, agus bhínn in ann ag na cleasanna ar fad a thriail siad. Bhí an luas agam aon duine a bhualadh chuig an liathróid – anois má bhuailtear an máilín gaoithe i spás, leaid óg naoi mbliana déag nó scór atá ag faire orm chun í a shroicheadh romham. Tá sé beagán náireach, is dócha, ach ainneoin na n-athruithe sin creidim fós gur féidir liom ról suntasach a imirt agus tionchar dearfach a bheith agam ar chluichí, mar gheall ar an taithí atá agam, mar gheall ar an léargas atá agam. Go dtí go mbeidh an scéal ina mhalairt leanfaidh mé orm ag saighdiúireacht.

Bheadh an pheil caite in aer ag daoine eile faoi seo, b'fhéidir, ach domsa tá sé an-tábhachtach gan an nasc sin le m'áit dúchais a bhriseadh go dtí nach bhfuil an dara rogha agam. Tugann an pheil deis dom bualadh le daoine ar an gCeathrú Rua nach mbím i dteagmháil leo go rialta, daoine ar fhás mé aníos leo, seanchairde, comharsana agus mo mhuintir. Tá níos mó i gceist, mar sin, ná dúil san imirt – ach tar éis an méid sin, ní féidir liom leanacht ar aghaidh go deo, agus is é an plean atá agam athghrádú mar imreoir sóisearach an bhliain seo chugainn. Má tá mé in ann aon ról suntasach a ghlacadh sa gcraobh i samhradh 2008, togha; mura bhfuilim, cén dochar, ach idir an dá linn leanfaidh mé orm le sceideal traenála nach bhfuil dian – beagán rothaíochta, snámha agus, ar ndóigh, an galf, i dteannta na peile.

Fad is a bhí mé ag teacht chugam féin tar éis dom mo ghlúin a ghortú i 2004, cheannaigh mé rothar – dúradh liom go gcabhródh sé liom – agus bainim an-taitneamh as an rothaíocht. Rothaím isteach ar scoil anois as an mbaile cúpla lá in aghaidh na seachtaine agus ag an deireadh seachtaine déanaim iarracht turas fada a chur díom. Tá suim sa rothaíocht i gConamara faoi láthair, agus glacaim páirt i Rás an Turcaí gach bliain ar an gCeathrú Rua. Tá an snámh go maith don tseancholainn freisin agus cé go bhfuil beagán faitís orm roimh an uisce déanaim iarracht am a chaitheamh sa linn snámha ar bhonn rialta. Maidir le crochadh meáchan, níl tada déanta agam ó d'éirigh mé as le Gaillimh. Bhí mé chomh crua le cloch nuair a bhí mé ag imirt don chontae, ach tá an spreacadh sin imithe i léig beagán anois, rud atá feiceálach san imirt leis an gclub, is dóigh. Tá sé i gceist agam roinnt meáchan a cheannacht an geimhreadh seo agus an gnás a thosú arís! Agus, ar ndóigh, ar nós go leor iarpheileadóirí, imrím gailf.  Bhuail mé le Bosco McDermott cúpla seachtain ó shin agus bhí muid ag caint faoi – dar leis, is féidir spiorad na hiomaíochta, agus tá sé sin fós ionam, dar liom, a shaorú ar an ngalfchúrsa nuair atá an pheil caite in aer.  Nílim rómhaith aige, caithfidh mé a admháil, ach is é an uaillmhian atá agam feabhsú chomh tapaidh agus is féidir.  Bhíodh sprioc riamh os mo chomhair, agus tá sé sin fíor i gcónaí!

Tá mé chomh gnóthach anois agus a bhí mé mar pheileadóir idirchontae, ach go bhfuil éagsúlacht mhór i mo shaol anois ó lá go lá, agus saoirse, ba chóir a rá freisin, le hais mar a bhíodh.  Tá muid ag súil lenár gcéad pháiste ag deireadh na bliana seo – 2007 – agus is cúis mhór áthais é sin domsa agus do Sarah agus do mo mhuintir agus muid uilig ar bís ag fanacht ar an ócáid mhór.  Ag díriú ar an todhchaí atá muid, mar sin, ach ó am go chéile déanaim machnamh ar a bhfuil tarlaithe san am a chuaigh thart.

Ó thaobh na gcluichí a d'imir mé féin iontu a sheasann amach i m'intinn, tá cluiche ceannais na hÉireann 2001 in aghaidh na Mí go háirithe.  Ceann de na fáthanna, mar go raibh a fhios agam, agus cúig nó sé nóiméad fanta san imirt go raibh muid chun an cluiche sin a bhuachan, mar a rinne, 0-17 in aghaidh 0-8.  Is cuimhneach liom Alan Kerins ag teacht isteach mar fhear ionaid agus muid ag cómhrá ar an bpáirc, iontas ar an mbeirt againn faoi mar a thit rudaí amach sa dara leath, nuair a fuair Gaillimh an lámh in uachtar ar an bhfreasúra.  Ní minic a bhíonn tú cinnte faoi thoradh chluiche, agus i gcluiche ceannais na hÉireann tá sé dochreidte go mbeadh a fhios ag duine chomh fada sin ón bhfeadóg dheiridh go bhfuil bonn Uile Éireann buaite aige.  Bhain sásamh faoi leith leis sin.

Cluiche eile a sheasann amach i m'intinn, cluiche ceannais an chúige i 1995, an chéad bhonn sinsear buaite agam agus, arís, fios agam roimh an bhfeadóg dheiridh go raibh ceann scríbe bainte amach againn. Níos faide siar, is cuimhneach liom go maith na mothúcháin agus mé ag ritheacht amach i ngeansaí na Gaillimhe den chéad uair sa gcraobh, in aghaidh Mhaigh Eo i gCaisleán an Bharraigh i 1991. Bhí mé chomh neirbhíseach go raibh na cosa ag lúbadh fúm, beagnach. I rith Amhrán na bhFiann bhuail lánchúlaí Mhaigh Eo, Denis Kearney, fúm agus gan mise ag súil leis ar chor ar bith, agus ba bheag nár thit mé as mo sheasamh. An-taithí a bhí ann do leaid óg naoi mbliana déag d'aois ag an am – caithfidh tú aibiú sách tapaidh mar pheileadóir má tá tú chun teacht slán ar deireadh. Cluiche eile a sheasann amach, an chéad teist in aghaidh na hAstráile i 1999, san MCG. Bhí os cionn 70,000 sa láthair, bhí an atmaisféar corraitheach agus mise i gcomhluadar na bpeileadóirí ab fhearr sa tír. Cad é mar bhrionglóid! Cluiche eile a mbím ag machnamh air ó am go chéile fós féin, ach le déistin seachas sásamh, cluiche ceannais an chontae sa mbliain chéanna, 1999, in aghaidh Chill Fhir Iarainn. Chríochnaigh sé ar comhscór, agus chaill an Cheathrú Rua an athimirt. Ba chóir go mbeadh an chéad chluiche buaite againn, áfach, agus cuireann sé as dom i gcónaí gur chaith muid uainn é ar an lá. Creidim go láidir, aon chluiche a chaill mé riamh, go raibh an bua tuillte ag an bhfreasúra, agus aon chluiche a bhuaigh mé riamh, go raibh an bua tuillte agam, ach tá eisceacht nó dhó ann. Goilleann an ceann sin fós orm.

An cluiche is fearr a d'imir mé riamh don chontae, an athimirt in aghaidh Ros Comáin i gcluiche ceannais an chúige, 1998. An cluiche is fearr a d'imir mé don Cheathrú Rua, seans gurbh é cluiche ceathrú ceannais na craoibhe é, in aghaidh Chora Finne an bhliain dár gcionn. An cluiche is measa a d'imir me do Ghaillimh, in aghaidh Chiarraí 2002, nuair a fuair Seán O'Sullivan an ceann is fearr orm i gcluiche ceathrú ceannais na hÉireann. Seans go raibh mé ar meathlú mar pheileadóir faoi sin, ach tá aiféala orm gur lig mé don taispeántas áirithe sin cur isteach orm chomh mór sin, mar bhí neart le tairiscint go fóill agam. Fuair O'Sullivan cúl luath go maith san imirt agus chaill mé féinmhuinín dá bharr, ach ba chóra dom a bheith níos dearfaí le linn agus tar éis an chluiche, agus é a scaoileadh tharam seachas a bheith ag déanamh an iomarca machnaimh ar ar thit amach.

Ó thaobh na gcluichí móra a sheasann amach dom in imeacht na mblianta nach raibh mé féin páirteach iontu – d'fhreastail mé ar fhormhór na gcluichí ceannais craoibhe ó 1990 ar aghaidh – is cuimhneach liom go háirithe cluiche ceannais 1992, Dún na nGall i gcoinne Bhaile Átha Cliath, agus cluiche ceannais 1994, nuair a bhuaigh Contae an Dúin Corn Sam Mhig Uidhir den dara huair le trí bliana. Bhí mé sa slua arís i 1996 nuair a chaill Maigh Eo san athimirt in aghaidh Chontae na Mí – d'fhreastail mé ar an dá chluiche – agus bhí mé ag faire arís an bhliain dár gcionn nuair a chailleadar in aghaidh Chiarraí. Go deimhin, bhí mé ag déanamh anailíse ar an gcluiche sin do RTÉ Raidió na Gaeltachta agus is cuimhneach liom go raibh radharc iontach agam ar an gcaptaen buach – Liam Hassett an lá sin – ag glacadh leis an gcorn. D'fhan mé ansin ag breathnú air agus iontas i mo chroí – nár bhreá a bheith i do sheasamh ar an staighre sin, mar a bhí foireann Chiarraí – gan aon smaoineamh go dtiocfadh ár lá féin go gairid ina dhiaidh sin.

Is dóigh gurbh é an fáth ar fhreastail mé ar na cluichí

ceannais sin bliain i ndiaidh bliana ná go raibh mé ag iarraidh blas a fháil den chaighdeán a bhí ag teastáil dá mbeinnse chun aon seans a bheith agam m'uaillmhian féin a bhaint amach. Is cuimhneach liom a bheith i mo shuí in aice le mo dhearthár Cillín, nach raibh ach deich nó aon bhliain déag d'aois ag an am, nuair a rith na foirne amach ar an bpáirc roimh chluiche ceannais na hÉireann i 1996, agus ag rá leis, nach bhfuil sé seo dochreidte, an t-atmaisféar, an dath, an torann, an ócáid, an paisean, samhlaigh dá bhfaigheadh ceachtar againn an seans choíche. Roimh chluiche ceannais 1998 in aghaidh Chill Dara, mheabhraigh sé dom an rud a bhí ráite agam leis dhá bhliain roimhe sin, agus chroith muid beirt ár gceann le hiontas. Sárpheileadóir é Cillín, mar aon le mo dhearthár eile, Ciarán, agus tá mé bródúil imirt taobh leo leis an gclub.

Foirne a raibh meas ar leith agam orthu in imeacht na mblianta – Baile Átha Cliath, caithfidh mé a admháil. Chailleadar dhá chluiche ceannais i 1992 agus 1994, ach choinnigh siad orthu ag treabhadh leo agus bhuaigh siad Corn Sam Mhig Uidhir i 1995. Tá meas freisin agam ar fhoirne Chiarraí, as an stíl agus scil atá acu i gcoitinne, an cineál peile a imríonn siad agus an uaisleacht a léiríonn siad is cuma iad buach nó buailte.

Seasann roinnt cluichí eile amach i m'intinn freisin, go háirithe Doire in aghaidh Chontae an Dúin i gcraobh Uladh, 1994. Ba iad Doire seaimpíní na hÉireann, ach bhuaigh Contae an Dúin orthu – chuaigh an imirt ó thaobh taobh na páirce, bhí an paisean fíochmhar, an pheil ar fheabhas, an chrógacht agus diongbháilteacht a léirigh na himreoirí ar leibhéal eile ar fad. Aisteach go roghnóinn cluiche craoibhe Uladh mar cheann de na cluichí is mó a sheasann amach i m'intinn i bhfianaise na conspóide atá ann le roinnt blianta anuas faoi na hUltaigh agus an stíl peile atá tugtha chun cinn acu. Tá ardmheas agamsa ar éachtaí pheileadóirí Ard Mhacha agus Thír Eoghain agus tá creidiúint ag dul dóibh as an gcaoi a bhfuil an tslat tomhais ardaithe acu, ó thaobh ullmhúcháin de go háirithe. Seans nach bhfuil an stíl peile a imríonn siad tarraingteach don phobal peile i gcoitinne ach chaithfeá meas a bheith agat ar an dúil agus díocas ar son na cúise a léiríonn na himreoirí. Tá ardmheas agam ar pheileadóirí Ard Mhacha go háirithe, mar cé go gcleachtann siad córas inteoranta – titim siar agus an liathróid a úsáid fiarthrasna – tá siad chomh maith aige nach féidir le mórán foirne eile an córas a chealú. Go deimhin is iomaí foireann anois atá ag déanamh aithrise orthu.

Tá ardmheas agam ar Thír Eoghain chomh maith, ach is dóigh go n-íocfainn níos tapaidh chun féachaint ar Chiarraí ag imirt peile, le hais imreoirí Uladh. Tá oiread céanna tallainne ag imreoirí Thír Eoghain agus atá ag muintir Chiarraí – tá sin cruthaithe le cúpla bliain anuas – ach de bharr go gcloíonn siad le córas daingean, níl an deis chéanna ag na himreoirí sármhaithe sin an scil agus an fhís atá acu a nochtadh. Is é an trua é, ach tar éis an méid sin nílim den tuairim go bhfuil an pheil i mbaol mar thoradh ar fhoirne ón tuaisceart a bheith ag teacht chun cinn. Áibhéil mhór atá sa gcaint sin, dar liom.

Ó thosaigh mise ag imirt peil idirchontae i 1990, tá athruithe móra tarlaithe sa spórt, a bhformhór dearfach: eolas níos fearr maidir le haclaíocht agus ullmhú don imirt; aire níos fearr á tabhairt d'imreoirí óga; cúinsí traenála níos gairmiúla. Ó thaobh scileanna peile de, tá go leor cainte freisin sa lá atá inniu ann go bhfuil siad ag dul i léig, ach arís, ní chreidim gurb amhlaidh atá. A mhalairt, le bheith fírinneach – sílim go bhfuil na scileanna chomh maith, nó níos fearr, sa ré seo ná mar a bhí san am a caitheadh.

Cinnte, tá cruth na himeartha athraithe: tá an cic pas cúlaithe beagán, agus leagtar béim níos mó ar an lámhsheachadadh, ach nach in é an aidhm atá ag foireann: cinntiú go gcoimeádtar seilbh? Go minic agus duine ag faire ar chluichí peile san am a caitheadh, feictear an lánchúlaí ag tabhairt cic don liathróid agus, cinnte, is léir go bhfuil sé in ann an liathróid a chur achar fada uaidh, ach go minic cailltear seilbh ar an taobh eile den pháirc. Cén mhaith é sin? Mar a bheifeá ag súil, tá an pheil ag bogadh ar aghaidh an t-am ar fad – sórt éabhlóide is dóigh – agus is rud dearfach é sin. Bheinnse dóchasach go maith maidir leis an bpeil sa ré seo. Mar thraenálaí le Coláiste Mhuire i nGaillimh, mar shampla, cuirimse an-bhéim ar na scileanna peile a fhoghlaim agus a chleachtadh.

Má tá aon bhagairt mór ann don todhchaí, tá sé sa gcaoi a ndéantar peil na gclubanna a reachtáil. Níl sé sách maith nach bhfuil a fhios ag an imreoir club cén uair a bheas sé ag imirt sa gcraobh, ná cén áit – rud atá fíor in go leor contaetha fós – agus is córas é a bhfuil gá é a leasú, go luath.

Nuair nach mbíonn duine ag imirt a thuilleadh ag an leibhéal is airde, agus nuair atá fócas níos leithne aige, tá sé nádúrtha go gcuirfeadh sé beagán níos mó suime sna struchtúir, sna pearsana agus, go háirithe, sna dúshláin atá le tabhairt ag CLG.

Cúpla rud a ritheann liom féin: an córas smachta ar an gcéad dul síos, a chothaíonn fadhbanna go leor, go háirithe le linn na craoibhe. Uair amháin riamh a fuair mé cárta dearg, agus níor chaill mé cluiche dá bharr cé gur cuireadh ar fionraí míosa mé. Léiríonn sé sin – ainneoin gur tharla an eachtra roinnt mhaith blianta ó shin anois – chomh mí-éifeachtach is atá an córas. Tá iomarca aimhrialtachta ann, an iomarca poll éalaithe. Agus dá bharr tá easpa measa i gcoitinne á léiriú ar imreoirí agus oifigigh araon. Tá an-dul chun cinn déanta ag

CLG mar eagraíocht amaitéarach ach i dtaobh na rialacha ní fheictear go bhfuil leanúnachas ar bith ann, agus tá géarghá le leasú. Cén fáth oiread conspóide, agus chomh minic sin? Agus an drochphoiblíocht ag eascairt dá bharr, ní chuidíonn sé. Ní chreidim nach bhfuil an toil ann na rialacha a dhaingniú, ach caithfear tús áite a thabhairt do thionscadal mar é, ar mhaithe le CLG sa todhchaí.

Creidim freisin go bhfuil struchtúr na gcomórtas éagothrom. Ó tharla go bhfuil reachtáil na sraithe agus na craoibhe bunaithe ar na teorainneacha idirchontae, tá imreoirí sármhaithe ann sa tír seo nach bhfeictear ach b'fhéidir uair nó dhó in aghaidh na bliana, leithéidí Declan Browne as Tiobraid Árann, Paul Barden as Longfort, Éamon O'Hara as Sligeach. Dar liom, b'fhiú triail a bhaint as an struchtúr a úsáidtear san Astráil, is é sin méid áirithe foirne a bheith san iomaíocht, ach iad a bheith lonnaithe i réigiúin éagsúla seachas contaetha – foireann peile lonnaithe i lár tíre, mar shampla, agus peileadóirí as Longfort, Liatroim, Uíbh Fhailí agus mar sin de ag imirt ann. Ar an mbonn sin bheadh na himreoirí is fearr sa tír ag imirt le foireann eicínt, agus ag an leibhéal is airde seo bheadh an caighdeán mórán mar a chéile idir na foirne. An chaoi a bhfuil an córas eagraithe faoi láthair, ní bheidh an deis go brách ag leithéid Paul Barden a uaillmhian féin – bonn Uile Éireann a bhuachan – a bhaint amach. Agus níl sé sin ceart ná cóir.

Céard faoin Gaelic Players Association? Bhain mé féin leas as bunú an GPA – bhí mé páirteach sa bhfeachtas fógraíochta do Club Energise cúpla bliain ó shin. Creidim gur dearfach an ról a d'fhéadfadh a bheith ag an GPA amach anseo, má thugtar deis cheart don eagraíocht forbairt. Tuigim go bhfuil míshuaimhneas i bPáirc an Chrócaigh faoi Dessie Farrell agus a chuid comrádaithe, agus ní léiríonn an GPA go bhfuil ciall lena gcuid cinní i gcónaí, ach creidim gur ar mhaithe le gach imreoir, idir chlub agus chontae, atá a leithéid chun feidhmiú i ndeireadh báire. Tá gá le leithéidí an GPA, a bheadh sásta troid le fuinneamh ar son chearta an ghnáthimreora club, mar ní chaitear go cothrom leis na himreoirí sin, dar liom. Más imreoir club tú níl cinnteacht ar bith ann cén uair a bheas tú ag imirt sa gcraobh. Níl sé sin sách maith. Creidim féin gur chóir do Pháirc an Chrócaigh an fhéilire a bhriseadh síos go soiléir ina chodanna agus go mbeadh sé feiceálach cén uair a bheas na cluichí club ar siúl sa bhféilire sin le hais an struchtúir mar atá – cluichí craoibhe curtha ar athló ar fad i gcontaetha áirithe go dtí go mbeidh an fhoireann idirchontae buailte, agus mar sin de. Eascraíonn frustrachas damanta as dá bharr. Bhí sé sin togha fiche bliain ó shin nuair nach raibh mórán rogha eile ag daoine ach anois tá CLG san iomaíocht le rugbaí, sacar agus go leor cineálacha eile spóirt. Tá oifigigh na mbord contae éagsúil ag déanamh a ndíchill, den chuid is mó, ach teastaíonn ceannaireacht ó Pháirc an Chrócaigh ar an gceist seo. Nó is iad CLG a bheas thíos leis.

Ar deireadh, mo thuairim ar an gcluiche amaitéarach le hais an chluiche ghairmiúil? Feictear dom gur ag druidim i dtreo na gairmiúlachta atá an pheil agus an iomáint agus níl aon fhadhb agam leis sin. Tá daoine ann a cheapann go mbeadh sé mímhórálta dá dtarlódh a leithéid ach ní bheinnse den tuairim sin ar chor ar bith. Cén fáth a mbeadh sé mímhórálta? Cinnte, bheadh fadhbanna ann i dtús ama, mar a bhí sa rugbaí, ach más féidir linn foghlaim ón rugbaí, nach maith sin? Is dóigh gur duine an-phraiticiúil mise ag deireadh an lae – feictear dom go dtarlaíonn athrú nó go mbíonn forbairt de shaghas eicínt ag tarlú an t-am ar fad, gurbh in é an saol, agus uaireanta gur rud dearfach é an t-athrú, agus uaireanta nach ea. Agus ní féidir cur i gcoinne an athraithe go deo. Agus ní leanfaidh an díospóireacht maidir leis an gceist seo go deo. Glac leis, taobh istigh d'fhiche bliain, is ar bhonn leathghairmiúil a bheas peil idirchontae á reachtáil, agus ceisteanna nua a bheas dár gcrá faoi sin.

Is iomaí peileadóir a d'éirigh as an gcluiche idirchontae agus a chuaigh leis an mbainistiú ina dhiaidh sin – cuid acu bíonn rath orthu; a thuilleadh ní bhíonn. Is dóigh gur céim nádúrtha ar aghaidh atá ann – cé is fearr atá in ann na scileanna a mhúineadh ná an té a d'imir ag an leibhéal is airde dá bhfuil ann? Ina theannta sin, mothaíonn go leor iar-imreoirí go bhfuil dualgas orthu aisíoc eicínt a dhéanamh do CLG ar bhonn deonach. Bímse ag traenáil foirne i gColáiste Mhuire i nGaillimh agus bainim an-taitneamh as an gcaidreamh sin le himreoirí óga. Bíonn baint agam freisin le traenáil foirne faoi 15 agus faoi 17 na Gaillimhe, foirne forbartha. Amach anseo, ba bhreá liom tabhairt faoi mhionúir na Gaillimhe a thraenáil. Mar mhúinteoir, silim go bhfuil cumarsáid mhaith agam le daoine óga agus ar ndóigh tá taithí agam a bheith ag imirt an chluiche freisin – mothaím, dá bhrí sin, go bhfuil neart le tairiscint agam. Faoi láthair tá baint agam le foireann na Gaillimhe faoi 21 le Stephen Joyce agus Tomás McManus, agus sin an-deis. Tá difríocht mhór idir a bheith ag bainistiú foirne faoi aois agus na foirne sinsearacha, agus nílim cinnte an bhfuil an dúil ná an uaillmhian ionam glacadh leis an dúshlán sin, go fóill ar aon chuma. Feicfidh muid – ní bheadh aon suim agam a bheith bainteach le sinsir na Gaillimhe go dtí go mbeidh chuile dhuine lenar imir mise éirithe as, mar creidim go mbeadh sé ródheacair ag iarraidh a bheith ag ceannasaíocht orthu siúd lena raibh mé ag saighdiúireacht. Mar sin féin, ní bhíonn a fhios ag duine riamh céard atá i ndán dó.

Ó thaobh bainisteoirí a chuaigh i bhfeidhm orm le linn mo chuid imeartha féin bhí John O'Mahony, ar ndóigh, fear uasal gan dabht ar bith; Colm O'Rourke freisin, bhí an-chaidreamh aige leis na himreoirí faoina cheannas; agus bhí meas agam ar dhíocas Brian McEniff. Bhí tréithe áirithe i ngach bainisteoir a raibh déileáil agam leo in imeacht na mblianta a sheas amach agus a bhí tionacharach, agus bheadh súil agam dá mbeinn riamh i mo bhainisteoir mé féin go bhfoghlaimeoinn uathu uilig.

Thosaigh mé campa spóirt i mbliain an dá mhíle, le cara liom, Martin Horgan, a d'imir sacar le Galway United san am atá caite. Imrítear peil Ghaelach agus sacar ag an gcampa i gColáiste Mhuire – buachaillí agus cailíní óga idir cúig agus dhá bhliain déag nó trí bliana déag d'aois a bhíonn ag freastal air. Gach bliain roimh ré téim isteach sna bunscoileanna ar fud na cathrach ag déanamh beagán fógraíochta faoin gcampa, agus san am atá thart bheadh aithne ag na gasúir orm agus fios acu gur imir mé le Gaillimh. Anois téim isteach agus cé go mbíonn aithne ag na múinteoirí orm, ní bhíonn tuairim ag formhór na ngasúr óg cé mé féin. Le gairid d'fhiafraigh múinteoir de na páistí an raibh aithne acu ar cheachtar againn – bhí mé féin agus Martin ina seasamh ansin ag barr an tseomra – agus chuir leaid amháin a lámh suas. *'That's Martin Horgan,'* a dúirt sé. Thosaigh an bheirt againn ag gáire. Rud nádúrtha é sin, go gcuireann gasúir aithne ar imreoirí nua, laochra nua agus go ndéantar dearmad ar na seanfhondúirí. Ní féidir leat a bheith i mbéal an phobail ach ar feadh tréimhse áirithe ama, agus níl aon mhaith a bheith díomách nuair nach bhfuil níos mó. Ní i gcomhair stádais ná clú agus cáil a shaothrú a theastaigh uaim imirt sa gcéad áit.

Ba éard a spreag mé, an uaillmhian: theastaigh uaim spriocanna áirithe a bhaint amach mar pheileadóir, agus den chuid is mó d'éirigh liom sin a dhéanamh, agus táim bródúil as. Táim buíoch freisin, as na deiseana a fuair mé, na daoine a raibh teagmháil agam leo a raibh tionchar dearfach acu orm, iad siúd a chabhraigh liom agus a thug spreagadh dom, an t-ádh a bhí orm nuair a bhí mé ag imirt. Táim buíoch freisin as ucht na gcairde a rinne mé ar an mbealach – cúpla mí tar éis dom éirí as mar pheileadóir idirchontae fuair mo dheirfiúir Aisling bás, agus d'fhreastail lucht CLG ina sluaite ar an tsochraid. Bhí sí féin sáite sa bpeil; théadh sí chuig gach cluiche a d'imir mé, i gcéin agus i gcóngar, agus fiú agus í an-tinn i rith samhradh na bliana 2005, bhí sí i bPáirc an Chrócaigh don chluiche ceathrú ceannais in aghaidh Chorcaí, an cluiche deiridh agamsa a bheith bainteach le Gaillimh. Tá a fhios agam gur chaoin sí ar an lá sin, agus má tá aon aiféala orm inniu is é nach bhfuil sise anseo anois agus an tsaoirse agam níos mó ama a chaitheamh le mo chlann agus mo mhuintir. Tá brón orm freisin nach mbeidh sí anseo chun aithne a chur ar a nia, nó a neacht, ach tá sí liom i mo chroí istigh. I ndeireadh na dála níl sa bpeil ach cluiche, agus cé gur iontach an uirlis é an cluiche chun taithí a mhúineadh, bíonn rothaí an tsaoil ag casadh i gcónaí, agus caithfidh tú titim isteach nó amach leo de réir chinniúint na ndéithe.

# 10

# Rogha an Phaoraigh

Agus mé ag machnamh ar na peileadóirí is fearr ar imir mé leo
nó ina n-aghaidh, níl leaids na Gaillimhe curtha san áireamh
agam. Ar ndóigh, tá meas ar leith agam ar na peileadóirí siúd
lena raibh mé ag saighdiúireacht nuair a bhí mé ag imirt – cuid
acu a chuaigh i gcion orm, ar chúis amháin nó ar chúis eile,
níos mó ná cuid eile, ach bhíodar uilig ag obair ar son na cúise
agus dá bhrí sin tá sé an-deacair fabhar a léiriú ar phár. Ar na
himreoirí taobh amuigh de Ghaillimh a chuaigh i bhfeidhm
orm go mór ó thosaigh mise mar pheileadóir idirchontae, tá
mé tar éis cúigear déag a roghnú a d'imir i mbarr a réime, a bhí
tioncharach, dearfach ina gcuid imeartha i gcónaí, a raibh
tallann as an ngnáth acu he hais peileadóirí eile, agus a bhfuil
áit i stair CLG tuillte go maith acu.

Seo é mo *dream team* féin mar sin:

*Declan O'Keefe*
Ní féidir liom a rá gur sainéolaí mé maidir le teicnící an
bháireora, ach cinnte tá meas ar leith agam ar Declan O'Keefe
mar chúl báire. D'imir mé leis ar fhoireann na hÉireann agus
chonaic mé chomh tioncharach agus a d'fhéadfadh sé a bheith
ar na cosantóirí thart timpeall air. Freisin, le linn mo chuid
imeartha féin rinne sé dhá shábháil chinniúnacha orm, nach
ndéanfaidh mé dearmad go deo orthu. I rith chluiche ceannais
na hÉireann, 2000, thóg mé seans ar scór agus gan ach cúpla

nóiméad fanta sa gcluiche. Bhí mé tuirseach, ní raibh mórán fuinnimh sa gcic, ach d'fhéadfadh sé a bheith imithe thar an trasnán agus cúilín faighte ach gur rug O'Keefe ar an liathróid. Cúpla bliain roimhe sin, i gcluiche ceannais Chorn an Bhóthair Iarainn i dTuaim – Connacht i gcoinne na Mumhan – bhí farasbarr dhá chúilín ag an Mumhan nuair a thriail mé seans ar chúl tar éis ruathar aonraic a dhéanamh suas an pháirc. Bhí sé cruinn, bhí sé crua, ach shábháil O'Keefe é. Buaileadh Connacht.

## Kenneth Mortimer

Mar lánchúlaí ar dheis, bhí fear Mhaigh Eo craobhlasrach, taibhseach mar imreoir. Bhí féinmhuinín an diabhail aige, agus d'imir an cluiche i gcónaí ar bhealach dearfach, cé go raibh an-scil aige mar fhear faire freisin. Bhí ar a chumas ionsaithe a chosc agus é i mbarr a réime; bhí sé aclaí, tréan, tapaidh agus iomlán dírithe ar an sprioc. Bhí stíl aige, agus bheadh an-mheas agam air. Ar ndóigh d'fhreastail sé ar Choláiste Iarfhlatha chomh maith, cé go raibh sé cúpla bliain níos óige ná mé féin. Mar a tharla, mhúin mé beirt dearthár leis, Trevor agus Conor, i gColáiste Mhuire ina dhiaidh sin.

## Darren Fay

Ní gá dom mórán a rá faoin bhfear seo. Tá clú agus cáil air ó cheann ceann na tíre agus é anois, tar éis sos a thógáil ar feadh bliana i rith 2006, ag imirt níos fearr ná mar a bhí riamh, do Chontae na Mí. Fear ciúin – d'imir mé leis ar an bhfoireann idirnáisiúnta – téann sé i mbun a chuid oibre mar lánchúlaí agus tá sé fíordheacair an ceann is fearr a fháil air. Láidir agus tapaidh, tá an-léargas aige ar an imirt. Leis sin, tá meon fíochmhar ag Fay, gan aird aige ach ar aon chríoch amháin, agus is féidir leis faitíos a chur ar na tosaithe lena bhfuil sé ag dul i ngleic. Léiríonn sé ceannaireacht ar an bpáirc i gcónaí.

## Antaine Ó Loingsigh

Cosantóir den scoth, dar liom. Fear Gaeltachta eile, ar ndóigh, imríonn sé le Cumann Peile Naomh Abán, Baile Bhuirne. Tá sé aclaí, sciliúil agus is breá leis a bheith ar an ionsaí, tréithe a thaitníonn liomsa go pearsanta, mar rinne mé iarracht an múnla céanna a leanacht.

## Paul Curran

Bhí sé seo ina dhia beag agam agus mé ag tosú ag imirt le Gaillimh. Cheap mé go raibh sé iontach ar fad mar imreoir. Cosantóir a bhí ann, ach bhí sé i gcónaí ag iarraidh a bheith ar an ionsaí, agus bhí sé sách tapaidh, sách cliste, sách críonna a bheith san áit cheart ag an am ceart. Chuile rud dearfach faoi imirt fhoireann Bhaile Átha Chliath i gcluiche ceannais na hÉireann i 1995, ó Curran a tháinig sé, dar liom. Is cuimhneach liom imirt ina aghaidh i gcluiche ceannais Chorn an Bhóthair Iarainn i 1996, agus d'iarr mé air i ndiaidh an chluiche an bhféadfainn geansaí a mhalartú leis. Dhiúltaigh sé, mar bhí sé geallta cheana aige do chol ceathar óg, nó b'in a dúirt sé ar aon chuma. Bhí mé thar a bheith díomách ag an am!

## Glen Ryan

D'imir mé le Glen Ryan as Cill Dara ag tús na naochaidí, nuair a bhí an bheirt againn ag imirt do na Connemara Gaels thar lear. Bhí sé i gcónaí réchúiseach mar pheileadóir, choinníodh sé guaim air féin i gcónaí ar an bpáirc agus ar an gcaoi sin léirigh sé ceannaireacht agus údarás nádúrtha. Fear an-lách agus cineálta é; casaim leis chuile shamhradh nuair a thagann sé go Gaillimh do na rásaí. Is dóigh go bhfuair mé léargas níos fearr ar chomh tionCharach agus a bhí sé mar pheileadóir nuair a d'imir mé ina aghaidh – is cuimhneach liom cluiche leathcheannais na hÉireann, 2000: gach uair ar ardaigh mé mo cheann, ag iarraidh an liathróid a chur treo áirithe, bhí leathchúlaí láir Chill Dara ina sheasamh díreach san áit sin. Bhí an-tuiscint aige ar an imirt, amhail is go bhféadfadh sé d'intinn a léamh.

## Séamus Moynihan
Sular imir mé leis ar fhoireann na hÉireann cheap mé go raibh a fhios agam cé chomh maith is a bhí sé mar pheileadóir – ach i ndáiríre bhí sé níos fearr ná mar a shamhlaigh mé. Bhí gach scil aige agus, dar liom, tá sé ar cheann de na peileadóirí is fearr riamh a raibh aon teagmháil agam leo nuair a bhí mé ag imirt. Compordach ar an liathróid, bhí léargas dochreidte aige ar an gcluiche; bhí sé láidir agus aclaí, agus dhéanadh sé an cinneadh ceart i gcónaí. Bhí an meon dochreidte freisin. Dhéanfadh sé aon íobairt ar son na cúise, agus tá ardmheas agam ar dhuine dá shórt.

## Niall Buckley
Le hais na bpeileadóirí eile atá luaite agam, b'fhéidir gurbh é Niall Buckley an t-aon duine acu nár éirigh leis an cumas a bhí aige a bhaint amach, is é sin stop sé ag imirt róluath, dar liom. Bhí an cic pas is fearr aige dá bhfaca mise riamh, bhí sé láidir i lár na páirce, bhí sé i gcónaí tionchrach agus arís, is ceannaire nádúrtha a bhí ann. Nuair a bhí Buckley ag imirt go maith, bhí Cill Dara ag imirt go maith.

## Darragh Ó Sé
An fear lár páirce is fearr, dar liom, le deich mbliana anuas, seachas b'fhéidir Kevin Walsh as Gaillimh. Imríonn sé go maith i gcónaí agus tugann spreagadh dóibh siud timpeall air. Tá gach gradam buaite aige, ní nach ionadh. Láidir, críonna, ar fheabhas ar fad mar pheileadóir.

### Éamon O'Hara

Níor phioc mé an leaid seo mar gheall ar a chuid taispeántas do Shligeach i gcoinne na Gaillimhe, cé gur imir sé go maith i gcónaí, ach mar gheall ar a chuid taispeántas do Chonnacht agus d'Éirinn. Sa gcomhluadar sin, d'fhás sé mar imreoir agus sin comhartha faoi chomh maith is atá sé. Tá meon iontach aige, i dteannta lena chuid scileanna ar fad – ní bhíonn sé sásta géilleadh riamh cuma cén farasbarr atá ag an bhfreasúra.

### Trevor Giles

Ar fheabhas mar pheileadóir ach tharla gortuithe ar an mbealach agus b'fhéidir gur chuir siad deireadh lena chuid imeartha le Contae na Mí róluath. Bhí sé éifeachtach ar an bpeil, agus bhí léargas iontach aige, fís eisceachtúil d'fhéadfá a rá. Ní raibh sé tapaidh, ach níor chuir sin srian ar an tionchar a bhí aige ar chluichí. Dhéanadh sé machnamh faoin bpeil, agus an chaoi leis an gcluiche a imirt, dar liom, níos mó, b'fhéidir, ná imreoirí eile.

### Graham Geraghty

Fiú ag ceithre bliana is tríocha, tá sé tioncharach. Is féidir leis imirt mar chosantóir nó mar thosaí, agus ní móran peileadóirí a bhfuil an tallann sin acu: go bhfuil siad chomh héifeachtach céanna chaon taobh den pháirc. Cé go mbíonn sé sáite i gconspóid go minic, mar go bhfuil sé teasaí, is aoibhinn liom an meon atá aige – is cuma sa diabhal leis céard a deirtear faoi, níl sé ach dírithe ar an sprioc. Imreoir as an ngnáth.

### Peter Canavan

Céard is féidir a rá faoin bhfear seo nach bhfuil ráite cheana féin? Ar fheabhas ar fad. Aisteach go leor, ní he an peileadóir is aclaí riamh é – tá asma air – bhíodh sé i gcónaí chun deiridh nuair a bhíodh muid ag traenáil le foireann na hÉireann, ach nuair a thosaigh an cluiche i gceart, an raibh aon duine eile a bhí chomh tioncharach leis? Laoch peile dá chlub, do Chontae Thír Eoghain agus dá thír. Cruinnaimsitheoir scóranna, ceannaire iontach ar an bpáirc, agus ainneoin gach duais atá bainte amach aige, gach éacht atá déanta, ní raibh sé mórtasach riamh. Fear uasal.

*Dara Ó Cinnéide*
D'imir mé in aghaidh an Chiarraígh seo i gcluiche ceannais Chomórtas Peile na Gaeltachta i 1997, i gcluiche ceannais na hÉireann i mbliain an dá mhíle agus cluiche ceannais na Sraithe Náisiúnta i 2004 agus bhí sé sármhaith i ngach aon choimhlint. Rinne sé iarracht i gcónaí an cluiche a imirt sa spiorad ceart. Bhíodh brú air mar gheall go mbíodh sé freagrach as na ciceanna saora ach seachas b'fhéidir cluiche ceannais na hÉireann i 1997, d'imir sé go maith sna cluichí móra uilig do Chiarraí, cé nach bhfuair sé an chreidiúint dó sin riamh, dar liom. Creidim go raibh mí-ádh air nár bhuaigh sé *All-Star* riamh.

*Johnny Crowley*
Ní bhfuair an Ciarraíoch seo an chreidiúint a bhí ag dul dó, dar liom. Ar fheabhas san aer, compordach ar an liathróid, cruinnaimsitheoir scóranna agus láidir freisin – bhíodh faitíos an domhain ar John O'Mahony roimhe. D'imir sé ar fheabhas ar fad i gcluiche ceannais na hÉireann, 2000 in aghaidh na Gaillimhe agus arís i 2004, nuair a bhuaigh Ciarraí ar Mhaigh Eo.

Declan O'Keefe
(Ciarraí)

Kenneth Mortimer
(Maigh Eo)

Darren Fay
(Contae na Mí)

Antaine Ó Loingsigh
(Corcaigh)

Paul Curran
(Baile Átha Cliath)

Glen Ryan
(Cill Dara)

Séamus Moynihan
(Ciarraí)

Niall Buckley
(Cill Dara)

Darragh Ó Sé
(Ciarraí)

Éamon O'Hara
(Sligeach)

Trevor Giles
(Contae na Mí)

Graham Geraghty
(Contae na Mí)

Peter Canavan
(Tír Eoghan)

Dara Ó Cinnéide
(Ciarraí)

Johnny Crowley
(Ciarraí)

# Seán Óg de Paor – Liosta Gradam

1982
Corn Uí Chonaire

1983
Corn Uí Chonaire

1984
Craobh Peile Choláistí Chonnacht (1ú bl. A)

1985
Craobh Peile Choláistí Chonnacht (Ógánaigh)

1986
Craobh Shóisear Peile Choláistí Chonnacht

1987
Craobh Shóisear Peile Choláistí Chonnacht
Sraith Shinsear Peile Choláistí Chonnacht
Sraith Mhionúr B an Iarthair
Craobh Idirmheánach an Chontae

1988
Craobh Mhionúr Peile Chonnacht
Sraith Shinsear Peile Choláistí Chonnacht
Gradam Pheileadóir na Bliana (Gaillimh)

1989
Craobh Peile faoi 21 Chonnacht

1990
Craobh Peile faoi 21 Chonnacht

1992
Corn Mhic Shigiúir

1994
Sraith Shinsear an Chontae

1995
Craobh Shinsear Peile Chonnacht

1996
Craobh Shinsear an Chontae
Gradam Pheileadóir na Bliana (Gaillimh)

1997
Comórtas Peile na Gaeltachta
Craobh Shinsear Peile Bhoston (Connemara Gaels)

1998
Craobh Shinsear Peile Chonnacht
Craobh Peile na hÉireann
Gradam *All-Star*
Ionadaíocht ar fhoireann na hÉireann (faoi dhó)

1999
Ionadaíocht ar fhoireann na hÉireann (faoi dhó)

2000
Craobh Shinsear Peile Chonnacht
Ionadaíocht ar fhoireann na hÉireann (uair amháin)
Ainmniúchán ar fhoireann na Gaeltachta don Mhílaois
Ainmniúchán ar fhoireann na Gaillimhe don Mhílaois

2001
Craobh Peile na hÉireann
Gradam *All-Star*
Ionadaíocht ar fhoireann na hÉireann (faoi dhó)

2002
Craobh Shinsear Peile Chonnacht

2003
Craobh Shinsear Peile Chonnacht

2004
Craobh Shinsear Peile Chonnacht

## CUIMHNÍ CAIRDE

Seán Óg de Paor was one of the most dedicated, committed and focused players that I have ever trained or managed. He is the ultimate team player and a winner to his fingertips.

– John O'Mahony

Ón gcéad lá ar chuir mé aithne ar Sheán Óg, ba bhuachaill múinte, mánla, socair a bhí ann. Is dóigh liom nuair a tharraingíodh sé geansaí peile air féin go dtagadh athrú éigin air. Agus nach minic a chruthaigh sé gur fear misniúil a bhí ann, le linn na mblianta a chaith sé ag treabhadh pháirc na himeartha. Ná déantar dearmad ar a shloinne, 'de Paor', mar níl dabht ar bith nach raibh *power* ag baint le Seán Óg ag imirt dá chumann áitiúil, dá chontae is dá thír.

– Máirtín Ó Meachair

When Seán Óg first came to my notice he was a shy, quiet youngster. His quiet and unassuming leadership soon came to the fore, and he was a marvellously inspirational winning captain of the victorious UCG Sigerson Cup Team of 1992. There was a beautiful rhythm about everything he did and there was no sweeter sight in football than Seán Óg in full flow. He was, in my opinion, simply the outstanding wing-back of his era.

– Tony Regan

Laoch caide é Seán Óg a chuirfeadh gaiscíoch de chuid na Féinne i gcuimhne duit nuair a théadh sé i mbun imeartha – glúin le glia agus aghaidh le hiomghoin gan scáth gan eagla agus ní staonfadh go mbeadh an bheart déanta. Imreoir is ea é a thógfadh do chroí ar pháirc na himeartha. Fear croí mhóir, a bhí dúthrachtach agus dílis dá chlub agus do sheantraidisiún peile na Gaillimhe. Imreoir stuifiúil, macánta a thug a raibh ann i gcónaí agus a thuill meas a chomhghleacaithe agus a chéilithe comhraic dá bharr.

– Dara Ó Cinnéide

Having played at both club and county level with Seán Óg I can say with some authority that here is one man with many, many talents – sporting and personal talents that excelled thanks to a strong and determined mindset that embraced all kinds of challenges with unflinching courage, and a wonderful mixture of inner strength, self-belief and just the perfect pinch of Connemara humour. A good man and one you would always have on your side. But perhaps his greatest legacy is the camaraderie and sportsmanship he extended to all others, be they team-mate or opposition. Fairness and decency have always been evident in every drop of his character – and when you know his large and loving family it is easy to see where this special charm comes from.

– Pat Comer

His football reflected his personality – pure and honest.

– John Tobin

When I first came into the Galway Senior Football Panel as a quiet, shy eighteen-year old, one man really looked out for me. That man was Seán Óg de Paor. His enthusiasm, even in the dark times for Galway, was hugely admirable. I have never known any other Gaelic footballer make so many sacrifices, come back from so many setbacks or push himself so physically or mentally hard as Seán Óg did. As a person, he is great to be around. We've struck up a great relationship over the years and I'm proud to call him one of my best friends.

– Shay Walsh

An beart a dhéanamh ar an lá mór, an dá phointe ghlórmhara a scóráil sé i bPáirc an Chrócaigh i 1998, chomh maith leis an bpas paiteanta úd a thug sé do Gharry agus a chruthaigh an cúl cinniúnach dá chlub i gCraobh an Chontae i 1996, is fearr a thugann léiriú ar ábaltacht, mianach agus cumas an fhir seo, nuair a thit an crú ar an tairne.

– Seán Breathnach

Seán Óg de Paor was truly one of the very best players of his generation. He is a natural attacking wing-back, always good for a score, strong and brave, a role model to younger players and a true professional. We have become very good friends over the years and I count myself privileged to have played with Seán Óg, and to call him my friend.

– Derek Savage

Seán Óg: peileadóir ealaíonta, teann triollúsach. Fear uasal Domhnach is Dálach.

– Mícheál Mac Donnchadha

It was a great pleasure to have observed Seán Óg de Paor's career develop from colleges football at St Jarlath's, Tuam, to his key role in the winning of the 1996 Galway Senior Championship by An Cheathrú Rua, and to the glory days of 1998 and 2001 with Galway at Croke Park. It was also a privilege for me to share a friendship with Seán Óg and with his family, who are held in the highest esteem by all who know them. In his honours-laden career, Seán Óg was unquestionably one of the outstanding players in the game, possessing an exceptional talent which he embellished with dedication, peak fitness, discipline, unwavering commitment to club and county, and the highest standards of sportsmanship. His place in the history of Gaelic football is secure. *Sárpheileadóir ab ea Séan Óg de Paor; go n-éirí go geal leis ina shaol.*

– Jim Carney

When I met Seán on the hallowed turf of Croke Park minutes after Galway had triumphed in the 1998 All-Ireland final, he was the same unassuming, almost shy, individual we had known and admired in St Jarlath's ten years earlier. Even at his moment of greatest sporting triumph he had time to chat, and in typical Seán Óg fashion he was giving credit to everyone for Galway's famous victory except himself. A true gentleman in every sense.

– Joe Long

Seán Óg has been one of the best – if not the best – wing-backs of his generation. Not only did I play against him on numerous occasions but I also had the pleasure of playing with him for Ireland in the compromise rules against Australia. On the pitch Seán Óg was the complete sportsman and off it he was always a real gentleman. I'm honoured to class Seán Óg as a good friend. And he detests the nickname 'Spongy'.

– Peter Canavan

Seán was a fantastic all-round footballer who had a great ability to get forward and score at vital times in a match. Also, Seán Óg is a great personal friend.

– Ja Fallon

When I reflect on Seán Óg, I think of a person, who was very solid, very reliable, very professional, a man with a good grasp of priorities but most of all, perhaps, I think of his down-to-earth humility – it's such a nice trait in a modern Irish sportsperson.

– Bosco McDermott

*Match Winner.* Peileadóir a bhí ábalta cluiche a athrú in aon ghluaiseacht amháin. Duine a raibh intinn, meon agus dúthracht phroifisiúnta aige i gcluiche amaitéarach. Fear a thug an-aire dó féin agus a thóg a chuid traenála agus ullmhúcháin an-dáiríre i gcónaí.

– Máirtín Óg Mac Donnacha

Fear beag le croí mór is ea Seán Óg de Paor. Bhí tionchar mór aige ar fhoirne na Gaillimhe a bhuaigh Craobh na hÉireann ins na blianta 1989 agus 2001. Leathchúlaí cliste, gasta ab ea é a d'imir an cluiche go spóirtiúil i gcónaí.

– Seán Óg Ó Ceallacháin